間違いだらけの新NISA・イデコ活用術

田村正之

日本経済新聞編集委員・ファイナンシャルプランナー（CFP）・証券アナリスト（CMA）

日本経済新聞出版

はじめに

「100点満点どころか120点です。スーパーNISA、ハイパーNISAとでも呼んでほしいですよ」。2024年から少額投資非課税制度（NISA）が大幅拡充されることが決まった際、普段は冷静な金融庁幹部が、珍しく興奮した口調でそう話したのを覚えています。

岸田文雄政権が打ち出した資産所得倍増プランに基づく新NISAへの変化はそれほど大きなものです。日本人の資産形成を一変させる、「革命」とも言えるほどの潜在力を持っています。

2023年までのNISAは非課税期間が限られているうえ年間の投資額も少額だったのに対し、新NISAでは非課税期間が恒久化され、毎年の投資可能額もかなり大きくなります。生涯投資枠は元本ベースで1800万円。普通の人には十分な額でしょう。しかも住宅購入資金などで売却したら翌年には非課税枠が復活するなど、ライフプランに応じた柔軟な活用も可能になりました。

NISA以上に税制優遇が大きな個人型確定拠出年金（iDeCo：イデコ）についてはすでに2022年から大きな制度改正が実施されていましたが、やはり資産所得倍増プランでさらなる拡充が指示されました。NISAより少し遅れて2025年にも改正がなされる見込みで、現在改正の議論が始まっています。

大幅拡充のNISAとイデコ。この2つの制度を使いこなせるかどうかで、資産に大きな格差が生じる可能性は極めて大きいと思います。

新ＮＩＳＡとイデコの本は、すでにたくさん出版されています。ただその多くは、制度がどう変わるかを解説したものです。この本はそれだけではなく、制度を実際にどのように活用すれば資産を作れるかを、データに基づいて解説することを目指しました。

なぜそれが必要なのか。２０２３年までの「旧ＮＩＳＡ」ですら、実は枠の多くは使われておらず「カラ箱」の状態。２０２２年からのイデコ改革も十分活用されておらず、イデコ加入者は３００万人強に増えたとはいえ、実は加入可能者のわずか5％にしかすぎません。

背景にあるのは投資に対する間違ったイメージです。多くの人が「何がいつ上がるか当てなければならない」と思い込み、投資に尻込みしてしまいます。しかし本書に書いたような長期投資のシンプルなルールさえ知っていれば、誰でも老後を安心して過ごせるだけの資産形成は可能です。本書のコラムでも紹介しているように、米国では普通の人が確定拠出年金に15年間投資しただけで、平均で６２００万円もの資産を作っています。

また、資産形成世代や中高年世代のそれぞれにどのような運用方法や商品が適切であるのか、教育・住宅資金をどう適切に準備するかも、データに基づいた選択が不十分のように思います。

そこでこの本では、ＮＩＳＡとイデコを使った資産形成の様々な「最適解」を、データではっきり示すことを目指しました。「世界に広く投資する場合、積み立て投資よりも一括投資の方が実は資産を増やしやすい」「いつも米国株の成績が良いわけではなく、世界株との勝ち負けは循環してきた」「成長する国や業種への投資がリターンが良いとは限らない」「大学入学資金を長期投資で備えることにリスクはあまりない」「日本の確定拠出年金での投資では債券を含めた資産分散は通常は不必要」など、たくさんの人が意外に感じる内容も含まれていると思います。

もちろん新NISA・イデコの制度内容についても、セミナー講師などを務めた際に投資家の皆さんと話をしていて、まだまだ「間違いだらけ」と言ってもいい状態にあることも感じていました。誤解の多い点を中心に詳しく解説していきます。

特に新NISAの成長投資枠という仕組みに含まれる手数料の高い投資信託（投信）については、金融機関は収益を上げるために今後積極的な売り込みをすることが予想されます。このため成長投資枠に登録されている具体的な投信についても見渡し、「買わない方がいい商品」「避けるべき運用方法」もできるだけ具体的に書きました。結果としてこの本は、新NISA、イデコに限らず投資全般の様々な間違いを防ぎ、効率的に資産を形成するノウハウを盛り込んだものになったと思います。

最後に、大事なことは、せっかく作り上げた自己資金をどれだけ長持ちさせるかです。取り崩しの方法を間違えると、新NISAやイデコで作り上げた大切な資産もすぐに底をついてしまいます。長持ちさせるためにどのように取り崩すか、そして老後の最大の支えである公的年金とどう組み合わせるかもとても重要です。最終章ではこのような「資産の長寿化」についても基本的な考え方を示しました。

十分な資産を持つことは人生の選択肢を広げ、生きていく自由度を高めます。本書を読まれた方の生活が豊かになり、老後が安心できるものになるように願っています。

目次

第2章 老後に備える最強の投資優遇税制 確定拠出年金

第3章 NISAとイデコ、総合活用で安心老後　203

第1章

資産形成の「革命」とも言える新NISAの大進化

1 恒久化、枠拡大で大きく変わる新NISAの全体像

NISAのメリットとデメリット

そもそもNISAとは何でしょうか。金融商品は、運用して利益が出たら、通常は利益の2割が税金でとられてしまいます。例えば100万円の利益が出ても2割にあたる20万円は税金となり、手元に残るのは80万円。でもNISAは運用益に一切税金がかからないので、利益の100万円がまるまる手元に残るおいしい制度です。

ただNISAにはデメリットもあります。損失時は課税口座よりかえって不利なのです。例えばAとBという2つの課税口座があった場合、A口座で100万円の利益が出てB口座で50万円の損失が出たとき、損益通算ができて最終的な利益は50万円になります。しかしB口座がNISA口座であれば損失はなかったこととみなされ、A口座の100万円全体に税金がかかります。

図表1-1 ● NISAの超基本――メリットとデメリット

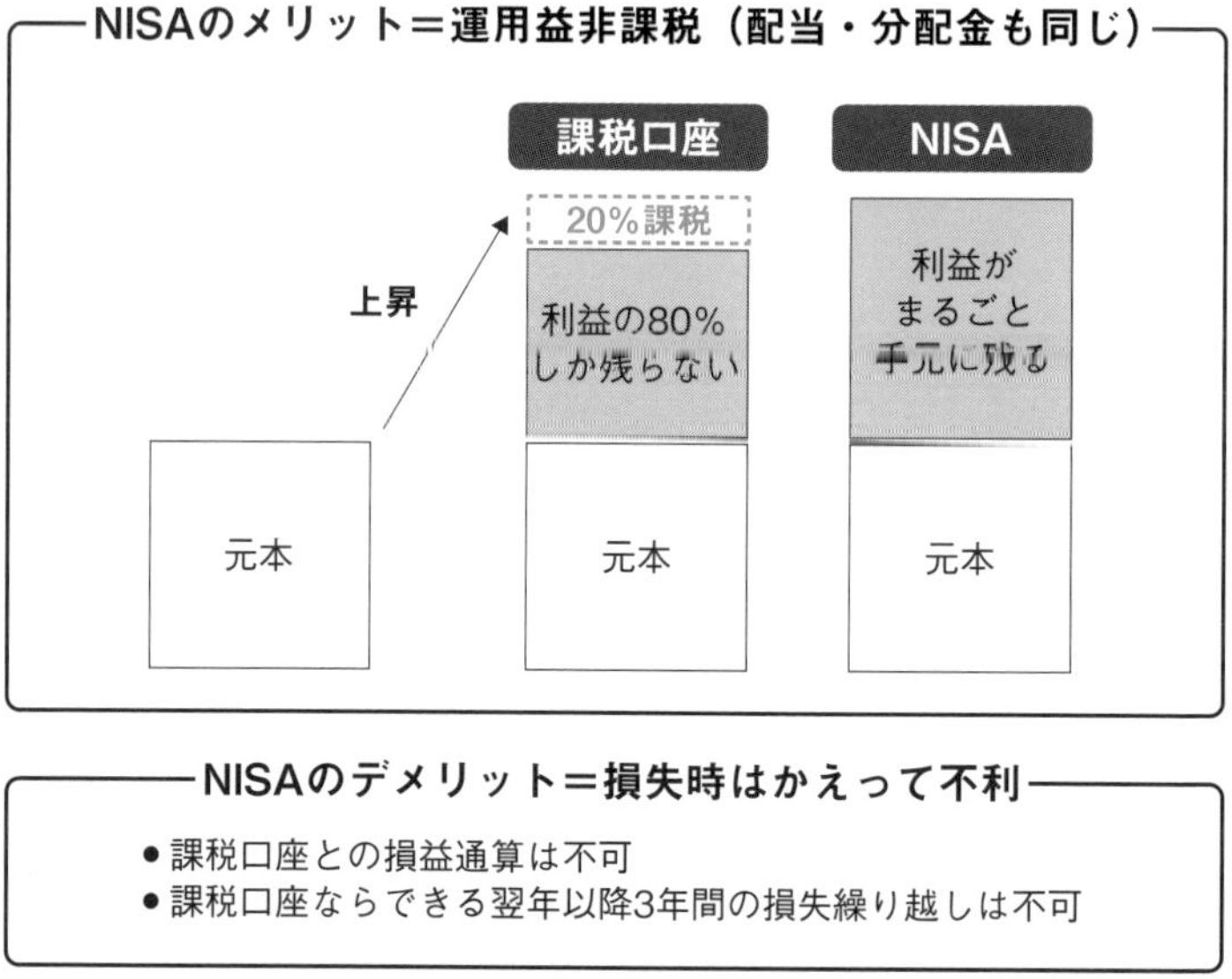

また、課税口座であれば損失は翌年以降3年間繰り越すことができ、翌年以降に利益が出れば繰り越した損失と相殺できる救済策がありますが、ＮＩＳＡ口座では認められません。

これをＮＩＳＡの欠点と言う人もいますが、利益が出たときはそれをなかったこととみなして非課税にしてくれるのですから、損が出たときもそれをなかったとみなされるのは当然です。怒ってはいけません。

要するに**ＮＩＳＡ口座は、「儲かったときだけお得な仕組みで、損したときは課税口座より不利」な仕組みです。**「ＮＩＳＡ口座ではとにかく損失を出さない運用を心がける」ことが大事になります。

「せっかくＮＩＳＡで資産形成しようと思ったのに最初から不安がらせるのか」と思われるかもしれませんが、心配はいりません。

この本でこれから何度もお話しするよう

に、**非課税期間が無期限化され機能が大きく拡充された新NISA**においては、誰でもやり方次第で**「ほぼ損を出さずに大きな資産を作れる運用」**が可能になります

間違い

NISAは課税口座に比べていつも有利な仕組みだ

金額が小さく期間も限定されていた旧NISA

2024年以降の新NISAはどんな制度なのか。まず2023年までの「旧NISA」の仕組みから復習します。旧NISAは、2014年にできた一般NISAと、2018年にできたつみたてNISAの2つでした。

一般NISAは年間120万円まで新規投資できて非課税期間が5年。一方のつみたてNISAは年間40万円までで、非課税期間が20年。新規に投資できる期間も、一般NISAは2023年まで、つみたてNISAは2042年まで（2024年からの新NISA発足に伴い2023年までに変更）でした。この2つは同じ年に両方を使うことはできず、どちらかを選択する仕組みでした。一言で表すなら、金額も小さく、非課税期間や投資可能期間が限定された、かなり使いづらい仕組みだったわけです。

2つのNISAは投資対象や投資手法も大きく違っていました。2024年からの新NISAにも関係することなので確認しておきましょう。一般NISAは個別株やETF（上場投資信託）にも投

図表1-2●投信は大きく2種類

	インデックス型	アクティブ型
特徴	様々な指数への連動を目指す	指数を上回ることを目指す（実際は下回ることも多い）
販売手数料	ゼロ（ノーロード）が多い	購入額の0～3%程度
持っている間毎日かかる信託報酬	低いものでは年0.05～0.1%程度	年1～2%程度が目立つ

資が可能なうえ、株式に投資できる投資信託（6000本弱）であれば何でも投資できました。投資手法も、一括投資、積み立て投資のどちらでも大丈夫です。

一方で、つみたてNISAの対象は長期投資に向いていると金融庁が定めた基準を満たす極めて限られた投信が対象で、2023年9月時点で約250本。6000本弱もある投信全体の4%くらいに限定されていました。大半は日経平均株価や米S&P500種株価指数など様々な指数に連動する、低コストのインデックス（指数連動）型投信です。

つみたてNISAの対象には運用担当者が銘柄やタイミングを選んで平均を上回ることを目指すアクティブ（積極運用）型投信も一部含まれていますが、こちらもコストや資産残高、資金流入などが厳しく制限されています。また、投資手法は積み立て限定です（ただし必ずしも毎月投資する必要はなく、年に2回以上の投資なら積み立てとみなされます）。

なぜこうなったのかを知ることは、このあと、新NISAの投資対象を考える際にも関係してきます。**実は膨大な投信のうちかなりの部分は、コストがかなり高かったり、リスクが大きかったりして、個人の資産形成には適していません。**やや厳しい言葉で言えば、金融機関が儲けるためのものだとも言えます。

2014年の一般NISA導入後、多くの金融機関はこぞって一般

NISAで、こうした高コストでリスクの大きな投信も販売しました。これに対し、要するに金融庁は怒ってしまったのです。

「2018年から導入するつみたてNISAは、長期の資産形成に向いた限定した投信しか認めませんよ」と。これがつみたてNISAの商品が極めて絞り込まれた理由でした。

2024年からの「神《カミ》改正」

金額も小さく期間も限定されていたNISAが変わることになったきっかけは、岸田文雄政権が打ち出した「資産所得倍増プラン」でした。NISAやイデコの制度改革を核に、日本人の資産所得を大きく上げることで日本経済を活性化させようとする改革です。

その内容はインターネットで「神改正」「革命だ」という言葉が飛び交うほどでした。非課税期間は無期限化され、新規投資期間も恒久化。年間の投資枠も、つみたてNISAを引き継ぐ「つみたて投資枠」はつみたてNISAの3倍の120万円に、一般NISAを基本的に引き継ぐ「成長投資枠」は2倍の240万円になったのです。

旧NISAは、同じ年にはどちらか一方しか使えなかったので、枠の大きい一般NISAでも120万円。しかし新NISAでは、2つの仕組みが一体化され、つみたて投資枠120万円と成長投資枠240万円が併用できるようになりました。つまり年に360万円です。ちなみに、「つみたて投資枠と成長投資枠は別々の金融機関で取引できるのか」ということをときどき尋ねられますが、1つの金融機関でしか取引できません。

年360万円ずつ恒久的に投資できると、さすがに「金持ち優遇」という批判が強くなります。こ

図表1-3 ● これが新NISA

<table>
<tr><th></th><th>つみたて投資枠</th><th>併用可</th><th>成長投資枠</th></tr>
<tr><td>対象</td><td colspan="3">国内に住む18歳以上</td></tr>
<tr><td>新規投資期間</td><td colspan="3">恒久化</td></tr>
<tr><td>非課税期間</td><td colspan="3">無期限</td></tr>
<tr><td>年の非課税枠</td><td>120万円</td><td>合計360万円</td><td>240万円</td></tr>
<tr><td>生涯投資枠</td><td colspan="3">投資元本で1800万円（うち成長投資枠は1200万円）</td></tr>
<tr><td>投資対象</td><td colspan="2">金融庁が認めた長期投資に適した投信（250本程度）</td><td>投信（①信託期間20年以上②毎月分配型以外③高レバレッジ型以外――で2000本程度）、整理・監理銘柄を除く上場株、ETF、REITなど</td></tr>
<tr><td>投資手法</td><td colspan="2">積み立てのみ</td><td>積み立て・一括どちらも可</td></tr>
</table>

出所：金融庁資料を基に筆者作成

のため生涯投資枠という仕組みを新たに作り、1800万円までとしました。ただしこれは元本ベース。運用がうまくいって2倍の3600万円になっても、3倍の5400万円になってもまるまる非課税のままです。

これは1人分ですから、夫婦がともに使えば元本ベースで3600万円まで非課税です。多くの世帯にとっては十分な非課税枠とも言えるのではないでしょうか。「少額投資非課税制度」という名前のままではありますが、実質的には「大型投資非課税制度」になったとも言えます。

生涯投資枠1800万円のうち、成長投資枠だけを使う場合の上限は1200万円です。こう言うと、「つみたて投資枠の上限は差し引き600万円か」と誤解する人がいますが、そうではありません。つみたてNISAだけで1800万円を使い切ることは可能です。例えば月5万円（年60万円）をつみたて

図表1-4 ● なぜ「神」改正と呼ばれるのか

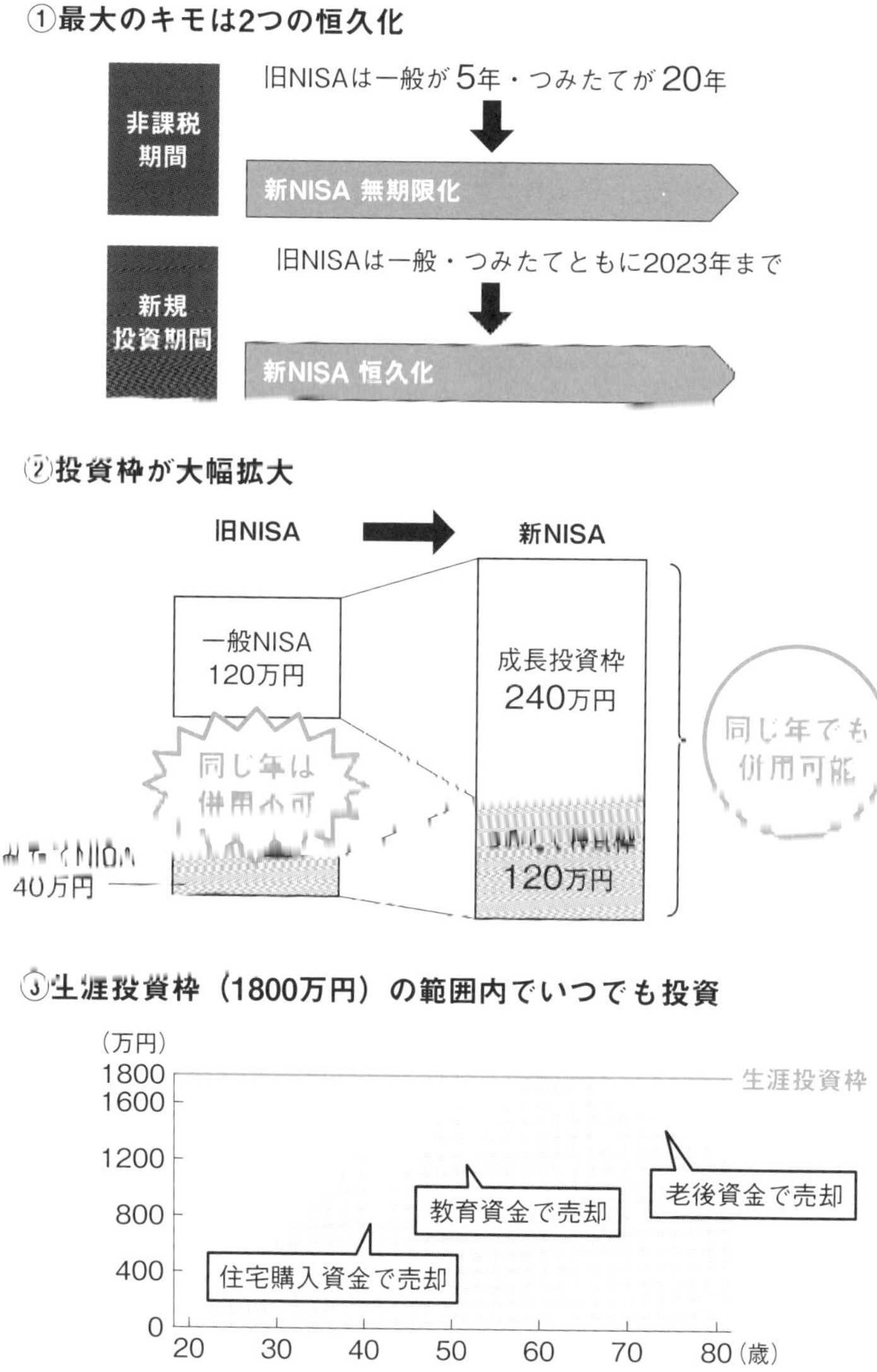

出所：いずれも筆者作成

投資枠で積み立て続ければ30年で1800万円の枠を使うことになります。あくまで1200万円は、成長投資枠だけを使う場合の上限なのです。

間違い つみたて投資枠の生涯投資枠は600万円だ

つみたて投資枠は、旧NISAのつみたて投資で選ばれた長期の資産形成に適した商品が引き続き対象になります。投資手法も積み立てに限定されるのも同じです。

一方、成長投資枠は（詳しくは24ページで説明しますが）旧NISAの一般投資枠よりは大幅に制限されるものの、相対的に高手数料でリスクの大きな商品も含まれます。だからこそ、つみたて投資枠であれば1800万円すべてを使えるのに対し、成長投資枠だけであれば1200万円を上限としているのです。金融庁は新NISAの基本は、あくまでつみたて投資枠と位置づけていることがわかります。

「神改正」のもうひとつ優れた点は、生涯を通じて非課税枠を柔軟に使えるようになったこと。旧NISAでは、例えば資金的に苦しい時期があったために毎年の非課税枠を使わなければ、その非課税枠はそのまま消えてしまいました。また購入した資産を売却すると、非課税枠は復活せずやはりそのまま消えてしまう仕組みでした。

しかし、**新NISAの生涯投資枠1800万円は、いつ使ってもいい**のです。若い時期から数十年

図表1-5 ● 生涯投資枠の注意点

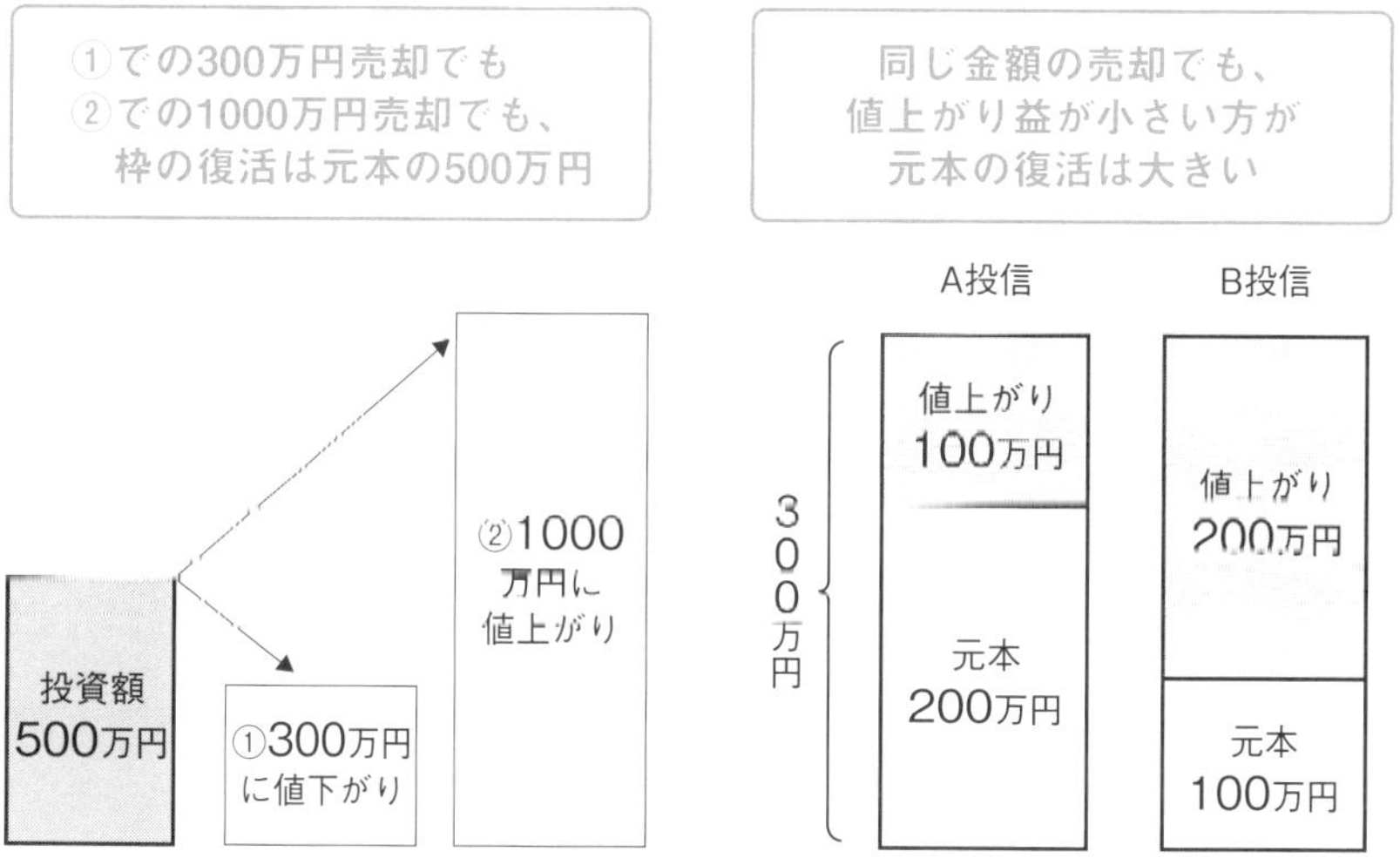

にわたって積み立てて投資を続けてもいいですし、これまで投資をしてこなかった60歳が、手元にある預貯金を使って毎年の上限額である３６０万円を５年間で「駆け込み」で利用することもできます。

　また若い時期に投資した金額のうち一部を、例えば住宅購入で売却すると、その分の枠が翌年に復活し、再び資金に余裕ができたときにその枠を使って１８００万円に達するまで投資を再開することもできます。まさに各人各様のライフスタイルに合わせた投資が可能になるのです。

　ちなみに枠がいくら復活するかというと、売却額そのものではありません。新ＮＩＳＡでは投資額の管理はすべて元本ベースで行います。５００万円の投資元本で３００万円になった資産を売却しても、枠の復活は元本部分の５００万円分となります。

　逆に、値上がりで１０００万円になった資産を売却しても、枠の復活はやはり元本である５００万円です。

　同じ商品を複数回買った場合の枠の復活の元本の

計算は、平均の取得単価になります。例えばA社株を最初に1株1000円で100株、次に1株2000円で100株買い、100株を売ったとします。この場合の枠の復活は、平均取得単価である1500円の100株分で15万円です。

売却がつみたて投資枠でも成長投資枠でも、復活した枠はどちらの枠でも使うことができます。ただし仮に枠の復活が500万円と大きい場合でも、翌年に使えるのはつみたて投資枠120万円と成長投資枠240万円の計360万円の範囲であることは変わりません。年間の投資枠が復活枠より優先されるわけです。復活した残り140万円はその次の年以降に使うことになります。

ちなみに、例えばA投信とB投信があって同じ300万円の時価の場合、元本が200万円だったA投信を売却した方が、元本が100万円だったB投信を売却するよりも元本の復活が大きくなることもポイントです。

非課税で短期売買をし続けられるわけではない

枠の復活は売却した翌年ということもポイントです。つまり売却したお金で即座に別の資産を買うという短期売買を、非課税で繰り返せるわけではないということです。ただし、翌年であっても売却資産の元本部分が復活するということは、投資の柔軟性を高めます。買った後で「失敗だったな」と思う投信や個別株があった場合、旧NISAでは売るとその分の非課税枠はもう使えないままでしたが、新NISAは翌年以降に枠が復活するため別の資産を買えます。翌年という制限はあるにせよ、資産の中身を入れ替えやすくなったのです。

例えば配当を老後の収入にするために高配当株を買った後、その銘柄に何か構造的な問題が発生して長期的に株価の低迷が続くと判断すれば、売って翌年以降、別の銘柄を買い直すことがしやすくなります。投資の「やり直し」をしやすい制度になったとも言えます。

間違い　非課税枠が復活するため、非課税での短期取引を繰り返せる

つみたて投資枠と成長投資枠の共通の3条件とは

新NISAはつみたて投資枠と成長投資枠でできています。投信について、投資できる対象をみておきましょう。全体の共通の条件は、①毎月分配型でない、②信託（運用できる）期間が20年以上、③ヘッジ目的以外のデリバティブを使わない――です。

なぜこうした条件になっているのでしょうか。投資により長期で資産を増やすためには、運用益や配当金を元本に積み重ねながら、雪だるま式に大きくふくらませていくことが大事です（これを複利運用と言います）。しかし、毎月分配型は利益をいちいち運用対象からはずしてしまうので、こうした複利効果が働きにくく、対象からはずれています。

信託期間が20年以上というのは、主にテーマ型投信を除外する狙いです。テーマ型というのは電気自動車（EV）や5G、人工知能（AI）、少し前ならシェールガス関連、あるいはブラジルやインド、トルコなど特定の新興国など、そのときどきで話題になっているテーマや国を対象とする投信です。これらは成長イメージがあるので売りやすく実際に成長もすることが多いのですが、一般投資家

図表1-6 ● 新NISAの投信は？

<table>
<tr><th></th><th>つみたて投資枠</th><th>成長投資枠</th></tr>
<tr><td>本数</td><td>250本程度</td><td>2000本程度</td></tr>
<tr><td>共通の条件</td><td colspan="2">①毎月分配型でない、②信託期間が20年以上、
③ヘッジ目的以外のデリバティブを使わない</td></tr>
<tr><td>販売手数料</td><td>なし</td><td rowspan="4">条件なし</td></tr>
<tr><td>信託報酬</td><td>〈インデックス型〉
国内株年0.5％以下、海外株0.75％以下など
〈アクティブ型〉
国内株1％以下、海外株1.5％以下など</td></tr>
<tr><td>インデックス型
投信の条件</td><td>金融庁が指定した様々な指数に連動</td></tr>
<tr><td>アクティブ型
投信の条件</td><td>● 純資産50億円以上
● 運用期間の3分の2以上で資金流入
● 運用実績5年以上</td></tr>
</table>

に向けてそうしたテーマ型投信が作られ売られるころには、そのテーマはすでに多くのプロが対象銘柄を買ってしまっており、往々にして高値づかみになります。しかも話題が次のテーマに移ると値を大きく下げたりします。成長イメージで売りやすいことから、手数料も高いことが多いです。基本的に長期の資産形成には向きません。

こうしたテーマ型は信託期間が短いものが多いので、信託期間を20年以上とすることでテーマ型の除外を狙っています。

成長投資枠という名前が誤解を生みやすいのですが、成長しそうなものかどうかは関係ありません。むしろ成長を売り文句にするテーマ型投信などは排除しようとしているわけです。

間違い

成長投資枠の対象は、高い成長が見込める業種や国への投資商品だ

また、複雑な金融派生商品（デリバティブ）を使って株価指数の数倍の値動きをするように作られたレバレッジ型などの投資信託も長期保有に向きませんから、ヘッジ目的以外のデリバティブを使用している投信も除外します。

つみたて投資枠は２０２３年までのつみたてＮＩＳＡと同じ

つみたて投資枠は、右の共通の３条件に加えてさらに厳しい絞り込みが入りますが、これは２０２３年までのつみたて投資枠でも同様でした。

まずはコスト。投信のタイプごとに信託報酬の上限が定められており、例えばインデックス型の国内株であれば、保有コストである信託報酬が年０・５％以内、アクティブ型の国内株であれば年１％以内といった具合です。

インデックス型であれば、対象とする株価指数が金融庁によって、日本株なら東証株価指数（ＴＯＰＩＸ）や日経平均株価、米国株ならＳ＆Ｐ５００種株価指数やダウ工業株30種平均、世界株ならＭＳＣＩオール・カントリー（ＡＣＷＩ）などと定められています。

アクティブ型であれば、①運用実績5年以上、②運用期間のうち3分の2以上で資金流入、③純資産が50億円以上――などの条件が加わります。

こうした厳しい絞り込みの結果、旧ＮＩＳＡでのつみたてＮＩＳＡの本数は２０２３年10月初め時点で約２５０本となっていました。新ＮＩＳＡでも同じ条件での絞り込みが継続されます。

図表1-7 ● 成長投資枠の対象投資信託の絞り込み

2023年までの一般NISA
株式投信 **6000**本弱の全部が対象

↓

成長投資枠では厳しい絞り込み
①毎月分配型は除外
②信託期間が20年以上
③ヘッジ目的以外のデリバティブ型は除外

↓

成長投資枠
2000本程度
つみたて投資枠の商品は成長投資枠にも含まれる

注：このほか、上場株では整理・監理銘柄を対象外に

成長投資枠では、旧NISAの一般NISAに比べて大きく絞り込み

あまり知られていませんが、つみたて投資枠、成長投資枠共通の条件である「毎月分配型以外」「信託期間20年以上」「ヘッジ目的以外のデリバティブを使わない」という3点は、2023年までの旧NISAでつみたて投資枠に適用され、一般NISAには適用されていなかった条件でした。2024年からの新NISAにおいては、この3条件を成長投資枠にも適用します。

この結果、旧NISAの一般NISAでは公社債投信以外の株式投信（株式に投資することも可能と約款に書かれていても内容は債券ばかりというものでも大丈夫です）なら6000本弱すべてに投資できていたのが、一挙に2000本程度に削減される見通しです（本数は2023年10月時点の予想）。

運用各社は2023年6月から12月にかけ

て、自社の投信のうちどれがこの成長投資枠の条件にあてはまるかを選別し、投資信託協会に全8回に分けて順次登録することになりました。成長投資枠の投信の一覧は、同協会のサイト（https://www.toushin.or.jp/newNISA_contents/）で調べられます。また投資情報サイトのウエルスアドバイザー（https://www.wealthadvisor.co.jp/fund/NISA/index.html）でも対象投信の一覧がみられ、同社による成績評価の高いものを選別する機能もあります。

2つの枠に関する最も重要な知識は、つみたて投資枠の選別条件は同時に成長投資枠の条件も満たすということ。つまり成長投資枠で、長期の資産形成に適すると厳しく絞り込まれたつみたて投資枠の投信も買うことができるのです。成長投資枠はつみたて投資枠以外の投信を選ぶ必要があると思っている人が多いのですが間違いです。逆に、つみたて投資枠では成長投資枠の商品は買えません。

要するに成長投資枠は、一度にたくさんの投資をしたい人向けの「キャッチアップ枠」と考えるべきです。例えば50歳くらいまで投資はしておらずしかし預貯金にたくさん余裕資金のある人が、年に最大240万円ずつ、つみたて投資枠と併用したら年に360万円ずつ「追いかけ投資」できるための大きな枠、と考えましょう。その際の追いかけ投資の対象は、繰り返しになりますがつみたて投資枠の商品でもいいのです。

間違い

成長投資枠ではつみたて投資枠の商品は使えない

6000本弱から選べた一般NISAの対象投信が約2000本に絞られるのですから、人によっては旧NISAの一般NISAで選んでいた投信が新NISAでは選べなくなることもあり得ます。例えば新NISAの成長投資枠では対象外になる毎月分配型の投信は、長期での資産形成には向いていなくても、年金生活の人にとっては月々の収入の補塡のために便利だったケースもありそうです。

旧NISAの一般投資枠で買っていた投信は、買った年を含めて5年間は非課税のまま保有を続けられますから、その間に、5年後にその投信を、NISAの対象外になっても持ち続けるかどうかについて考えておく必要があります。持ち続けようと思えない場合は5年後に売却か課税口座への移管を考えることになります。つまり新NISAでの成長投資枠の絞り込みは、保有している投信について考え直す重要な機会でもあるでしょう。

間違い 2023年までの一般NISAの投信は新NISAの成長投資枠でも投資可能だ

「最強の使い方」は5年で枠到達

枠の大幅拡大、非課税期間の無期限化、売却すれば枠が復活——など大幅に進化した新NISAは、多彩な利用方法が可能になりました。

例えば資産形成層は、つみたて投資枠を中心に長期で積み立て投資をしていく手法が利用しやすそうです。20歳から月3万円を50年投資すれば1800万円の枠を使うことになりますし、40歳から30

年で月5万円の投資をしても1800万円です。

一方、これまで投資をせず多額の預貯金を貯めていた中高年齢層は、つみたて投資に加えて成長投資枠でキャッチアップ投資をすることも可能になります。これらは具体的には本章第6節でみていきます。ここでは理論上「最強の使い方」をまず知っておきましょう。ある意味、新NISA活用法の「ファイナルアンサー」です。

それは「可能な限り早く1800万円の枠を埋めること」です。生涯投資枠が1800万円でつみたて投資枠と成長投資枠を合わせた年間の非課税上限枠が360万円ですから、最速5年となります。枠をゆっくり埋めることと最速で埋めることでどれだけ大きな資産の違いになるか、計算例をみてみましょう（図表1―10、29ページ）。

図表1-8 ● 1800万円を各期間で積み立て投資で使うなら…

50年	月3万円
40年	月3万7500円
30年	月5万円
20年	月7万5000円
10年	月15万円
5年	月30万円

前提とする利回りは年4％とします。ゼロ金利に慣れた日本では「前提が過大」と思うかもしれませんが、世界株（円ベース、配当込み）、20年長期投資した場合、過去の平均は年7％でしたのでむしろ保守的です。世界株投資でどれくらいの利回りが見込めるか、詳しくは32ページ以降でみますが、ここでは4％前提で考えてください。

まず50歳の人が69歳まで20年間、月7万5000円を積み立て投資して1800万円の枠を使うケース。年4％利回りを前提にすると、69歳末時点での資産は2729万円です。これでもかなり大きな増え方ですが、最初の5年で月30万円ずつ投資

図表1-9 ● 新NISAは多様な投資手法が可能

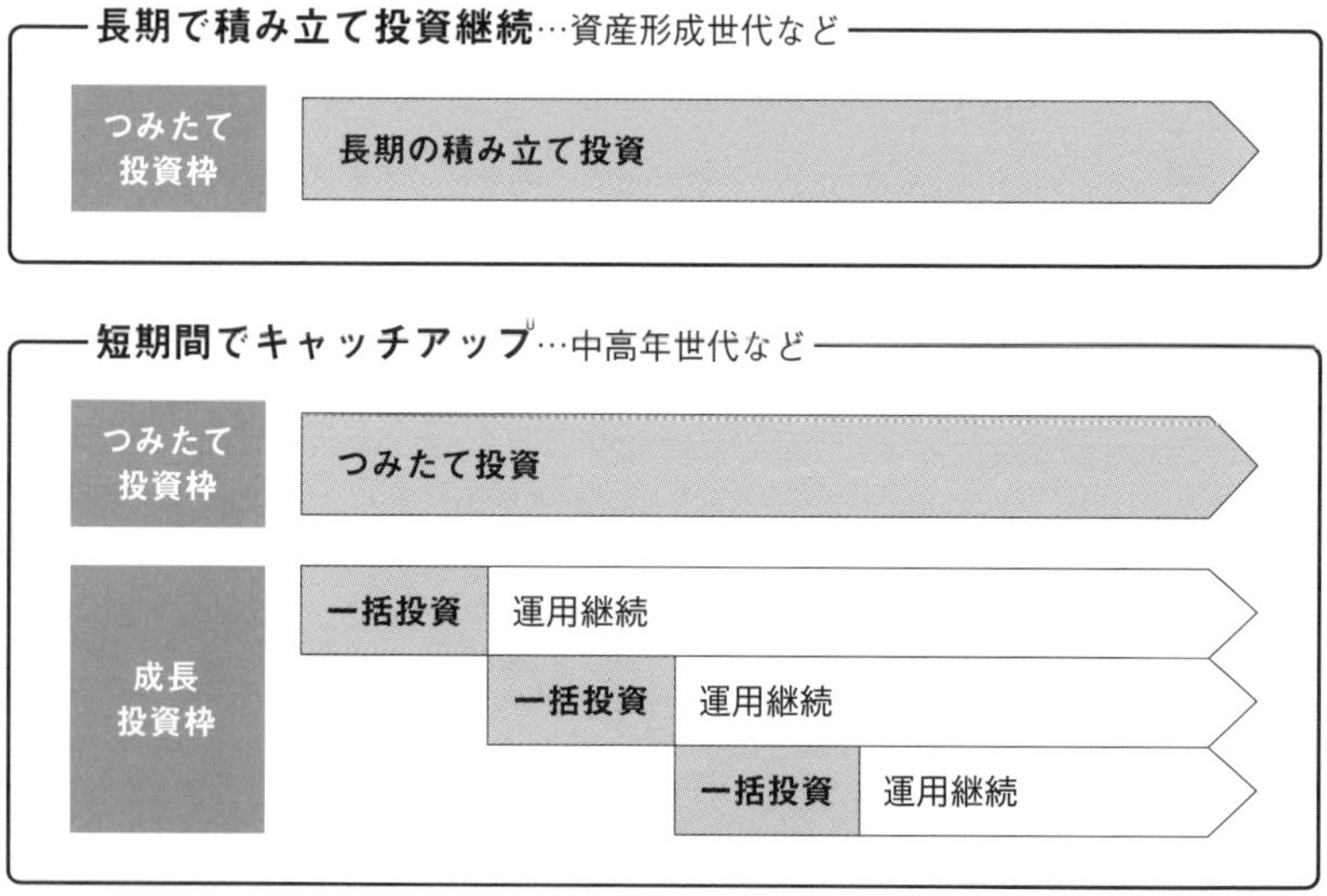

し１８００万円の枠を使いそのまま69歳末まで４％での運用を続けるケースだと、資産は３５７６万円と、より大きな増え方になるのです。

ちなみに図表１－10では、過去の平均だった年７％の結果も併せて載せています。さらに大きく増えていますね。

「月30万って、非現実的な」と思うかもしれませんが、中高年世代になると、これまで投資しておらず預貯金が数千万円単位で積み重なっている人もいます。そうした人は預貯金を原資に毎月新ＮＩＳＡに投資していけばいいわけです。

次に40歳からのケース。月５万円で30年積み立て投資して１８００万円の枠を使い切る場合、70歳時点の資産は３４３０万円です。これでもかなり多額ですが、40歳から月30万円を投資して５年間で１８００万円の枠を満たし、そのまま70歳まで４％で運用できれば資産は５３００万円です。50歳開始よりともに金額が多いのは、投資は期間が長くなるほど雪だるま

図表1-10 ● 50歳からの投資シミュレーション

50歳から20年で1800万円投資　＊月7万5000円積み立て

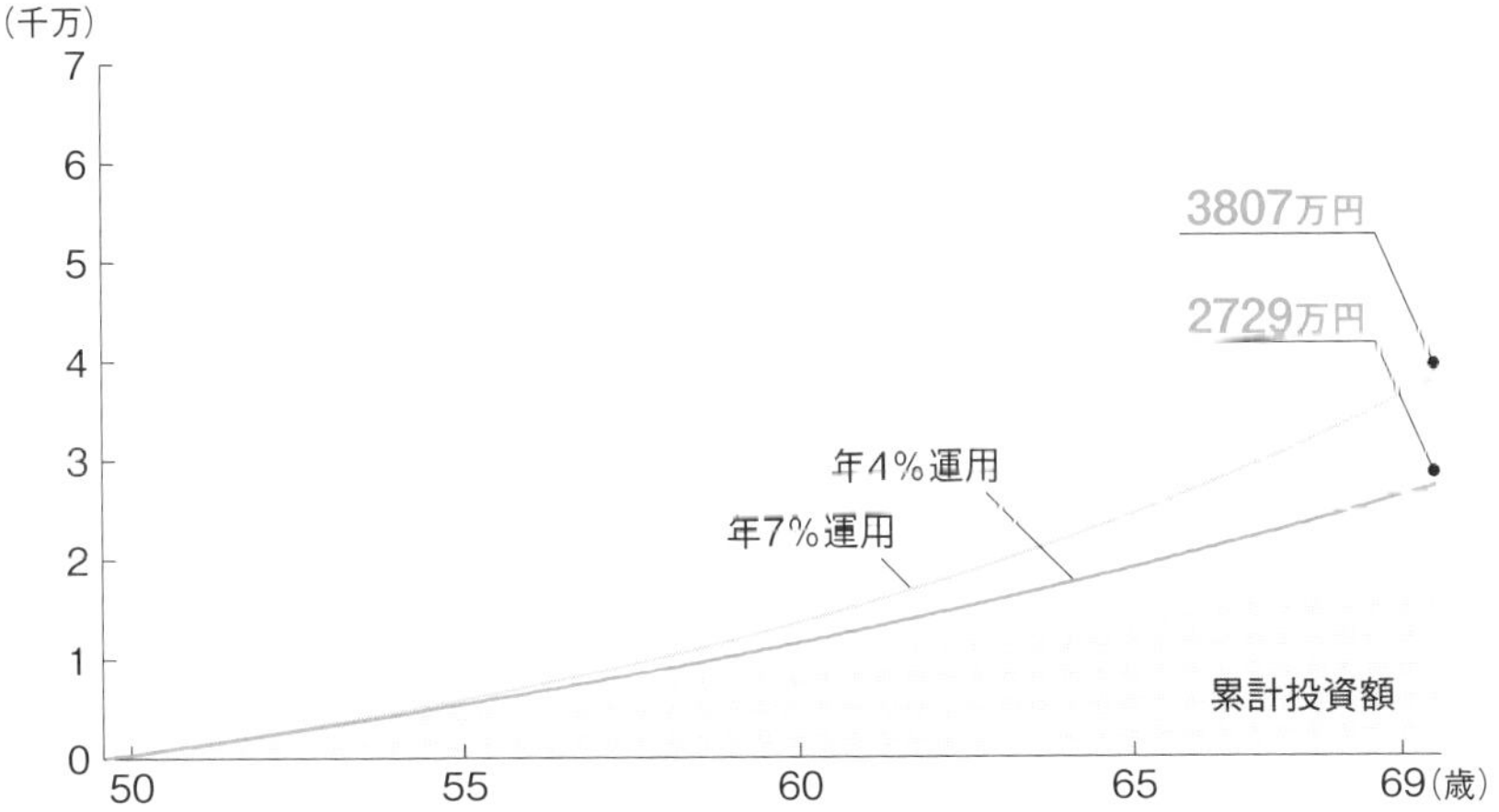

50歳から5年で1800万円投資　＊最初の5年、月30万円投資

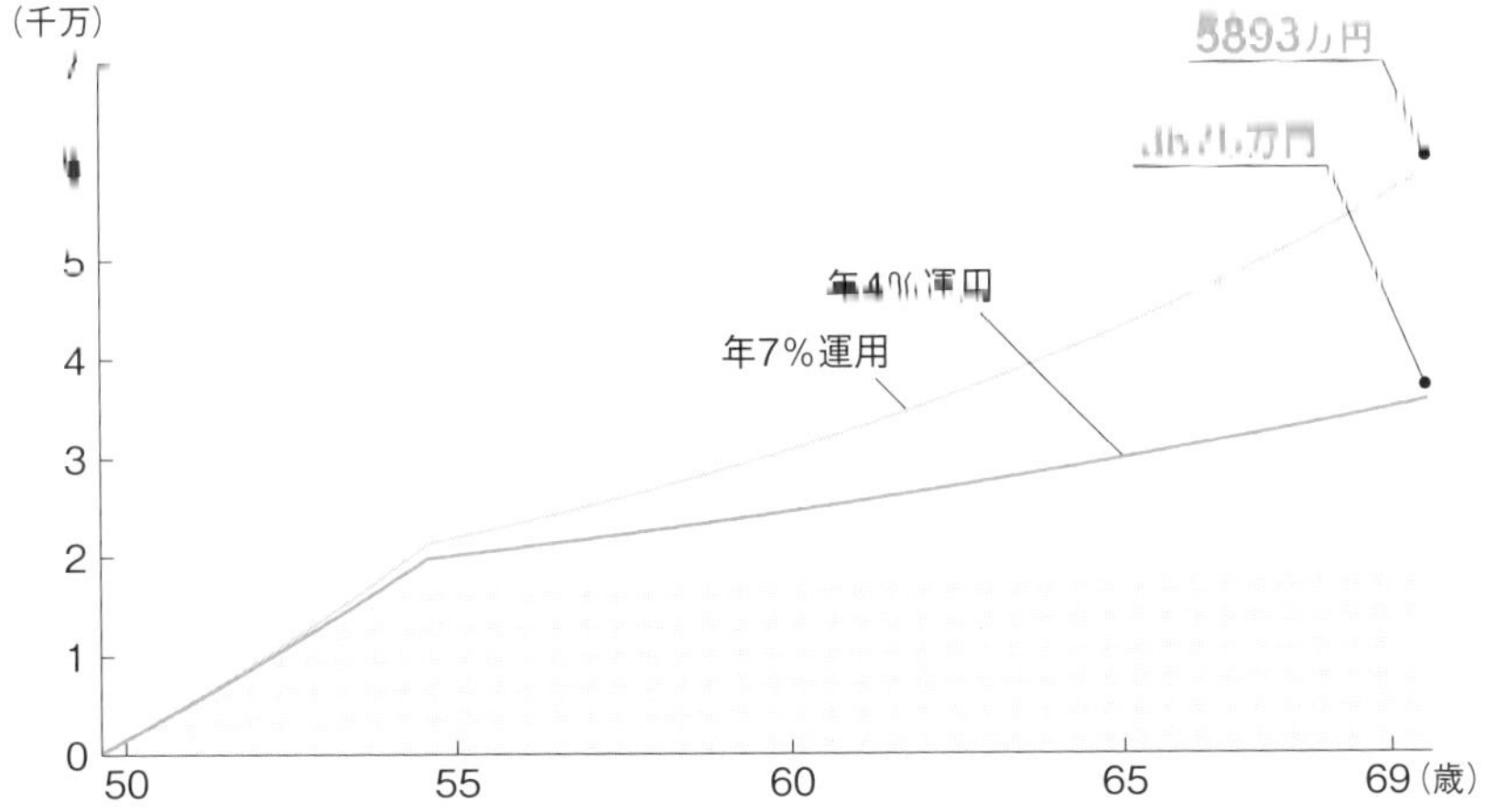

出所：筆者計算

式に増えていく力を持っているからです。

筆者の知人である40代の夫婦は、ともに大手企業の管理職で、夫婦合わせて月30万円どころか40万円の積み立てをしています。こういう恵まれた人も実際にいますが、もちろん全員がこうした投資をできるわけではありません。別に5年でなくても、10年でも20年でもかまいません。満額でなくその数分の1が、最速投資の限界であっても大丈夫です。

それでも「できるだけ早くできるだけたくさんの枠を埋め、長く運用する」ことが新NISAの「最強の投資法」であることは強く認識しておくべきだと思います。

このような投資法について「5年程度の集中投資にはリスクがある。長期の積み立て投資以外は選ぶべきではないのでは」と疑問に思う人もいそうです。これについては本章第6節でお話しします。

間違い　新NISAで一番資産を増やせるのは長期の積み立てである

ところで先ほど年4%を例にした「最強投資術」を、過去に実際に世界株で実施していたらどうだったでしょうか。

50歳スタートで世界株指数の連動投信に投資し、69歳末まで持ったケースを考えるため、50歳1月が2003年1月、69歳末が2022年12月としました。この間、実際の世界株指数は2008年のリーマン・ショックなどを経験したものの、平均年率9%で上昇しました。先ほどお話ししたように

図表1-11 ● 50歳からの投資を実際にやっていれば……

実際に50歳から月7万5000円を20年間世界株に積み立て投資した結果

50歳初月は2003年1月、69歳末月は2022年12月

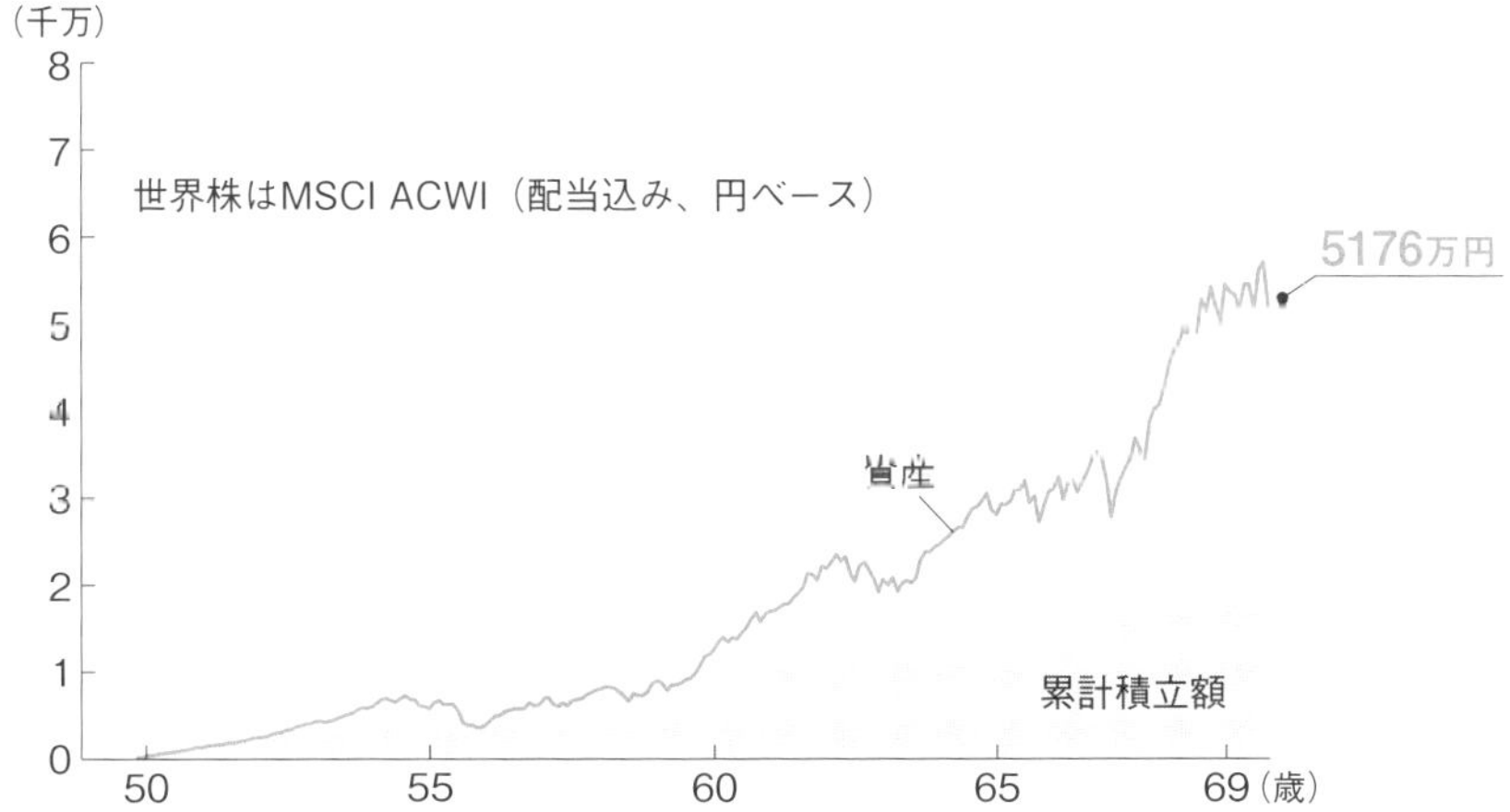

実際に50歳から5年間で世界株に1800万円投資し69歳末まで保有した結果

50歳初月は2003年1月、69歳末月は2022年12月

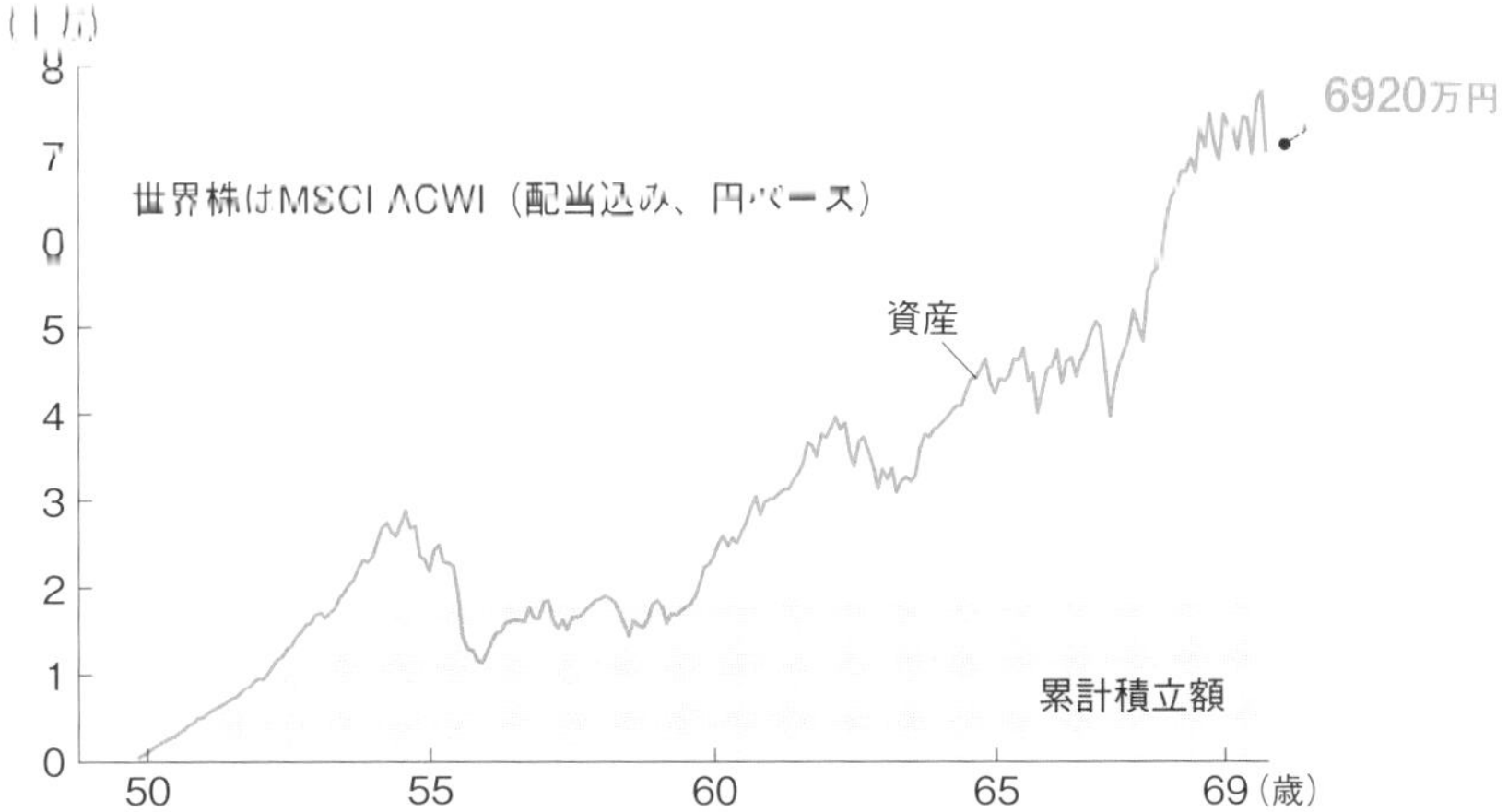

出所：各種データから筆者計算

長期では世界株は年7％程度でしたから、年9％だった過去20年は投資をするには全体として恵まれた時期だったと言えます。

仮に月7万5000円ずつ20年間積み立て投資した場合は、69歳末で5176万円になっていました。一方、当初5年間で月30万円ずつ1800万円を投資し、69歳末までそのまま保有した場合は6920万円になっていました。過去の20年の場合は、新NISAを最大活用すれば、先ほどの年4％、年7％という試算を上回り、50歳からでもとても大きな資産を作れていたのです。

ただこれはあくまでこの時期にこうだったというだけのもので、成績は時期により異なります。では以下で、過去の世界株への長期の積み立て投資の成績を検証しておきましょう。

長期なら世界株の平均運用利回りは7％

筆者が新NISAの主な投資対象としてお勧めするのは、世界全体の株式の指数に連動する低コストの投信です（なぜ世界全体の株式かは本章第4節）。では、過去に世界全体の株式に投資すれば、長期でどれだけのリターンが見込めたでしょうか。

よくある試算は、例えば「2022年までの20年で計算すると」といったふうに特定の期間を前提にすること。しかし投資成績は時期により全く異なりますから、ある一時期だけでみるのは恣意的なものになりかねません。

このため期間20年の投資を例に、積み立ての終了時期を1カ月ずつずらしてたくさんの期間の成績をみることにします。例えば1970年2月から1990年1月までの20年、1970年3月から1990年2月までの20年……といった具合にずらしていき、最後は2023年7月までの20年という具

図表1-12 ● 世界株に20年積み立て投資した年利回り

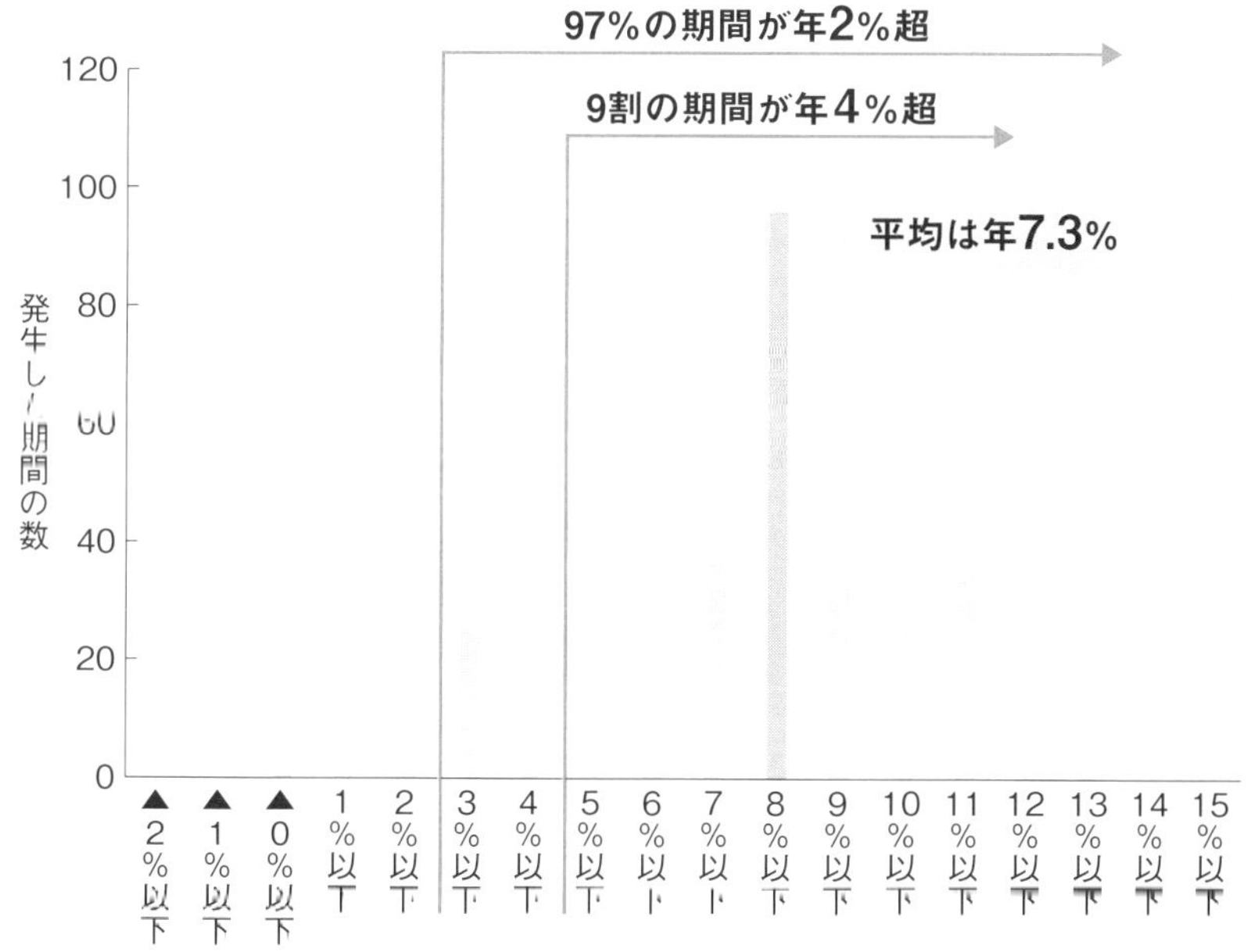

出所：MSCI World（配当込み、円ベース）[illegible]
というふうに時期を1カ月ずつずらして最後は2003年8月～23年7月まで計403期間を集計、各種データから筆者計算

合に全部で403の期間を計算しました。世界株の指数はいろいろありますが、指数算出開始が1969年末で長期の計算ができるMSCI World指数（配当込み、円ベース）で試算しました。

最も成績が悪かったのは1989年3月から2009年2月までの20年で年率平均はマイナス0・5%でした。2009年2月というのは2008年9月に起きたリーマン・ショック後の最安値をつけた月です。月3万円の積み立てとすると20年の累計積立額は720万円ですが、2009年2月までの20年なら資産は717万円で、ほんのわずかですが元本を下回りました。403期間のうち年利回りがマイナスになったのは

図表1-13 ● インフレでお金の価値は目減り

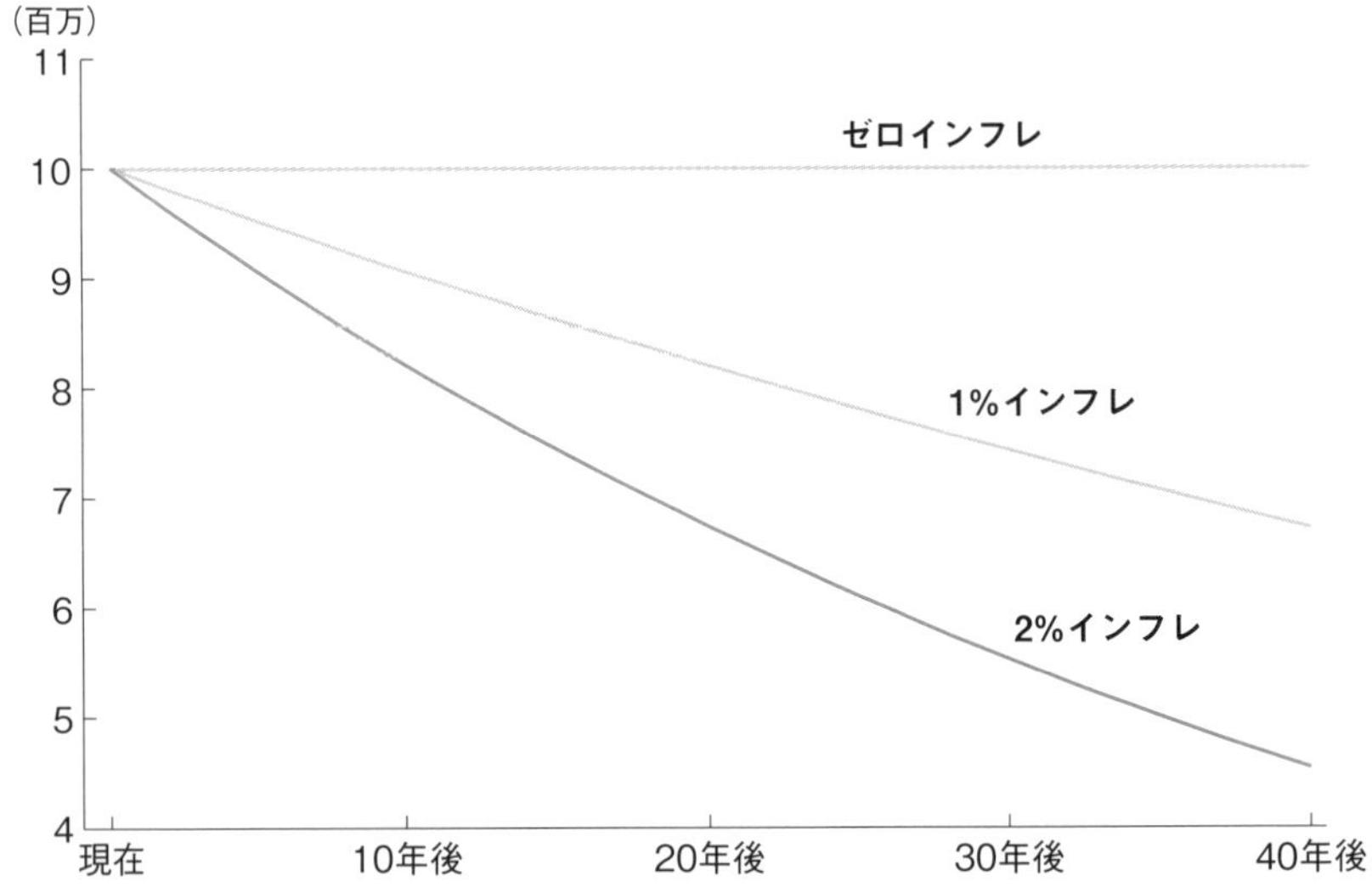

出所：筆者計算

このわずかな1期間だけです。ただしこの期間もマイナスはごく小さく、ほぼ元本並みのトントンであったということです。

他の期間はすべて利回りはプラスで、平均は年7・3％でした。この場合、資産は2・3倍の1680万円に増えていました。

逆に最も成績が良かったのは1998年7月までの20年で、年12・7％でした。累計積立額の4・3倍になっていました。

また、年4％超だった期間は全体の9割です。つまり世界株への長期投資が前提であれば、年利回り4％で将来資産を計算するのは過大でないばかりか、保守的とさえ言えます。

間違い

平均年率4％超のリターンを長期で想定するのは甘い見通しだ

ちなみに政府が目標としてきた２％インフレ。人手不足による賃金増で今後、２％程度のインフレが続く可能性は徐々に高まっています。

世界株への投資では７％超の年利回りの期間が全体の97％であり、ほぼすべての期間でインフレに負けなかったことになります。逆に言うと、インフレが続きそうな見通しだからこそ、ゼロ金利に近い預貯金ではなく、株式や株式を組み入れた投信の長期保有で、資産を守ることが大切です。

旧ＮＩＳＡで駆け込み投資をするべきか

２０２４年からＮＩＳＡが大幅拡充されることになったことが大きく報道され、これまでＮＩＳＡをしていなかった人のなかにも、２０２３年のうちに旧ＮＩＳＡを始めようか迷っている人もいます。不安になるのは、２０２３年中に旧ＮＩＳＡを使えば新ＮＩＳＡの生涯投資枠をその分使ってしまうことになるのかどうかということでしょう。

旧ＮＩＳＡと新ＮＩＳＡは別物であり、旧ＮＩＳＡでいくら投資していても、新ＮＩＳＡの生涯投資枠とは無関係です。２０２３年につみたてＮＩＳＡか一般ＮＩＳＡをしておけば、２０２４年からの生涯投資枠１８００万円に加えて、つみたてＮＩＳＡなら40万円、一般ＮＩＳＡなら１２０万円の非課税枠を使えることになります。

間違い

２０２３年までにＮＩＳＡを使った人はその分だけ生涯投資枠が減る

図表1-14 ● 新旧NISAの関係は？

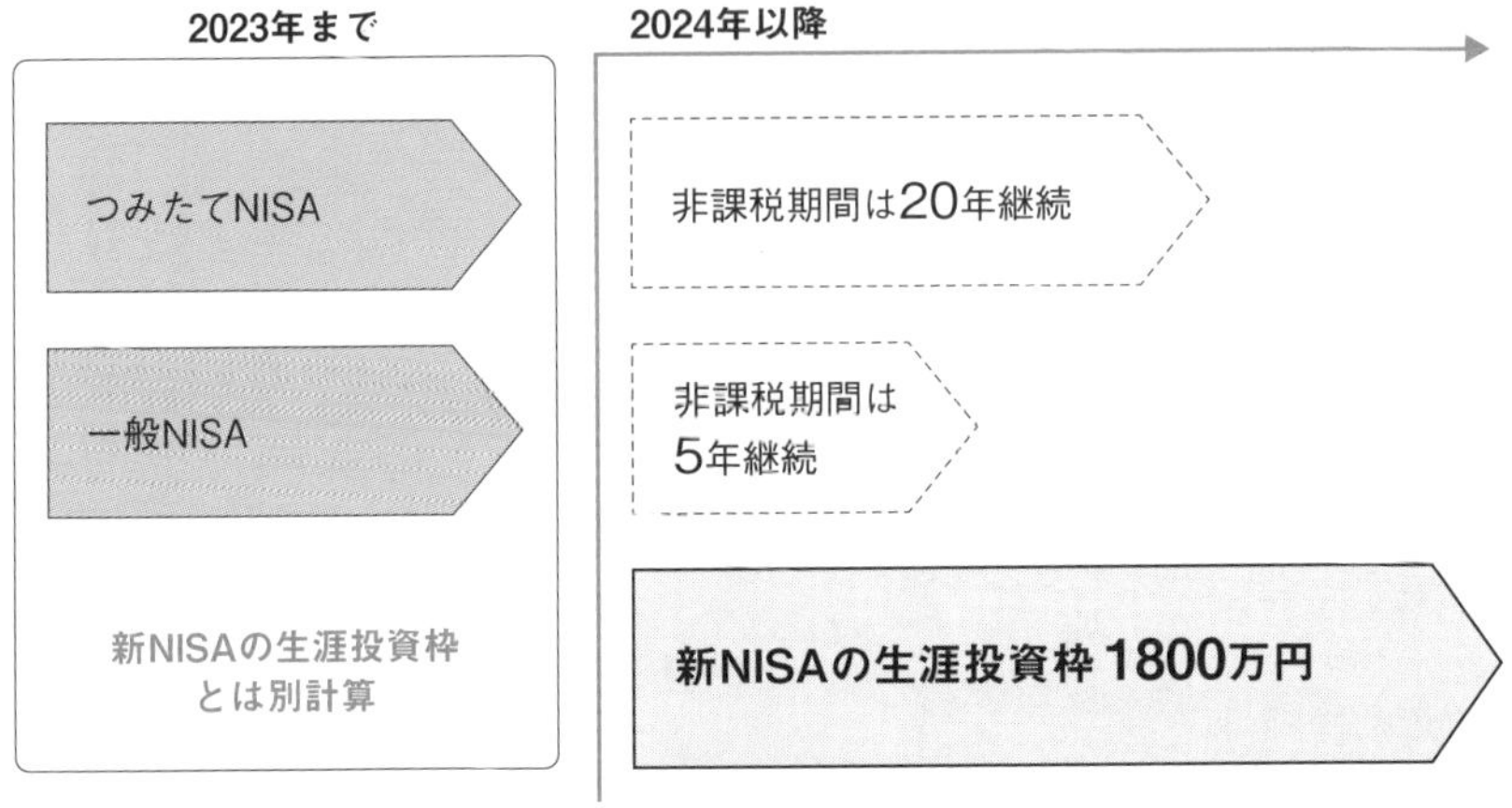

もうひとつ多くの人が不安になるのは、旧NISAの非課税期間は新NISAが始まれば中断されてしまうのかということ。これも誤りです。一般NISAなら5年、つみたてNISAなら20年の非課税期間は、新NISAが始まってもそのまま継続できます。

次に多くの人が知りたがるのは資産の移管。旧NISAの一般NISAでは非課税期間の5年が終わり、非課税期間を延長したければ翌年からの5年へ移管（ロールオーバー）できました。旧NISAから新NISAへの移管はできるのでしょうか。

残念ながらこれはできません。旧NISAと新NISAは別物だからです。つまり**一般NISAの5年の非課税期間が終われば、課税口座に移すか売却するかを選ぶことになります。**

注意事項は一般NISAの5年という非課税期間は、安定的に利益を出すには短いということ。しっかり利益が出そうな対象を選ぶか、その自信がなければ非課税期間20年のつみたてNISAを選ぶ方がいいでしょう。46ページに示したように、幅広く分散投資すれば、20年の期間があれば平均利回りがマイナス、つまり損失となる可能性は極めて低いからです。

2 現在の資産はどうする

つみたてNISA、一般NISAの資産は？

新NISAが2024年から始まった後、従来の資産をどうすべきかも大事な問題です。旧NISAでの資産と一般口座での資産を分けて考えてみます。

まずNISAでの資産。前提知識として再確認したいのは、2023年までの旧NISAで持っている資産も、つみたてNISAは20年、一般NISAは5年という非課税期間は、新NISA開始後も維持されるということです。

図表1－10でみたように、保有期間が20年であれば過去には損は出ず、平均では大きく増えていました。つみたてNISAの場合、せっかくの20年という非課税期間があるのですから、そのまま保有を続けることがセオリーでしょう。いったん売却して新NISAに移して合計20年になれば同じだと思うかもしれませんが、その場合は新NISAの非課税枠をその分消費してしまいます。旧NISAのまま持ち続ければ、新NISAの枠を消費せず、トータルの非課税枠を大きく使えます。

一方の一般NISA。非課税期間の5年が終わったときに損失の状態になっていても、旧NISAから新NISAへはロールオーバーできません。NISAは損失が出た場合、課税口座であれば認められる「利益が出ている口座との損益通算」や「損失の翌年度以降3年間の繰り越し」ができません。

また、損失（含み損）が出ている状態で課税口座に移すと、その時点の価格が取得価格になります。

図表1-15 ● 新NISA以外の資産はどうする?

	考え方	理由
つみたてNISA	原則そのまま保有	非課税期間が20年あれば損失は起きづらく、大きく増えやすい
一般NISA	上昇局面で売却し新NISAに乗り換えも	非課税期間5年では損失リスクも。損失が出ればNISA口座は課税口座より不利、新NISAへのロールオーバーは不可
課税口座で含み益あり	売却して新NISAに乗り換えが有利	売却時に税負担が発生するが、新NISA口座への乗り換え後に上昇した後で売却する場合の税負担より小さい
課税口座で含み損	一概に言えず	含み益になるまで税負担は発生しないためそのまま保有も可。損失を他の課税口座の利益と通算できるなら売却も選択肢

例えば120万円で一般NISAの資産を購入、5年の非課税期間終了時に100万円になっていて、その時点で課税口座に移し、後に130万円で売却したとします。120万円を最初から課税口座で持っていたなら利益は10万円で税金は2万円ですみますが、最初がNISA口座であれば100万円までの損失はなかったものとみなされて100万円で取得したことになるので、30万円が利益となり、6万円の税金がかかってしまいます。このように、NISAは損失が出た場合は課税口座より不利な仕組みです。

そして図表1-63(131ページ)で示すように、一般NISAの5年という期間は、過去をみると世界全体の株式に投資していても、4分の1程度の確率で元本割れしていました。こうした問題を防ぐには、非課税期間の5年を待たずに、ある程度満足のいく利益が出ている状態になっていれば、売却して利益を確定するのも大事な選択です。

図表1-16 ● 課税口座に移す際は「含み損」に注意も

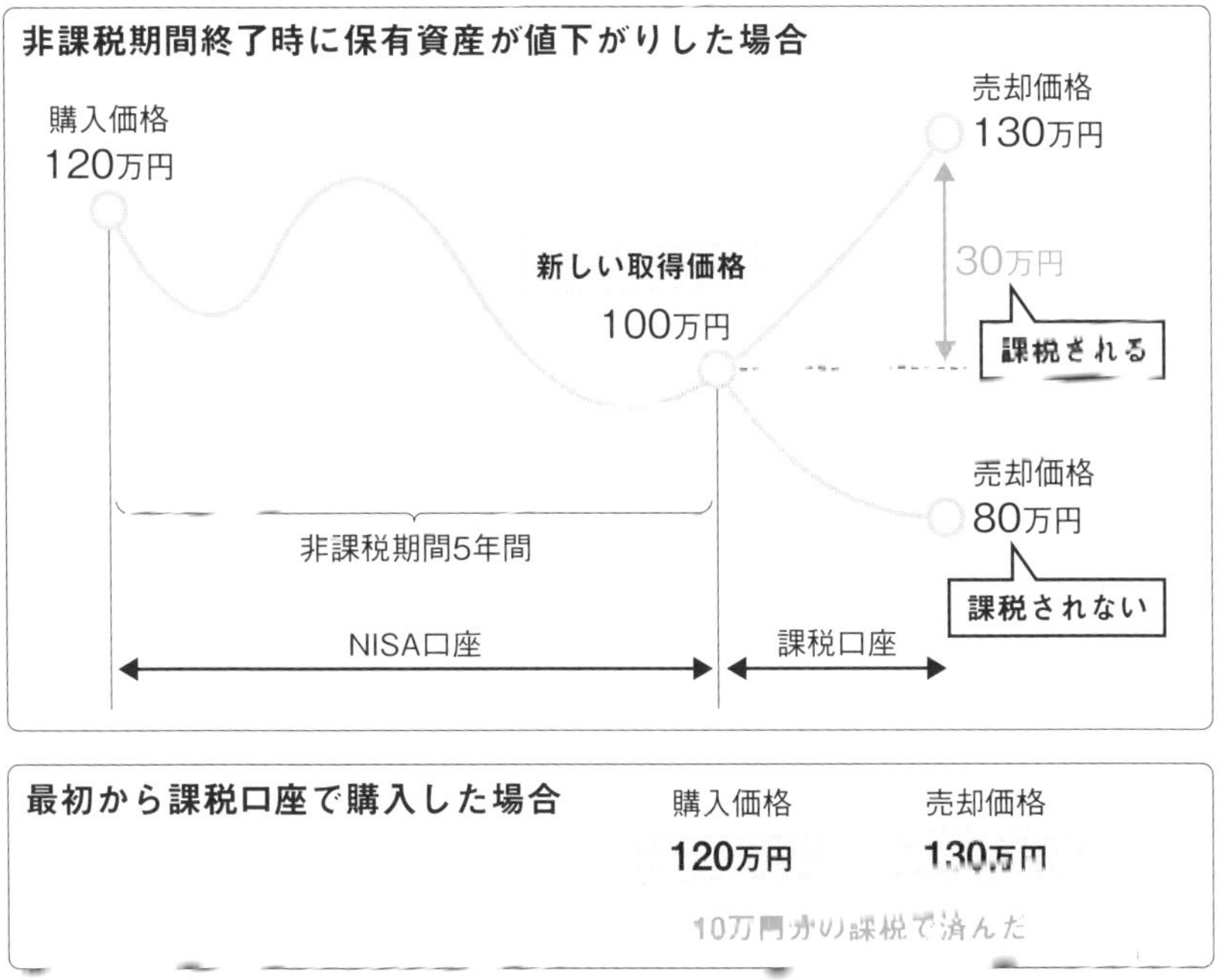

間違い

旧NISAの一般NISAの資産も必ず非課税期間の5年持ち続ける

課税口座で含み益の状態なら売って新NISAで再保有

今度は特定口座など課税口座の資産をどうするか考えましょう。まず含み益が出ている状態のとき。いったん売却して新NISAに移そうとすると、売却益に対して税負担が発生します。この税負担をしてまで新NISAに移すべきかが考えどころです。

事例で考えます。課税口座で100万円を投資し、40万円の含み益が出ているとします。課税口座のままで将来株価が2倍になると280万円。そこ

図表1-17●特定口座どうする？

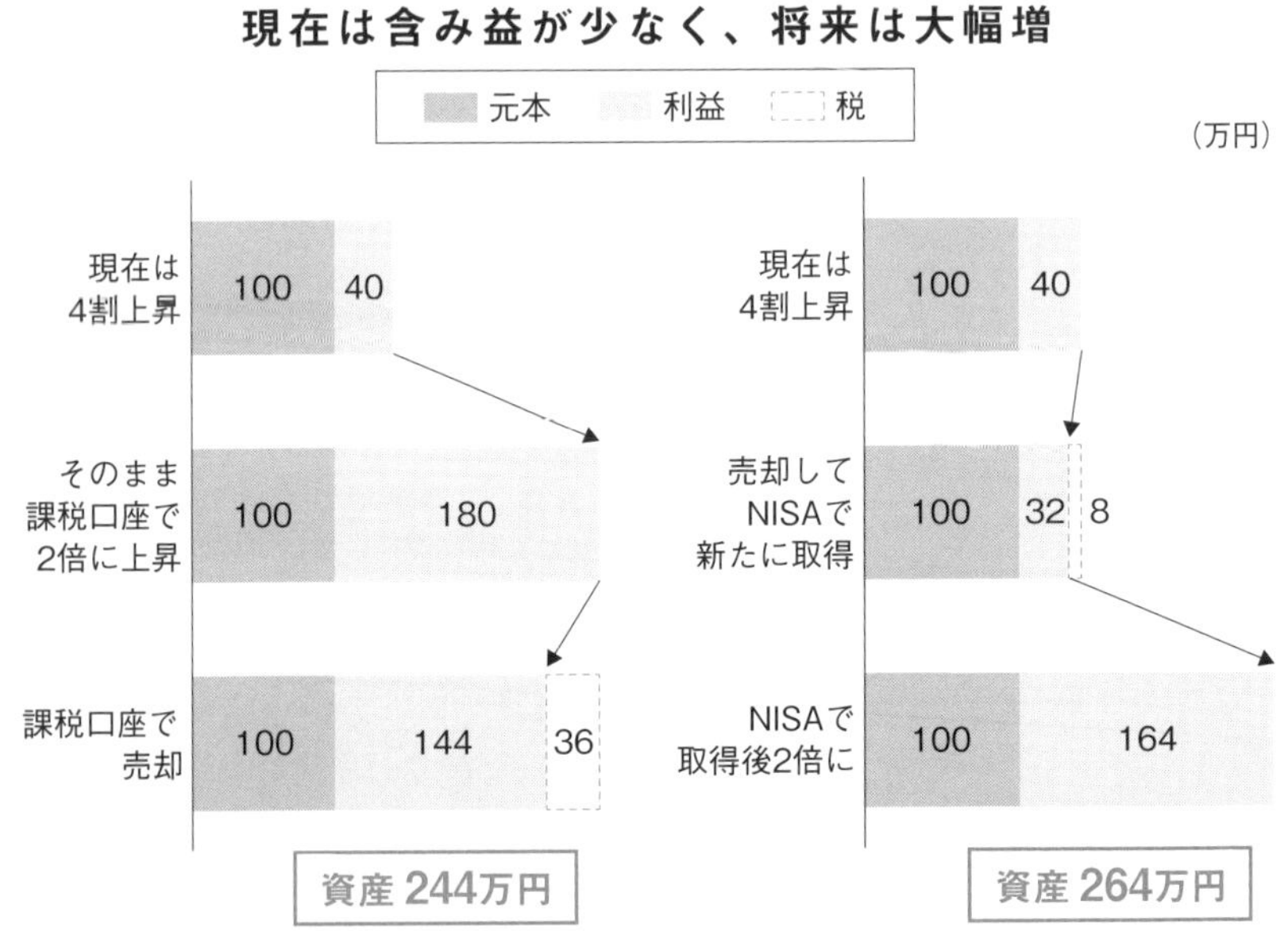

出所：FPの横田健一氏への取材を基に筆者作成

で売却すると、運用益180万円の2割にあたる36万円が課税され、手元には244万円が残ります。

一方、現時点で売却し利益の40万円の2割にあたる8万円を引いた132万円でNISAの資産を取得し、その後に株価が2倍になれば資産は264万円です。**現時点での課税を恐れず、早くNISAに移した方がいいことになります。**

実はこの関係は、将来の上昇率がプラスである場合なら、現在までの上昇率や将来の上昇率がどのような値であっても成り立ちます（ややこしいので書きませんが、計算式で検証済みです）。将来上昇するなら、非課税であるNISAでの保有期間が長いほど、相対的に税負担は小さくなり、手元に残る資金は多くなるからです。

世界に広く分散し長期保有するなら、

基本的に利益が見込めます。現在は課税口座で評価益が出ていて将来的に値上がりを見込むなら、なるべく早くＮＩＳＡ口座に移し替えることを考えましょう。

間違い
含み益のある課税口座の資産を売却して新ＮＩＳＡに移すと、課税口座での税負担が発生するので不利

課税口座で含み損の状態なら？

では、課税口座で現在含み損ならどうするべきか。将来の上昇を見込むなら、課税口座のまま持っていても損益がプラスになるまでは課税が発生せず、ＮＩＳＡ口座で保有するのと同じですから、そのまま持っておくのも選択肢です。

ただし他に利益の出ている別の課税口座があれば損益を通算できますし、損失の3年以降の繰り越しも可能です。そうした仕組みを使いたければ含み損の状態で売るのも選択肢です。

また含み損の状態で売却し新ＮＩＳＡに移せば、資産が回復してから移すよりも、ＮＩＳＡの限度枠の消費を抑えられるという効果もあります。資金が豊富で、ＮＩＳＡの枠の消費をなるべく抑えたい場合は、損益の回復前にＮＩＳＡに移すことも選択肢となります。資産全体の状況をみて考えましょう。

海外転勤は要注意

これまで新NISAの様々な魅力をみてきましたが、NISAには注意事項もいろいろあります。NISAの利用条件は「『日本に居住している』18歳以上（口座開設する年の1月1日時点）の人」なので、海外赴任などで日本を離れるとこの条件を満たさなくなります。

口座を開設している証券会社などに「継続適用届出書」を提出すれば、出国期間中の新たな買い付けはできないものの、提出した年の5年後の年末までNISA口座自体は継続することができます。そして帰国後「帰国届出書」を提出すると、また新規の買い付けをすることができるようになります。

ただしこれはあくまで制度上の話。このルールを適用するかどうかは任意で、金融機関によってその対応が異なります。こうしたやり方が可能なのは、例えば野村證券など少数です。2023年9月現在、ネット証券を含めた多くの金融機関では、出国する場合、NISA口座は閉鎖または解約し、資産は課税口座に払い出すか売却しなければなりません。しかも金融機関によっては課税口座に移せるのは日本株と国債に限られ、投信は売却せざるを得ないこともあります。自分が口座を開いている金融機関に対応をよく確認しておきましょう。あるいはこれからNISA口座を開設しようと思っているけれど海外転勤の可能性がある人は、金融機関選びの際に注意しましょう。

3 投資で本当に資産は増やせるのか

長期で世界経済拡大の恩恵を受ける

「せっかく大幅に拡充された新NISAも活発に使われるかどうかは大きな疑問がある」（大手運用

会社の幹部）という危惧か、実は水面下でよく聞かれます、などでしょうか。

例えば2022年末時点で、旧NISAのうち限度額の大きい一般NISAの口座数は1075万口座ありました。限度額120万円を単純に掛け算すると、利用可能額は12兆9000億円ということになります。しかし2022年の一般NISAの買い付け額は3兆1500億円。つまり利用可能額の4分の1しか使われていない、スカスカの「空箱」だったのです。「これまでも大きく枠が余っていた状態であるのに、枠が大きくなったからといって使われるとも思えない」という業界の危惧はあながち的外れではないかもしれません。

十分に使われなかった背景にあるのが、「投資は怖い」「何がいつ上がるか当てられないと損をしてしまう」というイメージでしょう。しかしこれは誤解です。何がいつ上がるかわからなくても、「長期」「分散」「低コスト」というルールを守れば資産は増やせます。

といってもなかなか信じられない人は多いでしょう。過去の長期データをきちんと知って「腹落ち」することが大事です。

図表1－18のグラフの網掛けの部分は世界のGDPの合計、つまり世界経済の規模です。過去、長期では人口増や生活水準の向上で経済規模は大きくなってきましたし、今後も大きくなっていきます。一方で、線①が世界全体の株価の動きを表す株価（円ベース）です。MSCIオール・カントリー（ACWI）という指数で、日経平均株価の世界版のようなものと考えてください。

株価ですから上がったり下がったりしますが、長期では世界経済の拡大に応じて上昇しています。シンプルに考えるなら、こういう、世界全体の株価に連動するような投資信託を買って、長期で持ち続ければ資産は増やせるということになります。1988年末からの世界株への投資成績は、年率に

図表1-18 ● 世界経済と株価(配当込み)の関係

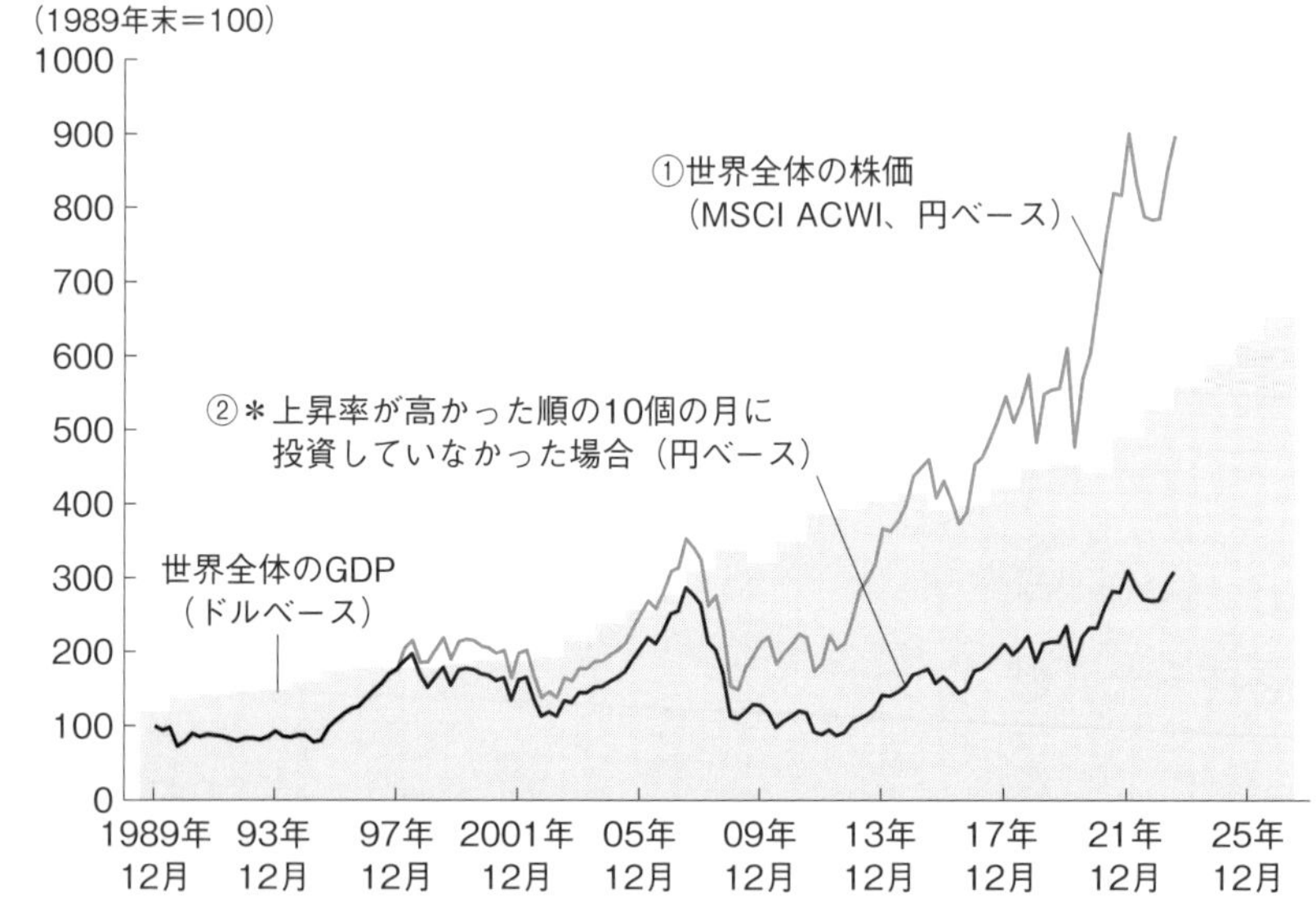

注：＊は筆者計算
GDPの出所：IMF “Economic World Outlook October 2022”

するとだいたい7%になっていました。

ちなみに投資信託というのは、みんなが少しずつお金を出すと、運用会社がそれをまとめて、世界中の株や債券に分散投資してくれる商品ですね。世界全体に低コストで投資できる投資信託の例は81ページで紹介させていただきます。

グラフにはもうひとつの線②があります。1990年からの約400カ月の間に、株価の上昇率が大きかった順にわずか10個の月だけ投資していなかった場合の成績です。①の線に比べて最終的な上昇率は3分の1程度にとどまっています。

株価は同じペースで上がるのではなく、突如として急な上昇をするときがあります。『敗者のゲーム』(日本語版は日本経済新聞出版)というインデックス投資についてのベストセラーを書いた米国のコンサルタント、チャールズ・エリス氏は、それを「稲妻の走る瞬間」と呼んでいます。その瞬間に市場に居続けなければ、成績は大きく悪化するのだ。そして「いつ稲妻が走るかは事前にはわからない」（エリス氏）ということも同時に覚えておくべきです。

この問題に関して筆者の記憶に残っているのは、２０１６年にドナルド・トランプ氏が米国の大統領に当選したときのケースです。事前には「トランプ氏が大統領になったら、株安や円高が起きる」という予想が多かったのです。実際、筆者の知っている著名な株式アナリストにも、大統領選挙前に自分自身の株式投資額を大幅に減らしたりゼロにしたりしている人が数人いました。しかし実際にトランプ氏が大統領に当選してから起きたのは、大きな株高でした。株式投資を減らしていたプロたちは、そうした恩恵を受けられなかったことになります。

いつ何が上がるかなどわからない、ということを前提にして、市場に居続けることが資産を増やすためにはとても重要です。

様々な期間、世界株に積み立て投資した実績は

先ほど１９９０年から２０２３年までの世界経済と世界株のグラフをみましたが、これはあくまでこの期間だけの話。投資成績は時期によって異なります。例えば多くの人は、投資の最終局面にリーマン・ショックのようなことが起きると、元本割れしてしまうのではと不安になります。それに対して過去のデータが示すのは、長期で世界全体の株に投資をしておけば元本割れしなかったということです。

図表１－19の5つの折れ線グラフでは、横軸の各時期まで世界株（配当込み、円ベース）に5年、

図表1-19● 世界株投信に各期間・定時・定額投資した成績

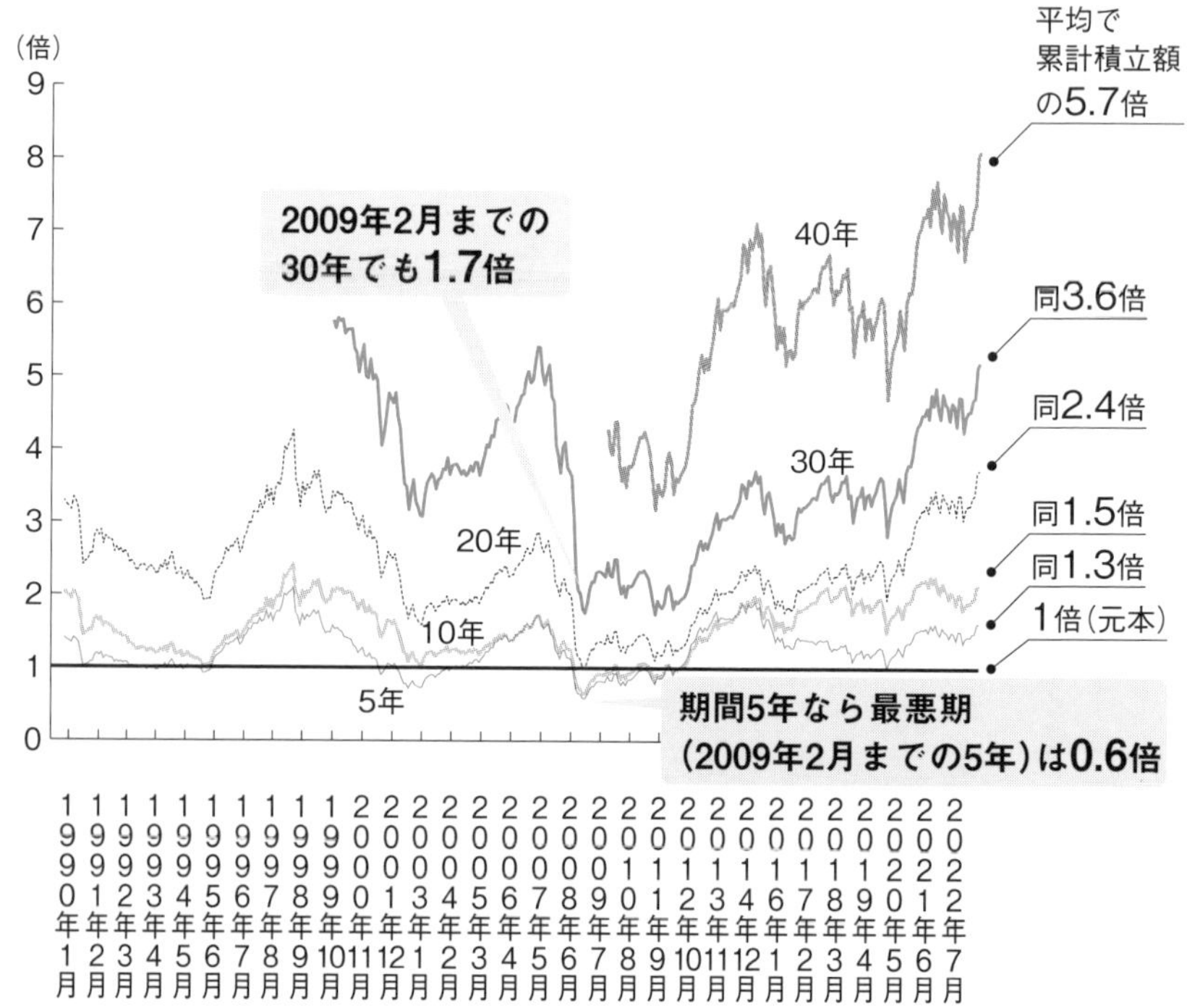

出所：MSCI World 指数（配当込み、円ベース、コストは考慮せず）を対象に筆者計算

10年、20年、30年、40年の各期間、積み立て投資をした資産が累計積立額の何倍になったかを計算しています。成績は時期により変わりますから、積立期間5年のグラフであれば、1995年2月から2000年1月までの5年間、1995年3月から2000年2月までの5年間……というふうに、各投資期間の最終月を1カ月ずつずらして多数の期間を対象にしています。

例えば期間5年のグラフでリーマン・ショック後の2009年2月（積み立て開始は2004年3月）をみると、累計積立額を4割も下回りました。幅広く分散しても、期間5年では時期により大きな損失が出るということです。２０１３年までの一般ＮＩＳＡの非課税期間である５年が、安定的な資産形成という意味ではいかに短かすぎたかがわかります。

２０２３年までのつみたてＮＩＳＡの非課税期間である20年積み立てであれば、ほぼすべての期間で資産は累計積立額（毎月3万円なら７２０万円）を上回り、グラフ表示期間の平均では２・４倍（同約１７００万円）になっていました。

唯一、リーマン・ショック後の２００９年2月まで（投資開始は１９８９年3月）はほぼトントンです。ただしそこでやめなければいいのです。グラフにはありませんが２０１０年2月までわずか１年積立期間を延ばしただけで、資産は毎月3万円なら約１０５０万円と累計積立額（同７５６万円）の４割増に回復していました。

積立期間をさらに30年、40年と延ばすとどうなったでしょうか。**最も注目したいのは、最悪の時期でも30年なら１・７倍、40年なら３・２倍に増えていた**ということです。グラフ表示期間の平均では30年なら資産は累計積立額（毎月3万円なら１０８０万円）の３・５倍（約３８３０万円）、40年なら累計積立額（同１４４０万円）の５・７倍（約８２００万円）です。

間違い

長期投資でも世界株１００％なら株の急落期には元本割れする

ちなみに30年のグラフが途中から始まっているのは、世界株式の指数の算出開始は１９６９年末なので、そこから30年のデータを反映できるのは1999年末以降になるからです。40年も同じ理由です。

「株式投資では大きな損失が発生しやすい」と誰もが怖がります。しかしそれは短期の話なのです。**世界に幅広く分散し長期になればなるほど、元本割れリスクはどんどん減り資産の平均的な増加率も高まってきました。時折、大きな下落があっても各年の上昇の長期の累積で吸収される結果です。**こういう過去のデータを知って、腹落ちしていると、がんばって長期分散投資を続けよう、という気持ちになると思います。

新NISAでは非課税期間が恒久化されますから、30年、40年といった積み立て投資も可能で、こうした効果を得やすくなります。制度を最大限生かすために、長期分散投資のチカラを信じ、できるだけ早く始めて、長期で運用しましょう。

なお、この数十年にわたって期間を1カ月ずつずらす手法は、特定の時期だけで議論することに違和感を覚えた筆者が、いろいろ考えて7～8年前から日本経済新聞紙上などで使い始めたものです。ずいぶん手間のかかる作業にみえるらしく（やってみるとそうでもないのですが）、職場の後輩から「もしかしてヒマなんですか」とからかわれたこともあります（笑）。手前味噌ながら、しかしこういうデータへのニーズはやはり強かったようで、最近では他の媒体や金融機関などでも少しずつ使われ始めています。

米国100年でみた株式投資のチカラ

こうした結果に対して、一部の人からは疑念の声も聞かれます。そのように株式が大きなリターン

図表1-20 ● 米国の各種資産の長期成績

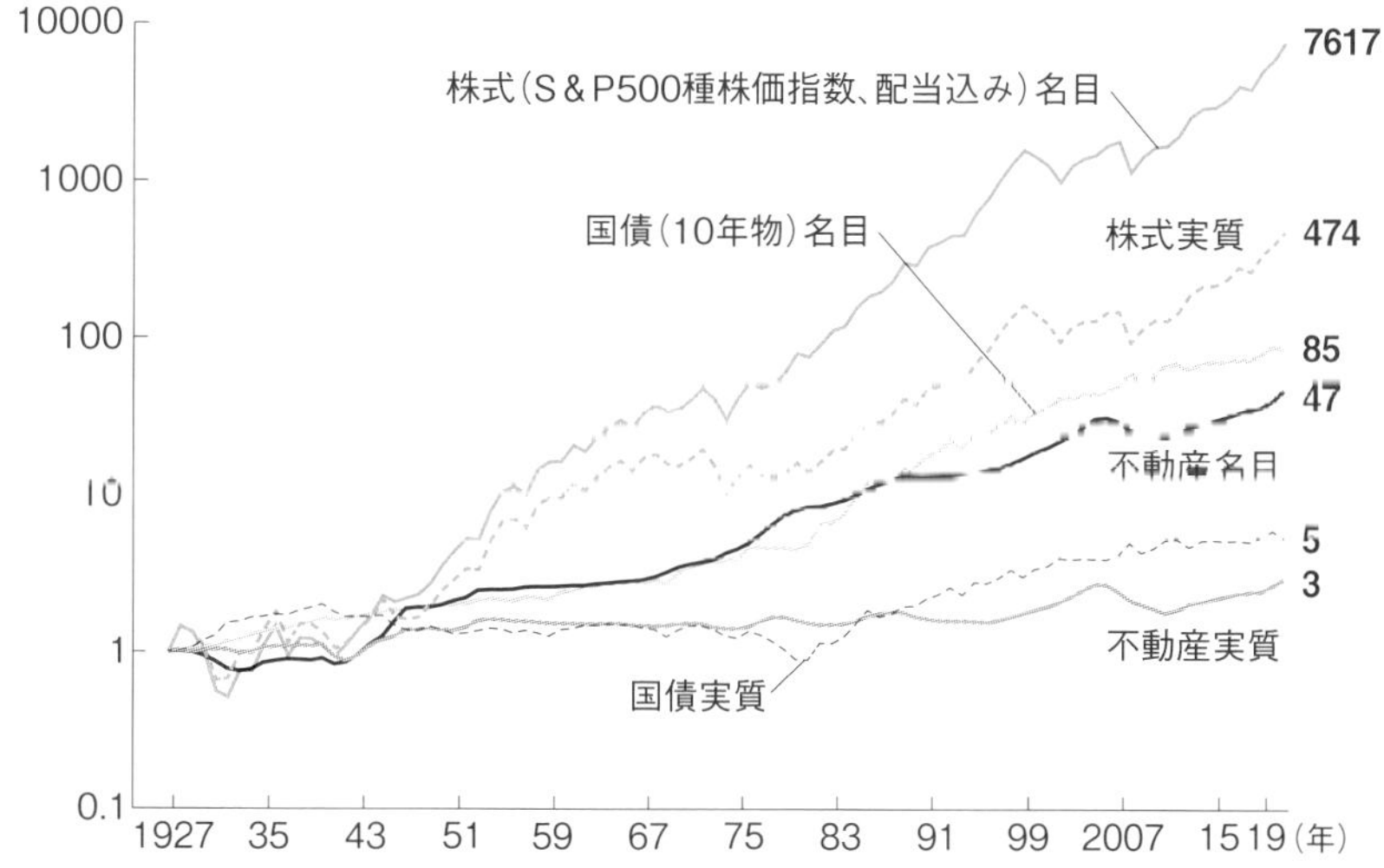

注：倍率は1927年末を1とし2021年末時点、対数表示
出所：ニューヨーク大学のデータを基に筆者作成

を呼んだのは、米国をはじめとして市場に膨大な年金マネーが流れ込み続けたここ数十年の出来事にすぎないのではないかというのです。

確かに本来ならもっと長く、100年程度で検証したいところですが、世界株の指数は算出開始からの期間が数十年にすぎずこれ以上は無理なのです。そこでニューヨーク大学のデータを基に、市場の長期成績が残っている米国の例をみます（図表1－20）。

各折れ線グラフは1927年末を1とした2021年末の各資産の成績です。あまりに変化が大きいので縦軸は1目盛りごとに10倍になる対数表示にしています。株式はこの94年間になんと7617倍になっています。ただしこの間、全期間平均で3％超のインフレも続きました。インフレ分を差し引いた実質価値は、それでも点線に示すように474倍になっています。

一方、長期国債10年物は94年間で85倍、イン

図表1-21 ● 米国の各資産の上昇率

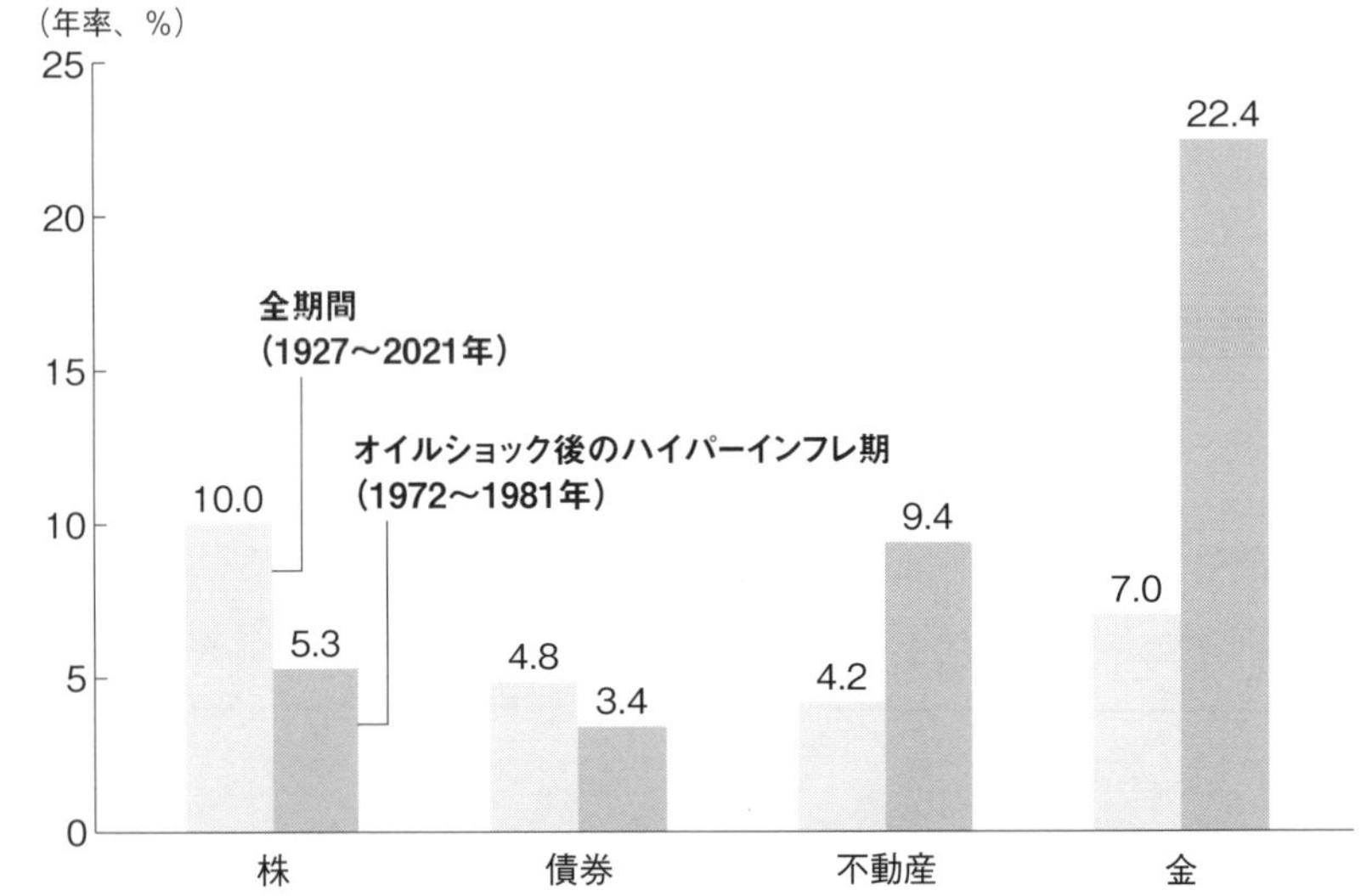

出所：ニューヨーク大学などのデータ基に筆者計算

フレを差し引いた実質では5倍と、株に比べると大きく見劣りします。不動産は国債をさらに下回る結果でした。

株が94年間で約7620倍と言われてもピンと来ませんので、図表1－21では名目ベースの増え方を年率に換算しました。長期でみると株式は年10％。債券と不動産がともに4％台なので、株式の収益力はやはり群を抜いています。

間違い

株式の成績が良かったのは年金の資金が流れ込み続けたここ数十年だけの話だ

なお、最近はインフレが話題なので、オイルショック後のハイパーインフレの時期だった1972～1981年だけをみた数値も調べてみました。このハイパーインフレ期には金（ゴールド）や不動産の方が株を上回る成績でした。今後も高いインフレが続くとみるなら、資産の一部に金や不動産を組み入れるのもありだと思います。

しかし、ハイパーインフレ期というのは歴史のなかでもほんの一時期です。やはり長期運用の場合、株式を主軸とすべきだということが米国100年の歴史からわかります。

とはいうものの、皆さんのなかには「長期でも株がいいのはわかった。しかしあくまでも米国の例だろう。日本はダメだったじゃないか」と思う人もいるでしょう。しかし日本株の不振はバブル期にあまりに割高だった反動であり、調整の時期は10年ほど前にはすでに終わっています（図表1－62）。

また、仮に米国だけの例だったとしても、今や投信を1本買えば全世界の株価に投資できます。そして全世界の株価の時価総額の6割は米国です。米国株を主体とした株の長期成長の恩恵を、今、我々は簡単に享受できるのです。

相場が下がりそう、と思えば待つ方がいいのか

積み立て投資を始めようとしたとき、「これから相場が下がりそうなので待とうか」と考えて迷うことがあります。しかし、積み立て投資はいつ始めても同じ。なるべく早く始めるべきです。「図表1－19をみると、時期によって結果が異なっているじゃないか」と思うかもしれません。しかし、積み立て投資で最終的な結果を左右するのは「投資期間中にどのような値動きをしたか」「最終的な価格がどれくらい高かったか」であり、いずれも投資を始める時期には相関できません。

では実際に積み立てを始めた後に相場が下がったらどうなるのか。2008年のリーマン・ショックの株価下落の直前から積み立て投資を始めたケースをみてみましょう（図表1－22）。

図表1-22 ● リーマン・ショック後の積み立て投資

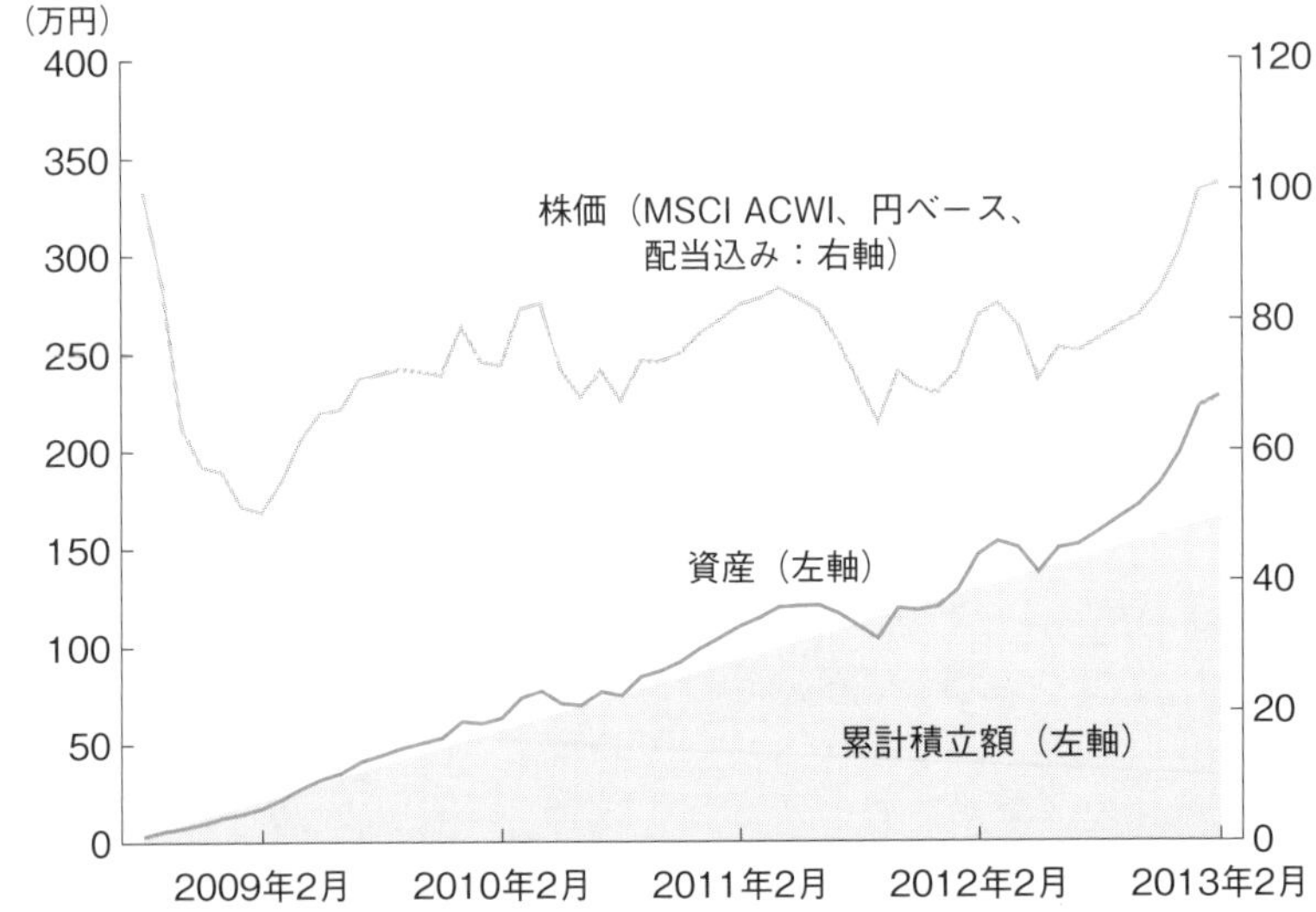

注：月3万円を積み立て投資、株価は2008年8月末＝100とした
出所：各種データから筆者計算

株価が薄い線で、網掛け部分が積み立て投資の累計額、濃い線が資産です。株価が元に戻ったのは２０１３年でしたが、その時点で資産は累計積立額の１・３倍。株価は元に戻っただけなのに、資産が積立額の１・３倍になっているのは安いときにたくさん買えていたからです。ＮＩＳＡやイデコで、安心して積み立て投資を続ければいいと思います。

特に若い時期であれば、実際にお金を使うのはだいぶ先。むしろ目先下がった時期が長いほど、お得だと考えればいいと思います。

逆に、目先下がれば損だと思って投資を控えていると、実際には下がらずに、そのままいつまでも投資を始める機会を逃してしまうことも多くあるため要注意です。

間違い

目先株価が下がりそうな場合は積み立ての開始を遅らせるべきだ

運用に債券は必要か

これまで世界株を中心に様々なデータをみてきました。ただ、投資の対象は株だけではありません。もうひとつ大きな対象が債券です。債券は国や会社にお金を貸すことにより、運用期間中は利子がもらえ、満期には元本が返ってくる仕組みです。債券は元買が可能で、運用期間中は価格が変動します。

価格変動の大きな要因は世の中の金利です。**世の中の金利が上がれば債券の価格は下がり、世の中の金利が下がれば債券の価格は上がります。**「金利が上がれば利子が増えるから価格は上がるんじゃないの？」と思う人もいますので、簡単に説明します。

ポイントは、債券の利率は基本的に発行時のものが最後まで変わらず一定だということです（変動金利型などの個人向け国債を除く）。

例えば、世の中の金利が1％のときに利率1％の債券Aが発行されたとします。その後世の中の金利が2％に上がり、利率2％の債券Bが新たに発行されたらどうでしょう。債券Aと債券Bは両方とも購入可能ですので、誰でも利率の高い債券Bを欲しがります。債券Aは人気がなくなって価格が下がります。これが、世の中の金利が上がれば、過去に発行されていた債券の価格は下がるというメカニズムです。

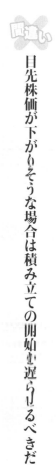

図表1-23 ● 株だけか、半分債券にするか

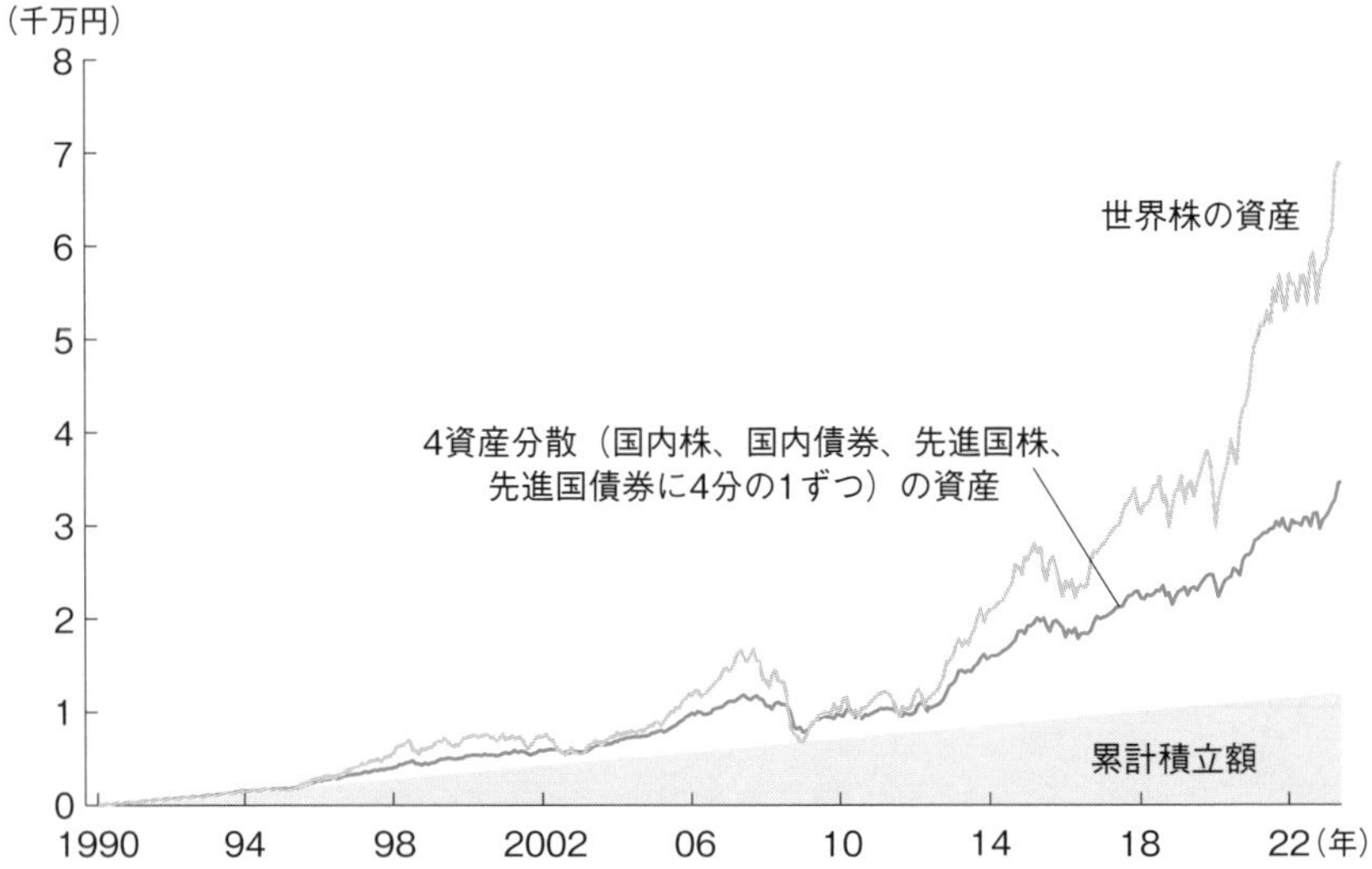

注：1990年以降、月3万円を積み立て投資した結果
出所：各種データより筆者計算

世の中の景気がよくなり金利が上がるような局面では、過去に発行された債券価格は下がりやすいわけです。一方、景気がよくなる局面は株価は上がりやすいですね。これが株と債券は異なる値動きをしやすいと言われる要因です。

このように債券の価格は金利により変動しますが、その変動の大きさは株に比べるとかなり小さなものになります。ですから、株だけを持つよりも、資産の一部に債券を組み込むと、資産全体の価格変動を小さくできるわけです。

ただ長期的な上昇率は、はるかに株の方が大きくなります。図表1－23は国内株、国内債券、先進国株、先進国債券に25％ずつ分散投資した結果と、世界株に１００％投資した結果です。**長期的には株１００％の方が大きく上昇しますが、２００８年からのリーマン・ショックのような局面で**

は、4資産分散（債券が半分）の方が値下がり率が小さかったことがわかります。

長期運用できるなら世界株100％でいい

さて、ここまでが基礎知識。考えたいのは債券をどれくらい資産に組み込むか、ですが、その答えは「投資期間次第」というシンプルなものです。

世の中的にはあたかも債券を一定程度資産に組み込むのが常に正しいセオリーのように思われています。企業型確定拠出年金（DC）やイデコのセミナーでも、株と債券を両方組み込んだバランス型投信が薦められたりします。しかし運用期間が十分に長いのなら株だけの方が有利です。

例えば確定拠出年金での運用は受給開始年齢が60歳以上なので20代で加入すれば40年近い長期の運用となります。NISAも老後資金の形成を狙いに運用する場合は同様に長期となります。この場合に債券を組み込む資産配分は有効でしょうか。

図表1－24は、積み立て投資の期間ごとに、世界株（先進国株式）100％の成績を4資産分散の成績と比較したものです。これまでと同じように各投資期間の最終月を1カ月ずつずらして多数の期間を集計しています。

まずそれぞれの積み立て投資期間のなかで最良の投資期間は、どの投資期間でも世界株100％が4資産分散を大きく上回っています。各期間の累積投資額に対する平均倍率も、特に長期の場合に世界株100％は4資産分散を大きく上回ります。30年の積み立て投資の場合、4資産分散では2.52倍ですが、世界株だけであれば平均では3.54倍といった具合です。

しかし、多くの人が気になるのは相場が不振な場合です。値動きが相対的に小さい債券は、相場が不振なときに下落を緩やかにする役割が期待されています。

実際に、期間5年、10年であれば、相場低迷時には4資産分散の方が世界株100%より下落率はかなり抑えられています。

しかし期間20年になると、リーマン・ショックの直後（2009年2月）までで も、世界株100%でも資産は元本に対しほぼトントンで、4資産分散（1・2倍）と差が小さくなります。リーマン以外の他のほぼすべての時期では世界株100%が4資産分散を上回っていたので、世界株100%を選ぶのも選択肢ではあります。

期間30年になると、世界株100%での最悪の時期（2011年9月）は1・73倍なのに対し4資産分散の最悪の時期（2012年5月）は1・66倍でした。つまり、最悪の時期の成績でも世界株100%の方が優れていました。

期間40年では、世界株100%の場合、最悪の時期は累計投資額の3・18倍だったのに対し、4資産分散では最悪の時期は2・78倍でした。期間30年と同様に、最悪の時期の成績でも世界株100%の方が優れ、しかもかなり大きな差となりました。

つまり、投資期間が数十年である場合、ほぼすべての時期で、相場の最悪の時期まで考えても世界株100%の方が、累計投資額に対する資産の倍率で4資産分散を上回りました。年当たりの高い上昇率が長期になるほど多く積み上がり、大きな下落局面があっても吸収しやすくなるからです。

長期の投資期間を想定する場合、短期間の大きな下落があっても心理的に動揺しないでいられるのなら、債券を含めた資産配分は必ずしも必要でなく、世界株100%の投資戦略は十分に検討に値するでしょう。

図表1-24 ● 積み立て投資における先進国株式と4資産分散（国内外の株式と債券）**の比較**（いずれも株式は配当込み、円ベース）

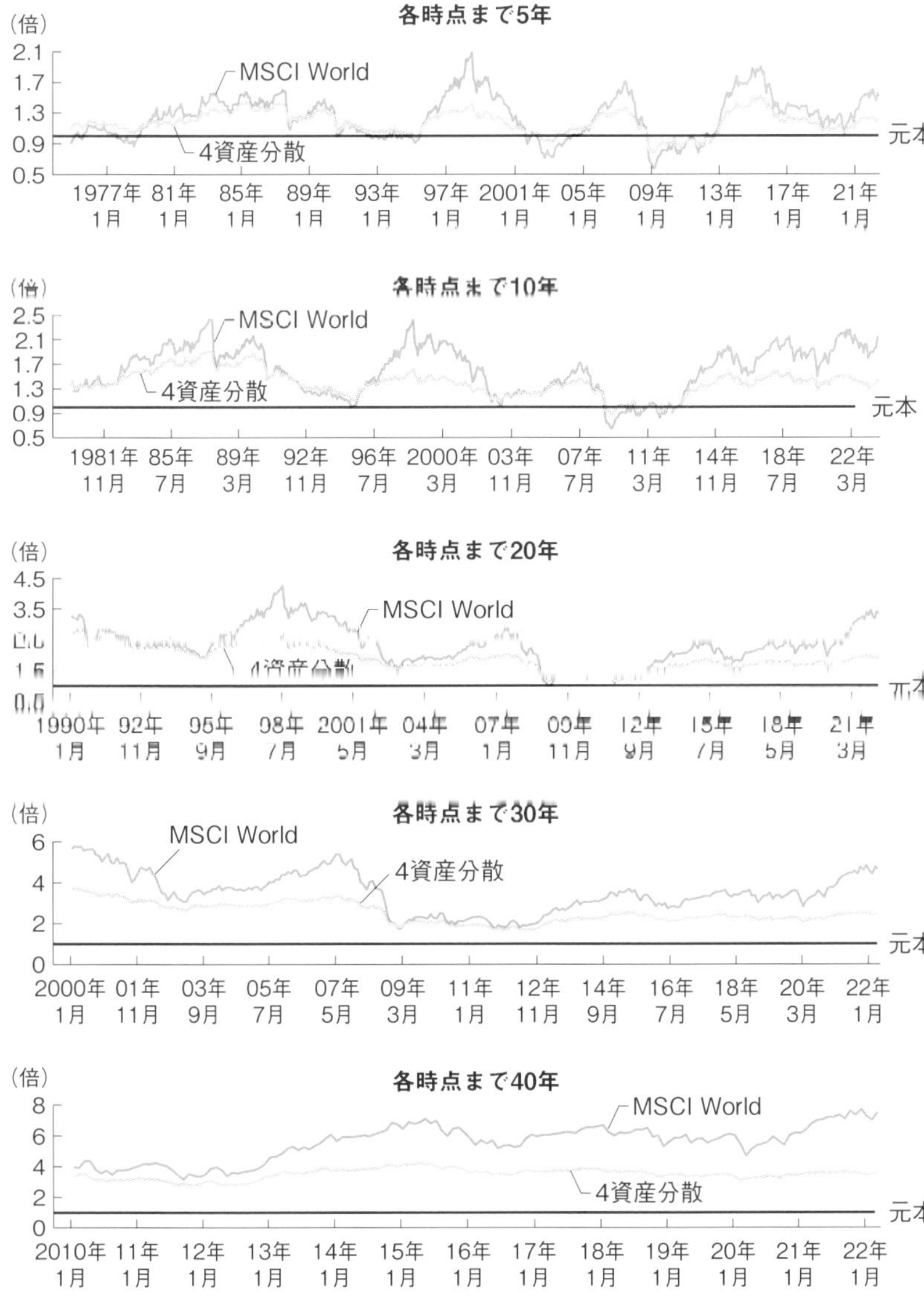

出所：筆者計算

間違い

株式相場の急落期、株式100％は投資期間にかかわらずバランス型より資産が小さくなってしまう

最大下落率も頭に入れて

（注：この項目は資産全体の変動率〈リスク〉を考えるためにややこしい内容を含んでいます。難しいな、と思った方は飛ばして次の「お得な個人向け国債」の項目に進んでいただいて大丈夫です）

もちろん長期投資でも、急落局面で大きな下落があると動揺して資産を売却してしまう人もいます。あるいは運用期間が十分に長く取れない場合、大きな下落があれば回復が難しいかもしれません。資産配分によって、大きな下落局面でどれくらいの下落が起きうるのかを把握しておくことも大事です。少しだけ難しくなりますが、ＮＩＳＡで投資に踏み出すせっかくの機会ですので「リスク」（標準偏差）という言葉の意味を学んでおきましょう。

これは1年当たりの値動きの大きさを表す単位です。図表1−25のように、年間に期待できる上昇率を示す期待リターンを中心に、上下1標準偏差の間に、全体の68％が収まり、上下2標準偏差の間に95％が収まります。

図表1−25が使った数字はＧＰＩＦ（年金積立金管理運用独立行政法人）のデータ（２０２２年度）などから作成した各資産の長期的な期待リターンとリスクです。

全世界株の期待リターンは年７・１％でリスク（標準偏差）は年24・３％です。最大下落率を考え

図表1-25 ● 期待リターンを中心に上下1標準偏差（リスク）に全体の68%が、2標準偏差に全体の95%が収まる
（期待リターンと標準偏差の値は全世界株式のケース）

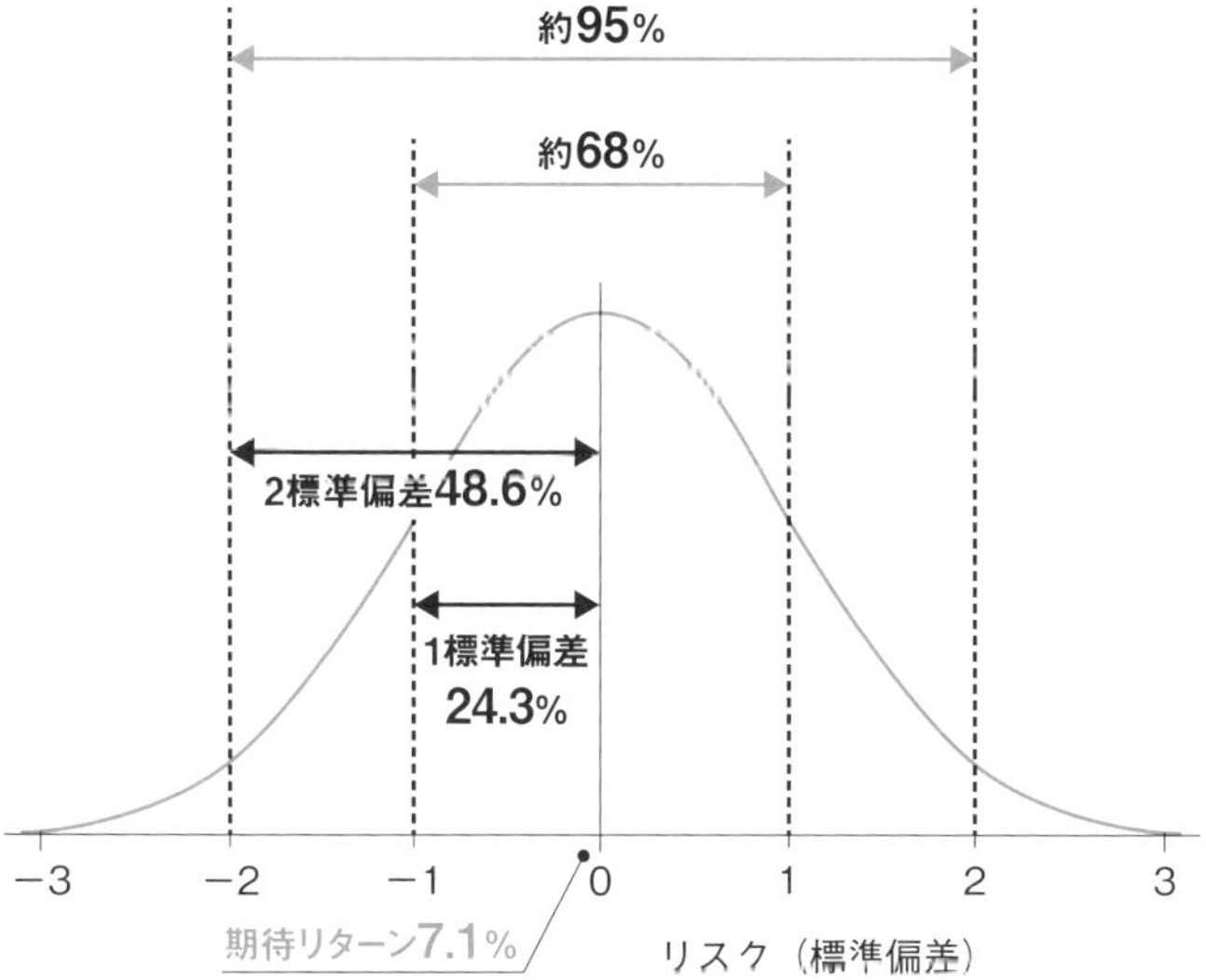

図表1-26 ● 資産ごとのリスクの目安

各資産の長期的な期待リターンとリスク（年、%）					
	国内債券	外国債券	国内株式	日本を除く全世界株式	全世界株式
期待リターン	0.7	2.6	5.6	7.2	7.1
リスク（1標準偏差）＝通常の下落時	2.6	11.9	23.1	24.9	24.3
リスクの2倍（2標準偏差）＝大きな下落時	5.1	23.7	46.3	49.7	48.6

注：全世界株式以外はGPIF（年金積立金管理運用独立行政法人）による算出、全世界株式は筆者概算

る際、全体の95％が収まる2標準偏差まで考えた方がよいので、全世界株の最大下落率は「期待リターン7・1％－リスク（24・3％）×2＝マイナス41・5％」となります。つまり全世界株100％の保有資産は大きな下落時には年4割下がるという心構えが必要ということです（リーマン・ショック時の下げはまさに「100年に1度」で、2標準偏差の値よりさらに大きかったのですが、通常はそこまで考えなくても大丈夫です）。

4割下がるというと怖いと思う人が多いでしょうが、世界全体に投資をしている場合、価格はいずれ回復します。通常の下落なら数カ月～数年で回復し、リーマン・ショック時は特別長かったとはいえそれでも4年半で回復しました（いずれも円ベース）。積み立てを続けていれば下落時に安く買えるので、相場の回復時には資産は累計積立額の1・3倍になっていましたね（図表1－22）。ですから長く運用期間をとれる資産形成世代は過度に心配することではないと思います。

ただ、一時的であれ大きな下落は耐えられないという人は、世界株の比率を下げて値動きの小さな債券や預貯金などの比率を高め、全体の値動きを抑えることも選択肢です。図表1－27では様々な資産配分ごとのリスク・リターンの変化を示しています。

例えば「全世界株7割、国内債券3割」（図表1－27の②）の組み合わせにすれば、期待リターン5・2％、リスク17・2％になります。大きな下落時での最大下落率は「5・2％－（17・2％×2）＝29・2％」となり、ざっと3割の下落を覚悟しておけばよくなります。

図表1－27では複数の資産を組み合わせることによるリスクの軽減効果もわかります。それぞれの資産には値動きの違いがありますから、ある資産の上昇時に別の資産は下落したりして値動きを打ち消し合い、資産全体のリスクを抑える効果がよくみられます。

図表1-27 ● 資産配分ごとのリスクと期待リターン（年率、%）

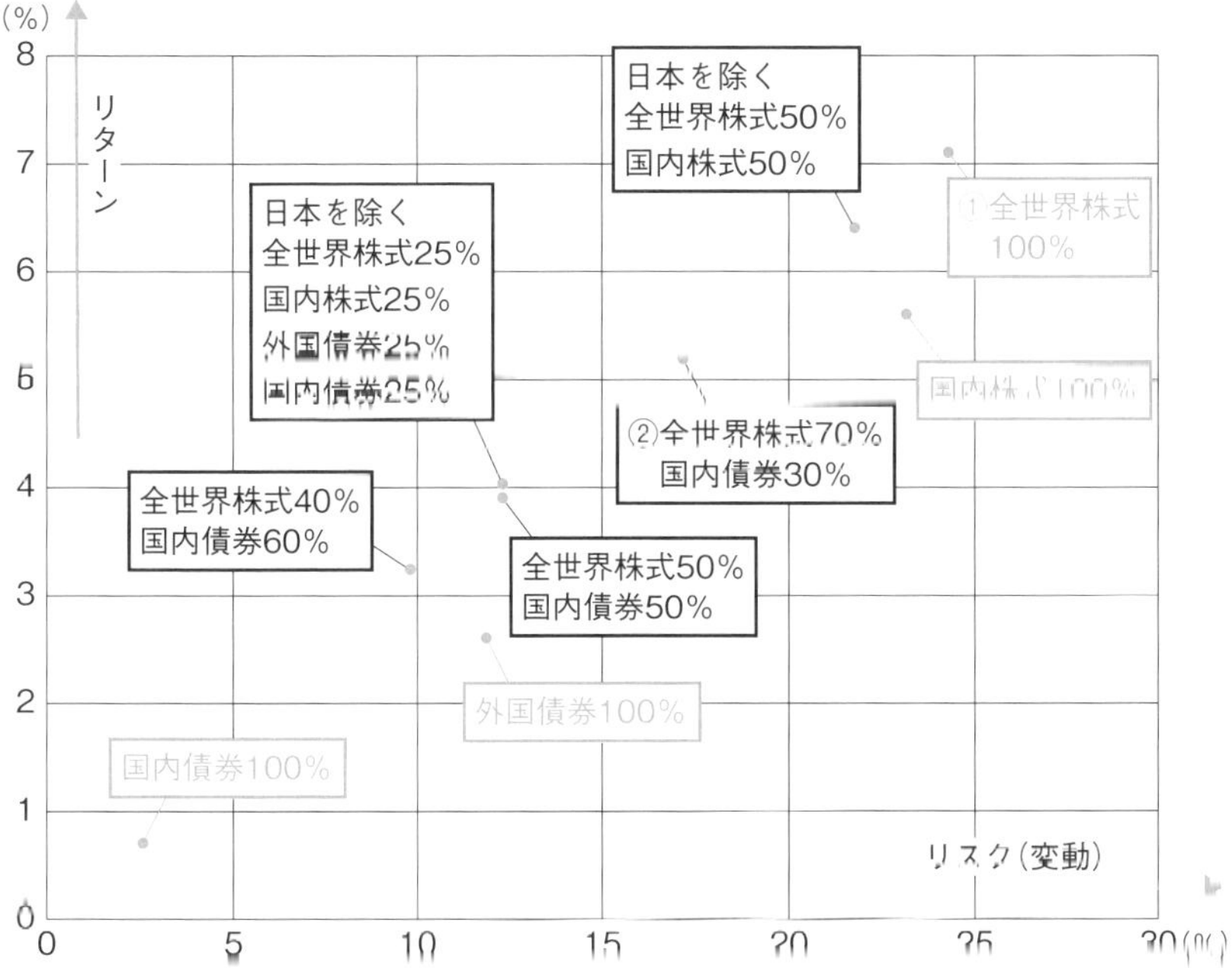

注：各種データから筆者計算（資産間の値動きの違い＝相関係数も反映）

例えば国内株式だけを100%持つより、米国、欧州、新興国など「日本を除く全世界株式」と国内株式を半分ずつ持つ方がリターンは高くなる一方でリスクは下がります（ちなみに「日本を除く全世界株式」を対象とする投信は81ページ参照）。

中高年の人向けに、値動きを小さくするために株ではなく外国債券100%の保有を薦めるアドバイザーもいます。しかし全世界株と国内債券50%ずつの組み合わせなら、外国債券100%よりずっと高いリターンを、ほぼ変わらないリスクで得られます。

少しややこしくなってしまいましたが大事な話ではあります。投資の理論では、長期のリターンの7～9割はこうした資産配分で説明がつくとされているからです。銘柄選びやタイミングなどは残る1～3割の要因にしかすぎないということです。確かに20年間全世界株だけを持つのと20年間外国債券だけを持つのとでは大きな差がつきそうですね。

間違い

長期投資のリターンは銘柄選択や売買タイミングのうまさで左右される

ただし、ここで示した期待リターンやリスクはGPIFが想定する25年程度の長期のもの。現在は国内金利はまだ低く、53ページでお話ししたように世の中の金利と債券価格は逆に動くので、今後金利上昇で債券価格が下がる懸念があります。

当面、国内債券は、バランス型投信の一部として保有するのではなく、金利が上がっても価格が変わらない特殊な債券である個人向け国債の変動金利10年型（詳しくは次項）を使う方が合理的だと思います。国内債券を投信で持つのは、長期金利が2％程度に上がってからでもいいでしょう。

個人向け国債はNISAの対象外なので課税口座で持つことになりますが、資産配分はもともとNISAだけでなく課税口座や預貯金も含めた資産全体で考えるべきものです。

また繰り返しではありますが、数十年の長期の運用期間が見込める人は、一時的に大きく下落してもいずれ回復することをしっかり意識したうえで、なるべく株式の比率を高めに保有し続けることが資産を大きくすることにつながります。

ちなみに各資産の組み合わせによる期待リターンとリスクの数値を自分で詳しく考えたい場合は、インターネットサイトの「ファンドの海　長期投資ナビ／アセットアロケーション分析」（http://guide.fund-no-umi.com/tools/aa.html）が参考になります。

また、様々な株価指数を組み合わせた場合の過去の長期の積立投資の実績値を知りたい場合は「みんなのお金のアドバイザー協会（ＦＩＷＡ）の「家計の資産形成応援ツール、つみたてインディくん（株式のみ対象）」（https://fiwa.or.jp/simulation/）という優れたサイトがあります。

個人だけが使えるお得な「個人向け国債」も活用

ポートフォリオの変動抑制のため日本国債の組み入れを考える場合、悩ましいのが、通常の債券は世の中の金利が上がれば価格が下がること。実際、国内債券の価格は２０２３年10月までの２年半強で５％程度下がりました（図表１－28）。国内金利は今後も中期的に上昇基調になる懸念があり、さらなる債券価格の下落の可能性もあります。そこで、金利が上がっても価格が変わらない特殊な債券である個人向け国債の活用が選択肢です。

個人向け国債には固定金利型もありますが、お勧めは「変動金利10年型」です。金利が上がっても価格が下がらないうえ、10年長期金利の０・６６倍と決められている利率は、半年ごとに見直され、長期金利が上がれば利率が上昇するという恩恵があります。

２０２３年10月４日に発表された11月発行の変動金利10年型の利率は０・５１％と十数年ぶりの高さになりました。

購入後１年経てば中途換金も自由です。売却の場合は１年分の利息（税引き後）が差し引かれます

図表1-28 ● 個人向け国債（変動・10年）は利率が急上昇

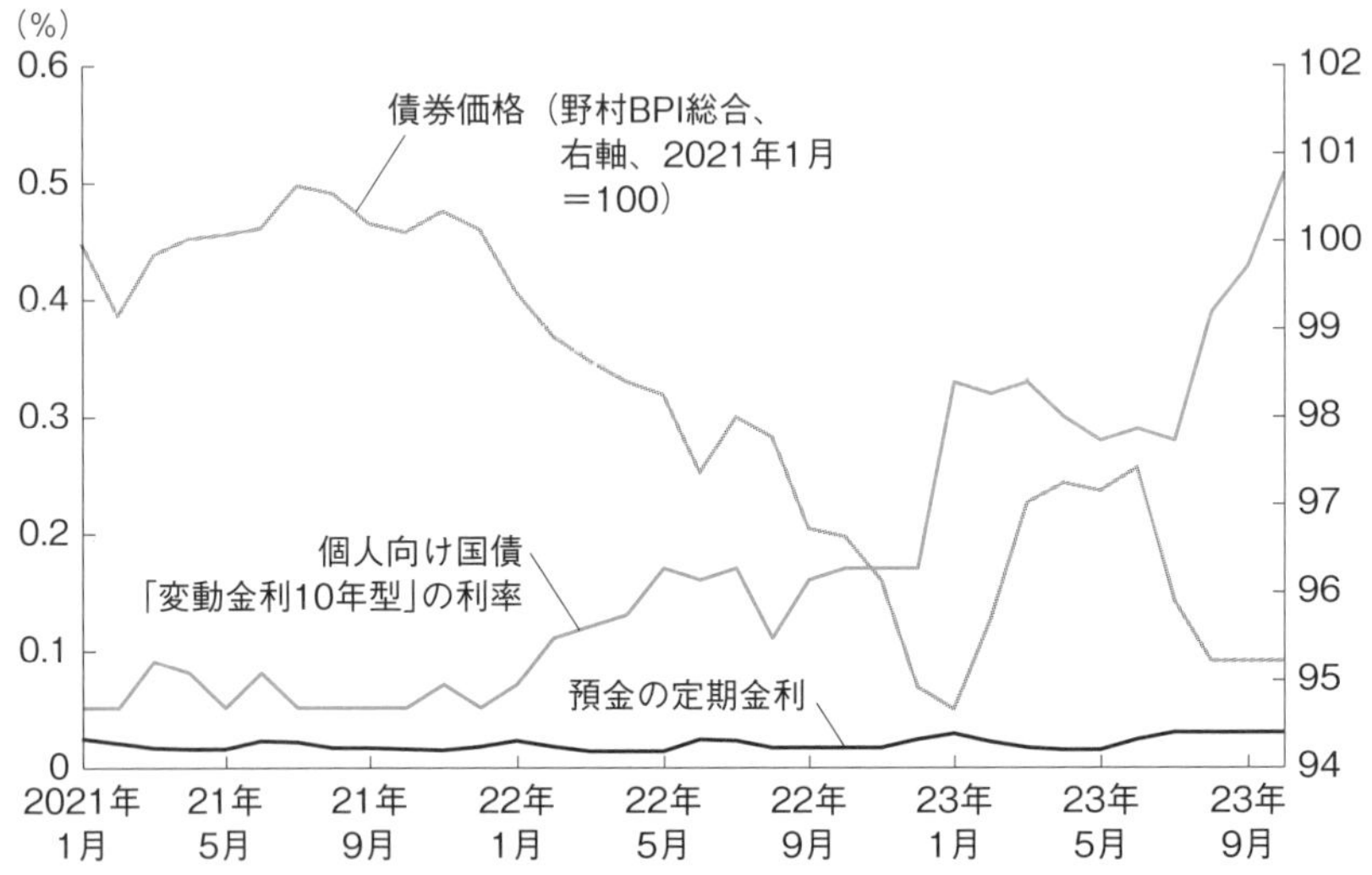

出所：各種データから筆者作成

が、差し引かれた後でも元本割れにはなりません。

1年経てば換金自由なので大手銀行の1年物定期預金金利（2023年10月現在で0・02%）と比べると200倍を超える水準です。またネット銀行の定期金利（2023年10月現在で0・05～0・15%程度）よりもはるかに高い利率になっています。一方で長期金利がいくら下がろうとも最低利率は0・05%と決められています。発行は毎月で最低1万円から銀行、証券、郵便局などで広く買えます。ネットでの購入も簡単です。

こうした有利な仕組みの個人向け国債変動金利10年型は、文字通り個人だけが買える国債。プロの機関投資家から「自分たちももし投資できるならぜひ使いたい商品だ」という声をよく聞きます。

逆に言うと、株の下落局面で世の中の金利が下がる場合に価格が上がるという通常の債券の値動きは期待できませんが、もとの金利水準がいまだ非常に低いなか、国内金利が大きく下がる場面は当面は見込みづらいでしょう。

全世界株100％の保有による最大下落率4割という数値を引き下げたい場合、運用資産の何割かを個人向け国債にするというのも、今後金利上昇が見込まれる日本での選択肢かもしれません。

コラム

多くの人が「投資」だと思っているのは「投機」

NISAやイデコが十分に活用されないのは「投資は怖い」と思う人が多いからです。ところが、多くの人が投資だと思っているのは「投機」です。投資と投機の違いは何でしょうか。

投資は会社の（株式や債券の）持ち主になって長期保有し、企業価値拡大の恩恵を受けることです。

例えば今、ある経営者が優れたビジネスプランを持っているけれどもお金がないとします。100人の株主が1000万円ずつお金を出し合って計10億円の事業資金ができた場合、この時点での会社の価値は資本しかないので10億円です。10年後、事業がうまくいって会社の価値が10倍の100億円になっていれば、株主1人当たりの株式の価値は1億円に上がっています。

このように投資先の会社の価値の高まりで、出資した全員にリターンが生まれる可能性があるのが投資です。英語で合計という意味の「サム」を使って「プラスサムゲーム」といいます。

図表1-29 ● 世の中で「投資」と思われていることの多くは「投機」

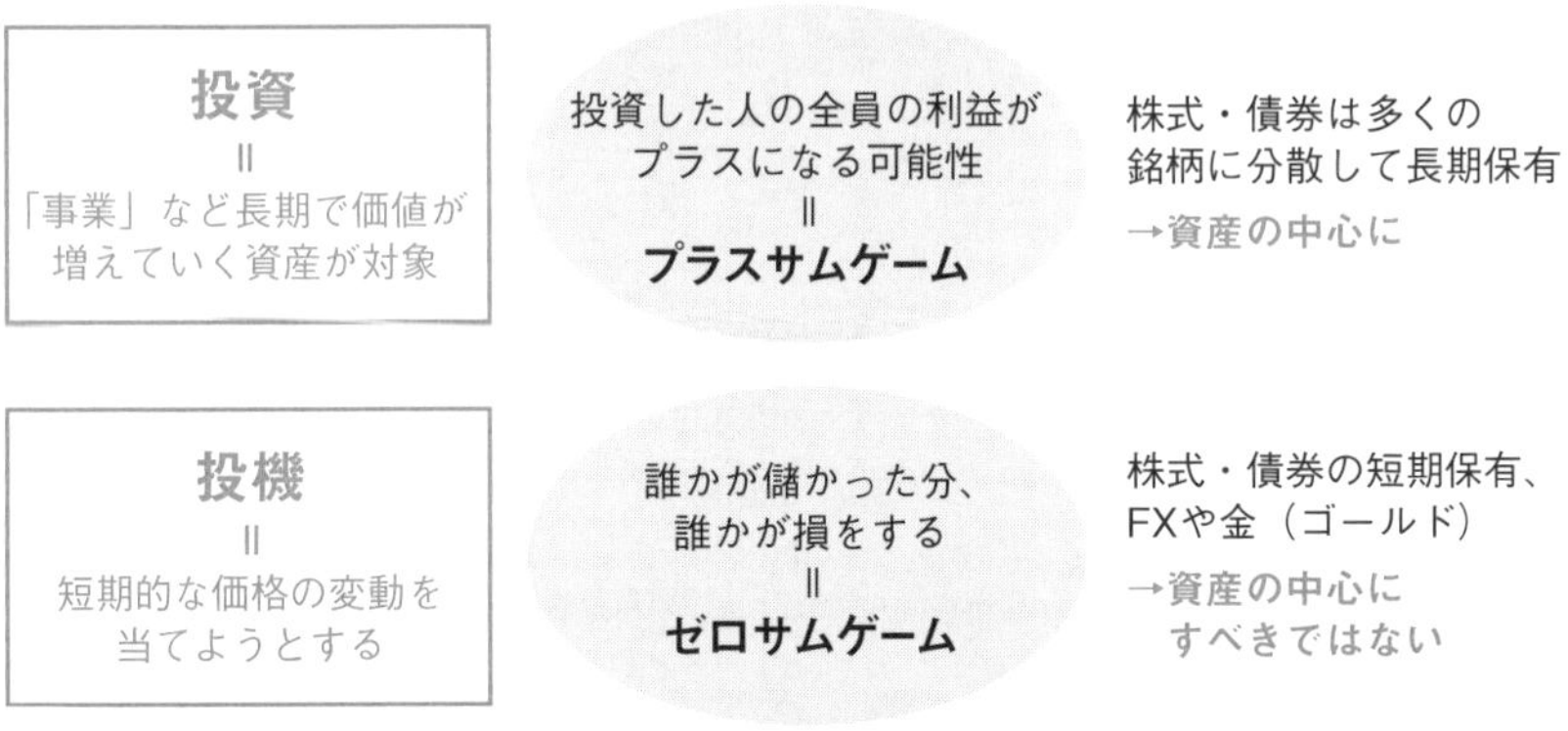
投資
=
「事業」など長期で価値が増えていく資産が対象
投資した人の全員の利益がプラスになる可能性
=
プラスサムゲーム
株式・債券は多くの銘柄に分散して長期保有
→資産の中心に
投機
=
短期的な価格の変動を当てようとする
誰かが儲かった分、誰かが損をする
=
ゼロサムゲーム
株式・債券の短期保有、FXや金（ゴールド）
→資産の中心にすべきではない

「投資は長期」とやみくもに覚えようとする人がいます。しかしなぜそうなのかを知っておくべきです。会社の価値が上がるには経営者が土地を買って工場を建て、製品を作り、PRをして売り上げが増えるというふうに、長い時間がかかります。つまり**投資という言葉と長期という言葉は当然にセット**であり、株式や債券などを長期で持つことが投資です。

一方の投機は、例えば数日や数カ月の短期で価格の変化により儲けようとするものです。会社の価値は数日や数カ月では大きく変わりません。

価値が変わらないのに株価の変化で儲けようとするので、ある人は儲かり、ある人は損をします。全員の損益を足すとゼロなので「ゼロサムゲーム」と呼ばれます。

株式や債券でも短期の取引は投機です。このほかFX（為替証拠金取引）やコモディティ（商品）などは、時間が経っても自然に価値が増えていくものではありません。

投資の本来の意味を「事業にお金を出し、長期で価値が高まることの恩恵を受ける」ことであると定義するなら、これらは投資でなく投機です。投機は悪いことではなく、自分が持つ資金の一部でやるのは勉強になることも多いでしょう。しかし資産をなるべく堅実に増やすには、資金の多くの部分は投機でなく投資に充てるべきです。

4 つみたて投資枠の有効活用術――インデックス型投信の基礎知識

どの国・地域に投資すべきか

ここからはつみたて投資枠をいかに活用するかを掘り下げて考えていきます。つみたて投資枠には一部アクティブ型も含まれますが、主体はインデックス型投信。インデックス型投信について、①どの国・地域に投資するか、その際にどんな株価指数が対象になるか、②コストの具体的な中身とその影響、③つみたて投資枠・成長投資枠共通で使うべき投信――の３段階で考えていきます。

まずはどの国・地域に投資するか。世界全体の株式の時価総額の構成比をざっと頭に入れておきましょう。２０２３年３月末時点で、全体の6割は米国です。日本はわずか5・5%。その他欧州など日本と米国以外の先進国が23%、新興国が10・9%となっています。

投資対象の地域や国ごとに株価指数が指数算出会社により設定されていて、対象指数に連動するインデックス型の投資信託が運用されています（連動する具体的な低コスト投信は81ページ）。

投資の重要な原則は分散。基本は全世界に投資する投資信託を考えましょう。全世界の株価指数としてはＭＳＣＩオール・カントリー（ＡＣＷＩ＝アクウィと呼ばれます）やＦＴＳＥグローバル・オ

図表1-30 ● 世界全体および新興国の株価指数の構成比

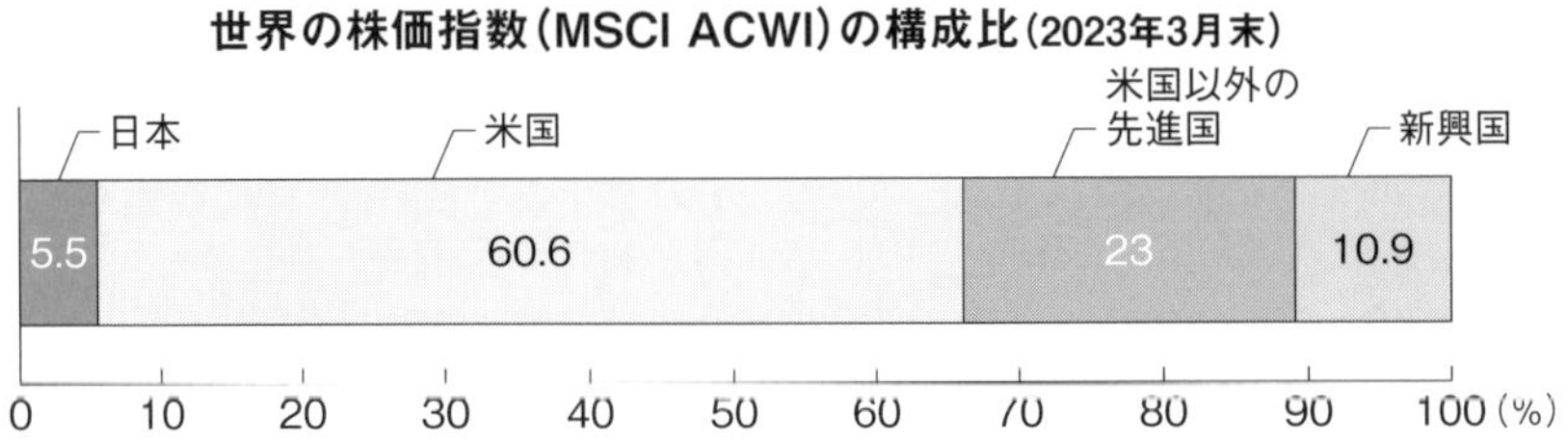

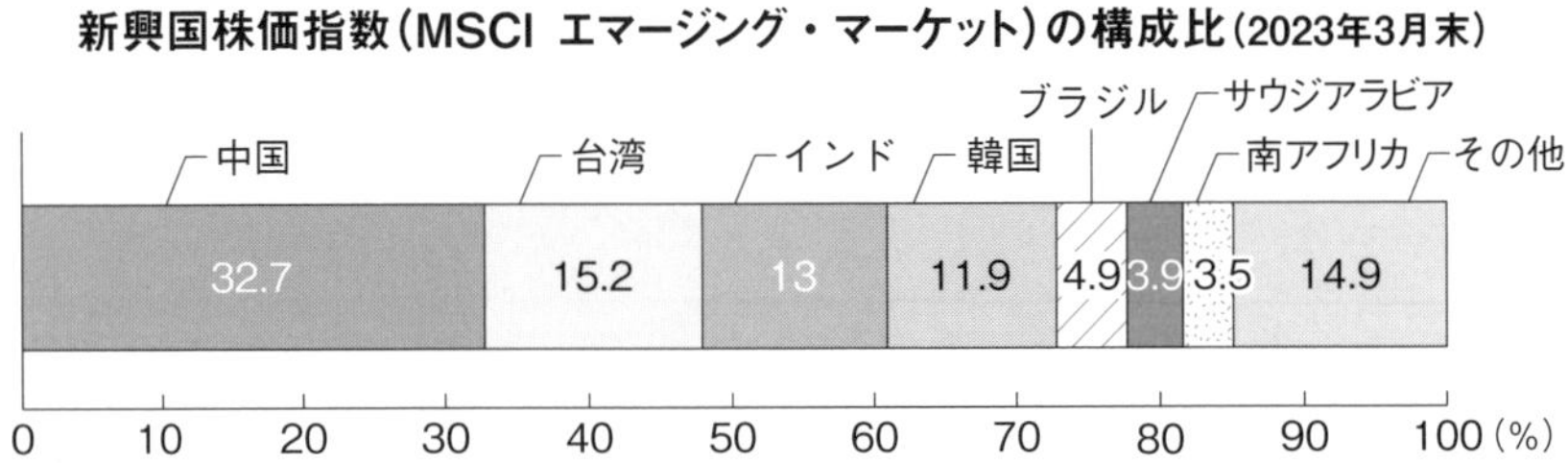

ールキャップがあります。

ただし、人によってはすでに日本株については日経平均株価や東証株価指数（TOPIX）に連動する投信や個別株を持っていて、さらに全世界型の投信を買うと、日本株を重複して保有してしまい、日本株の比率が高くなってしまうことがあります。

そういう投資家のために、日本株を除く全世界株指数としてMSCIオール・カントリー（日本除く）という指数があり、やはり連動投信がありますまた日本を除く先進国株指数としてはMSCIコクサイが有名です。

一方、人口増を背景に、先進国に比べて成長率が高いのが新興国。指数はMSCIエマージング・マーケットが代表的です。

では、NISAではどの指数を選べばいいのでしょうか。もちろん考え方は様々ですが、きちんとデータに基づいて判断することが望ましいと思います。このため3つの図表をみていただければ

図表1-31 ● 投資対象地域と主な指数

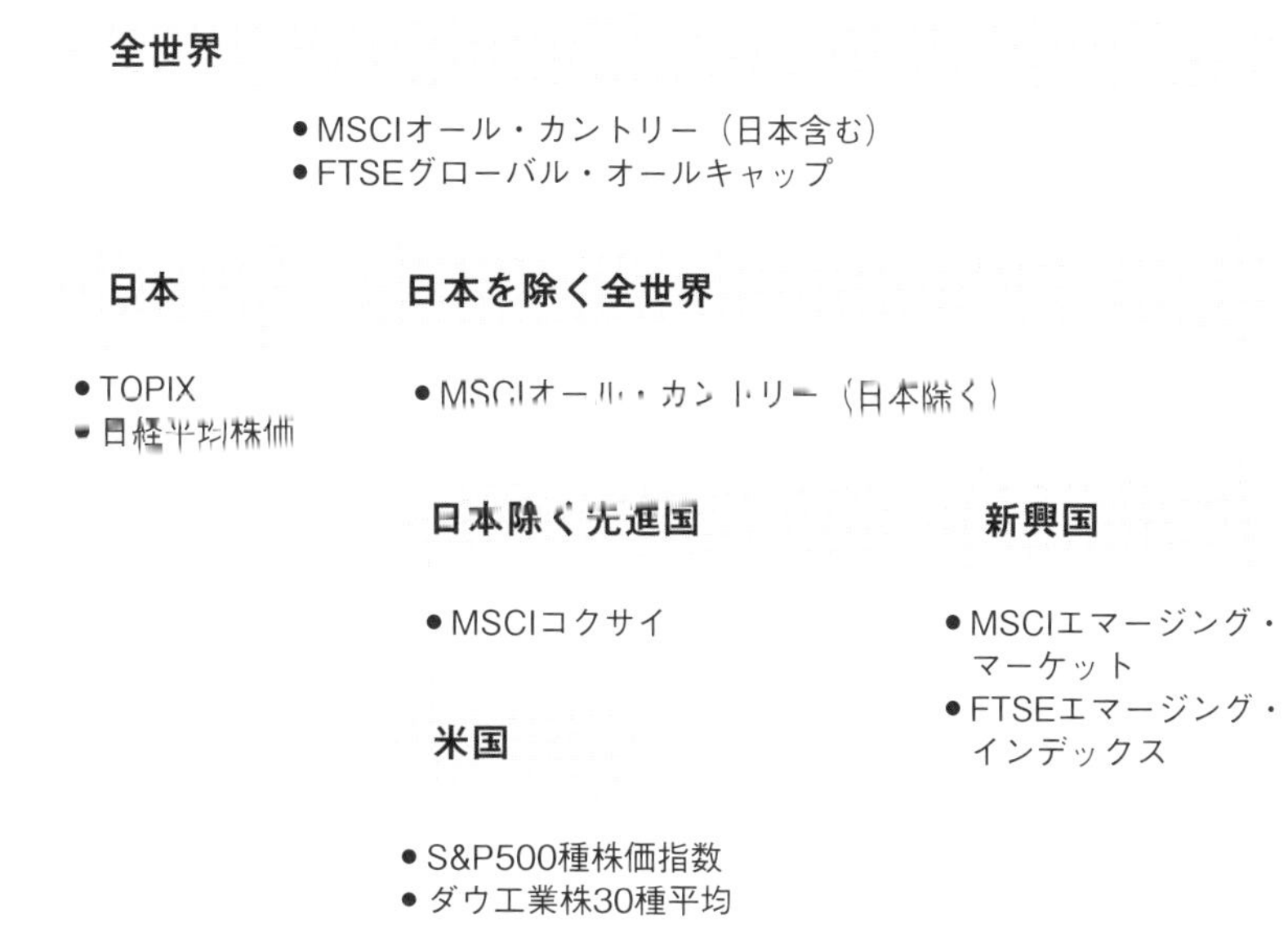

と思います。

まず図表1－32は、2000年以降のそれぞれの株価（円ベース）の動きです。最終的に米国株が上昇率のトップです。最近積み立て投資を始めた若い世代には特に米国株の人気が高く、米国株指数であるS&P500種株価指数に連動する投信が様々な証券会社の積み立て投資のランキング上位に入っています。確かに米国企業は株主のお金をいかに効率的に使うかを示すROE（自己資本利益率）が高いなど収益力や成長力に優れているので、ひとつの選択肢でしょう。

ただよくみていただくと、米国株が急に上昇したのは2010年代以降であり、その前は新興国株の方が急上昇を遂げています。

次の図表1－33は、「米国株指数÷全世界株指数（日本除く）」の推移です。割り

図表1-32 ● 2000年以降の株価の動き

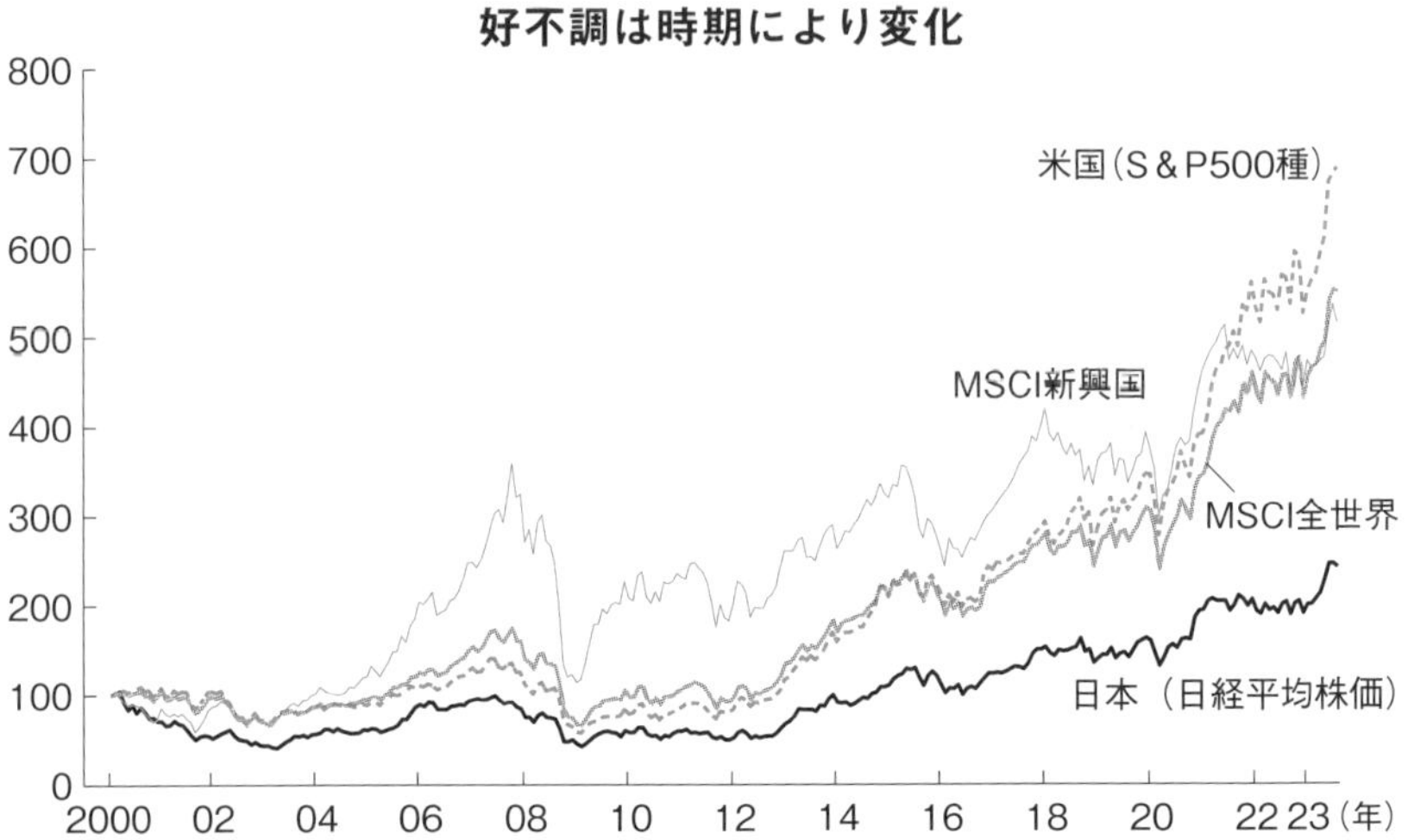

注：2000年1月＝100、いずれも配当込み、円ベース
出所：各種データから筆者作成

算ですから、分子である米国株の伸び率が、新興国や欧州も含めた全世界株（日本除く）より大きければ、値は上の方に動きます。

米国株は2000年ごろまで全世界株（日本除く）より好調でしたが、その後2010年くらいまでは全世界株（日本除く）の方が好調でした。そして2010年以降は再び米国株が好調です。つまり米国株が一貫して世界株より好調だったわけではなく、時期により循環していたことは知っておきましょう。

ここしばらくは足元での円安が海外株の成績を大きく底支えしています（円安になると、円換算での外貨建て資産は大きくなるためです）。しかし、円安を支えた日本の極端な金融緩和政策がいつまでも続くとは限りません。円安要因を除いて、各指数の現地通貨ベースの動きもみておきたいところです。

3つ目の図表1－34は2012年10月末以降の、各地域の株価（現地通貨ベース）で

図表1-33●米国株指数（S＆P500種）÷全世界株指数（MSCI ACWI〈日本除く〉）

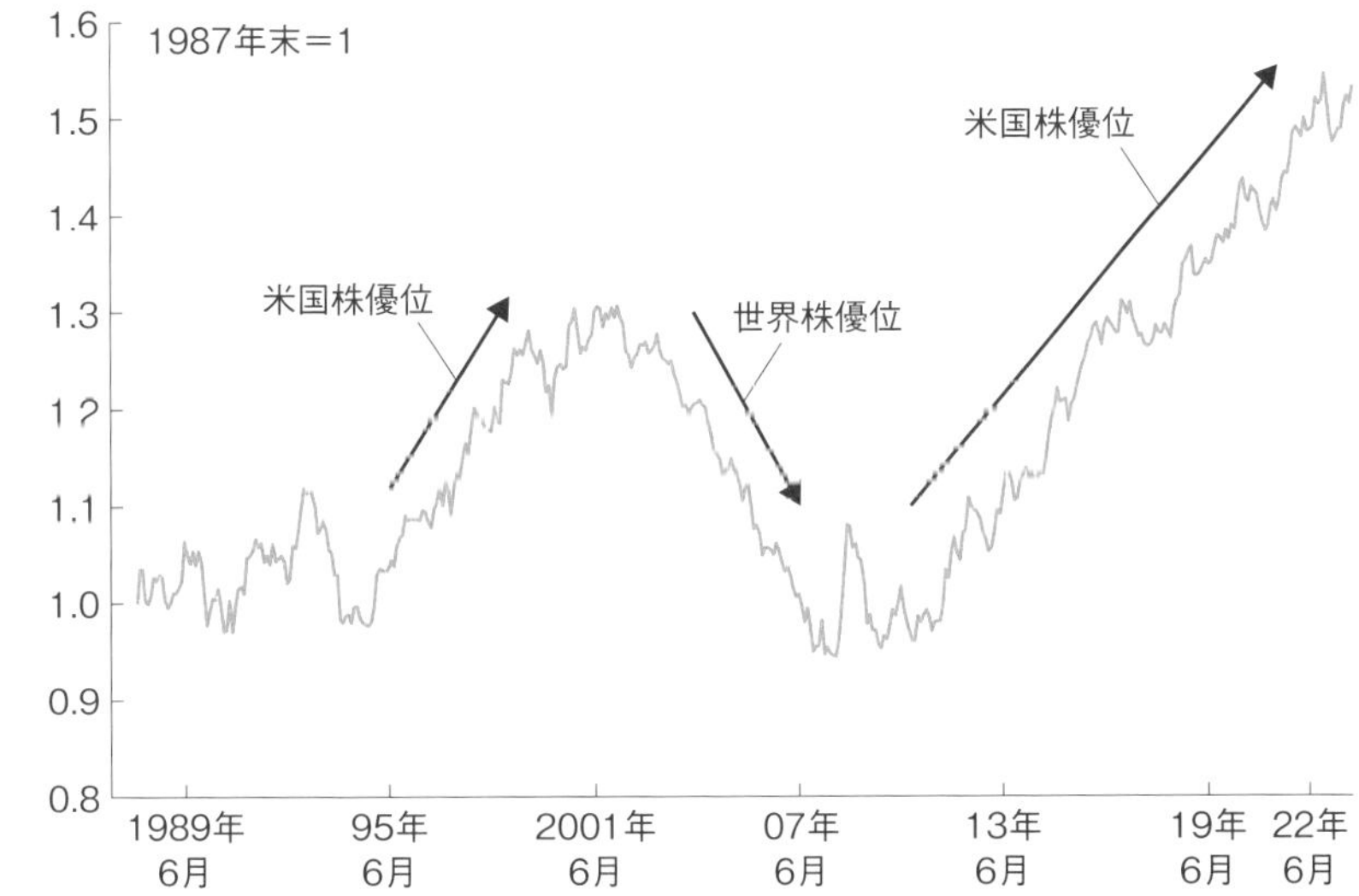

出所：各種データより筆者作成

す。

起点を２０１２年の10月末にしたのは、翌11月に総選挙で当時の民主党から自民党への政権交代を見越してアベノミクス相場が始まる直前期だからです。１９８９年末の最高値から二十数年を経て日本株の割高さは消えていて、アベノミクスでの企業統治改革もあって日本企業が収益重視の体質に変わり始めています。つまり、２０１２年秋以降は日本株が「失われた20年」を経て「利益増に合わせて株価が上がる」普通の資本市場に戻った時期でもあります。

やはり基本は「幅広い分散」

ほとんど知られていないのですが、日本株の上昇率は新興国株や先進国株（日本除く）を大きく上回り、米国株に匹敵しています。

２０２３年秋までに株価は約４倍に上昇、平均利回りは年率で14％にも及びます。しかし

図表1-34●アベノミクス後、現地通貨ベースでは日本株は米国株を凌駕

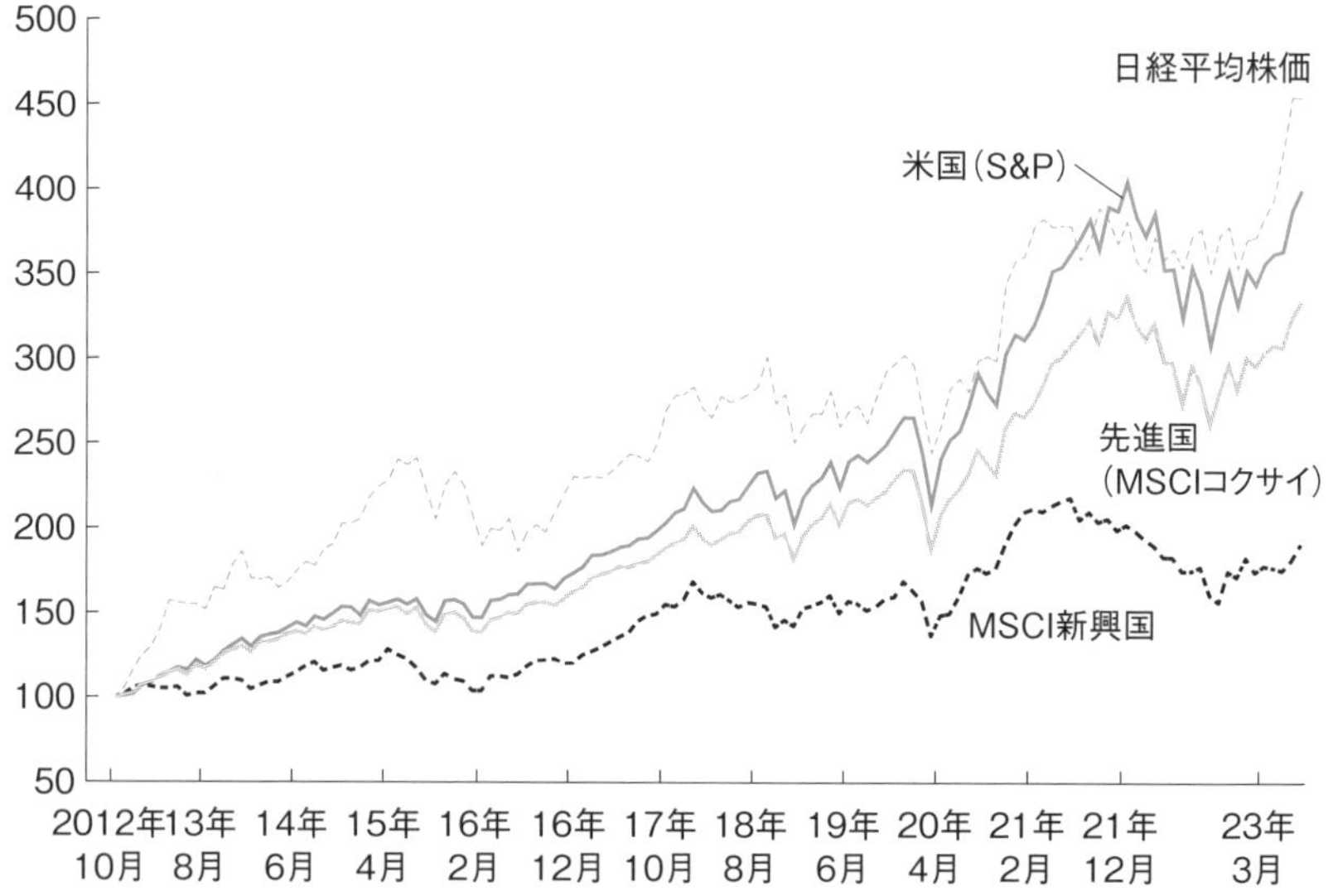

注：2012年10月末=100。いずれも配当込み、現地通貨ベース。
出所：各種データより筆者作成

「日本は人口減」「企業は低収益」というネガティブイメージにとらわれていた多くの日本人は、少し上がれば怖くなって売ることを繰り返し、この間の上昇の恩恵をほとんど受けられませんでした。米国株に集中していた場合も、やはり（当然ですが）日本株上昇の恩恵は受けられていません。

間違い 人口減・低成長の日本株は過去30年ずっと低迷してきた

では、今後はどうなるか。それは誰にもわからないことです。多くの人は「成長の大きな国や業種を選んで投資しておけば儲かるだろう」と考えます。しかしそうであれば、国としての成長の大きい

新興国の過去10年強の不振や、逆に低成長の日本の10年ほどの好調の説明がつきません。
高成長や低成長は世界中の投資家がすでに知っていて、それが前提として株価がついています。そうした予想に対してさらに高い成長だったり、さらに低い成長だったりしたときに株価が動くわけです。

同様のことは新興国にも言えます。ここ10年ほど低迷してきた新興国株指数について、今後も不安視する人は多くいます。主な理由は、構成比の大きい中国株への懸念です。確かに不動産バブルの崩壊や急速な高齢化、非効率な国営企業やハイテク企業への政府の経営圧迫など「投資したくない」要因は多くあります。しかしこうしたネガティブ要因を、中国株が将来もさらに低迷する要因として見込んでいいかは疑問です。なぜなら、これもすでに世界中の投資家が知っていて、株価には織り込まれているはずだからです。

しかし世界中の投資家が、どの程度に高い成長や低い成長を織り込んでいるかなど、当人以外にはわかりません。だからこそ、どの国や地域の株価が上がるかを事前に予測するのは難しいのです。

わからないからこそ、投資の最も重要なセオリーが「幅広い分散」となるのです。つみたて投資枠で全世界株指数に連動するインデックス投信を買っておけば、そのうち6割は米国ですから、米国が引き続き好調でも恩恵を受けられますし、意外にも新興国や日本が好調だった場合もやはり一定の恩恵を受けられます。個人的には全世界株をポートフォリオの基本にし、米国の配分をもっと高めたい場合は米国株を、日本の配分を高めたい場合は日本株を別途増やすなどの選択が大事なのではないかと思います。

間違い 米国への集中投資がいつも最も資産を増やせる

コストが成績を大きく左右

新ＮＩＳＡはきちんと活用すればかなりの資産を作ることが可能です。しかし様々な注意点があります。

最も大事なことのひとつは、長期で資産を増やすのに不向きな商品を使わないことです。成長投資枠は、株式投信の３割程度に絞り込まれるとお話ししましたが、それでもまだ割高な商品は多く残ります。枠が年間で最大２４０万円と大きいだけに、金融機関はなるべく手数料の取りやすい商品を薦めようとすると思います。手数料が高くても良い商品はありますが、恒久化されて長期間使うだけに、つみたて投資枠の低コストの商品を成長投資枠でも使うのが選択肢になります。

投信は持っている間は常に、信託報酬やその他経費などのコストが毎日かかってきます。これが積み重なるとかなり大きいのです。

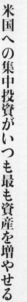

では、信託報酬などコストの差で資産はどれくらい違ってくるのでしょう。

図表1－35は世界株の投信に１９９０年1月から積み立て投資した結果です。皆さんの資産は、運用の成績からコストを引いた残り。成績が同じだったらコストが低いほど差し引かれるものが少なくて、成績が良くなるわけです。

最近目立っているのが年間のコストが０・１％、あるいはそれを大きく下回る低コストのインデッ

図表1-35 ● 1990年1月から全世界株式に月3万円積み立て投資を続けた場合の2023年7月末の資産（千万円）

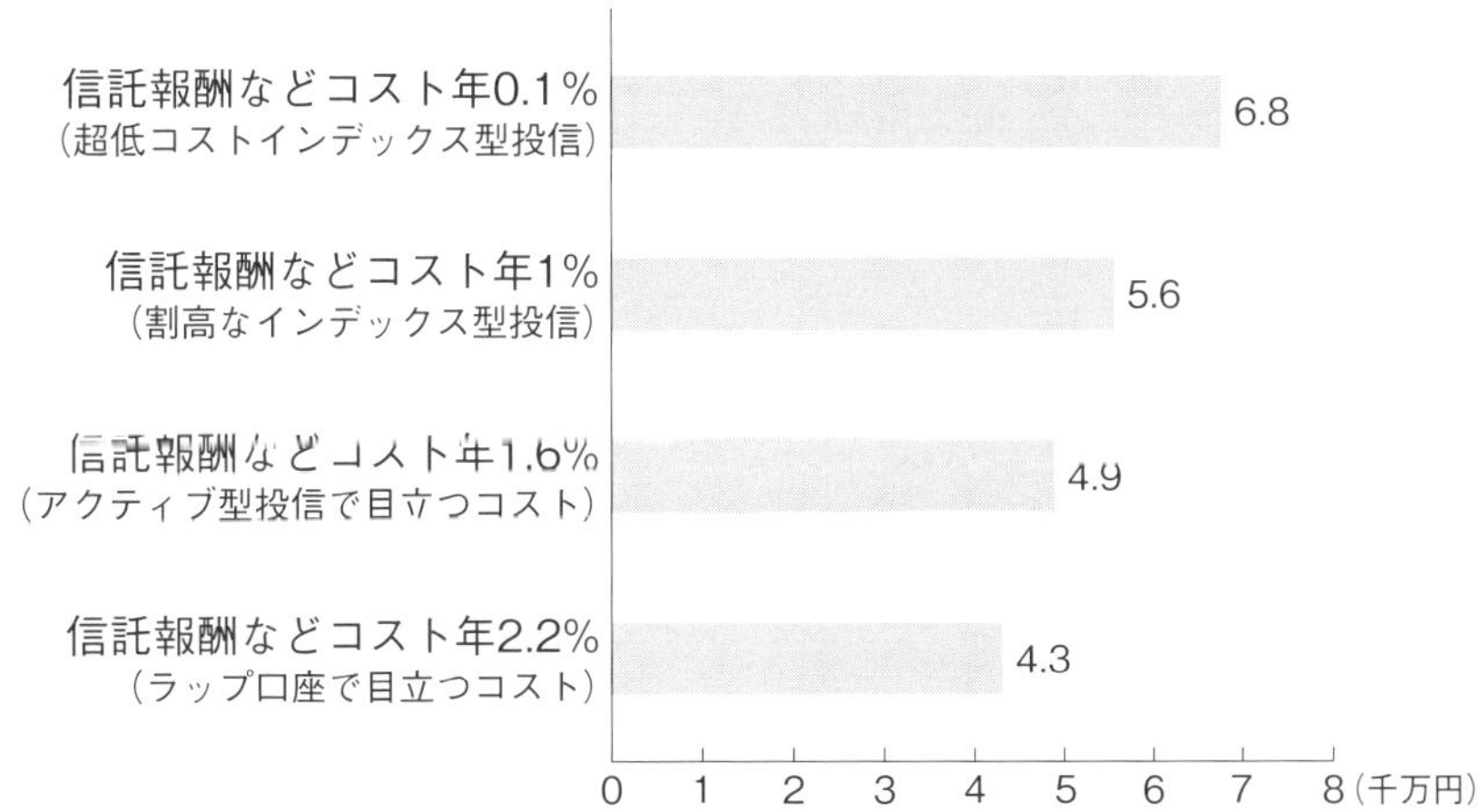

注：値動きはMSCI ACWI指数（配当込み、円ベース）と同一だったと仮定
出所：各種データより筆者計算

クス型です。仮にコストが年０・１％だとすると、図表1－35にあるように６８００万円くらいに増えています。でも、同じインデックス型なのにコストが１％くらいの割高なものもまだ売られていて、それだと５６００万円。コストが０・９％違うだけで１２００万円もの差になってしまいます。

投信には、アクティブ型といって、運用責任者が、タイミングや銘柄を選ぶタイプのものがあります。株式のアクティブ型で平均的なコストが年１・６％だと、約４９００万円。０・１％のインデックス型より１９００万円も少なくなっていました。

ただしこれはもちろん、コスト控除前の成績が同じであったら、という前提があっての話。例えば運用担当者の腕で市場平均を上回ることを目指すアクティブ型であれば、コスト差など十分補える成績を出してくれるのではないか、という期待も持てます。しかしそれは簡単ではありません。この点については図表1－39を参照ください。

間違い 信託報酬が成績に与える影響は長期でも数十万円程度にとどまる

総経費率が真のコスト

２０２４年からの新ＮＩＳＡの導入を前に、投資信託の信託報酬の引き下げ競争が活発化しています。同じ運用内容なら、コストが小さいほど投資家の資産が増えやすいためです。しかし実は、信託報酬はコストの一部にすぎず、その他の費用を加えた真のコストである「総経費」をみることが重要です。２０２４年4月以降は、購入時に開示される目論見書に「総経費率」の掲載が始まります。

投信の運用においては様々な費用がかかります。その代表例が信託報酬です。主に資産の管理・運用に必要な費用で、運用会社や販売会社などが受け取ります。しかし海外資産の保管費用、監査費用などは、一般には信託報酬に含みません。指数に連動する投信などで、対象となる参照指数の使用料や作成が義務づけられた書類の印刷費用などは、信託報酬に含める投信と含めない投信があります。

これらを含めた費用全体を対象とする総経費をみれば同じ基準で投信のコストを比較できます。海

図表1-36 ● 信託報酬は同じでも総経費率は大違いのことが…

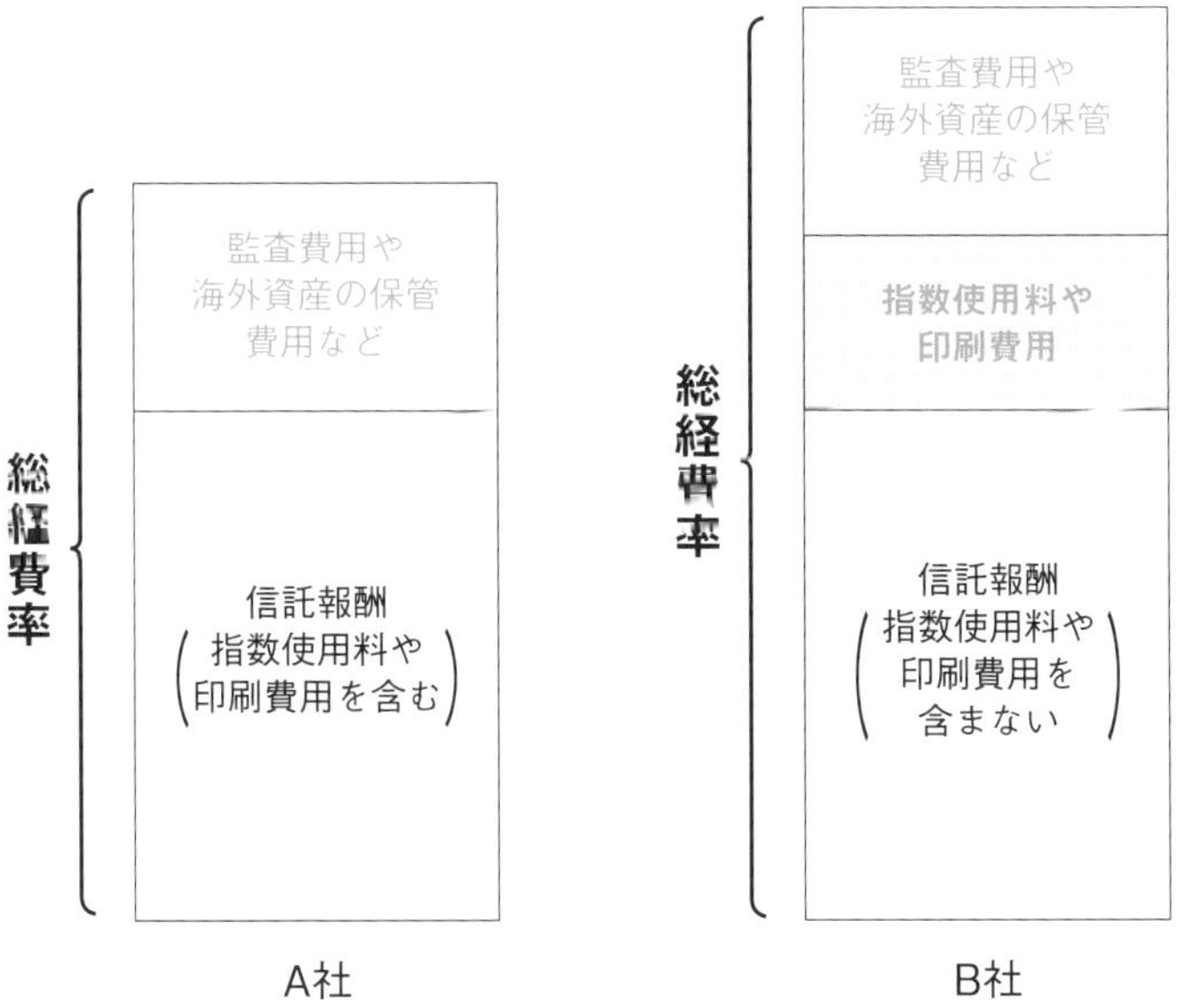

外では通常、総経費を純資産総額で割った「Expense Ratio（総経費率）」でコストを考えます。

純資産総額に対する信託報酬の割合と総経費率は、どれくらい違うのでしょうか。「QUICK投信分析評価サービス」のデータを基に、2023年3月末時点で1年以上の運用実績のある投信を調べました。対象資産別の平均では、国内株型の総経費率は信託報酬の1・04倍、先進国株型は1・11倍、新興国株型は1・27倍でした。債券では、国内債券型は1・03倍ですが先進国債券型は1・09倍、新興国債券型は1・10倍でした。

個別の投信には大きく差がある例もあります（図表1－37）。例えば基準価格がREIT（不動産投資信託）指数の逆方向に2倍程度の値動きになるA投信。信託報酬が年0・9%に対し総経費率は18倍の年16%強で

図表1-37●信託報酬と総経費率の差が大きい主な投信

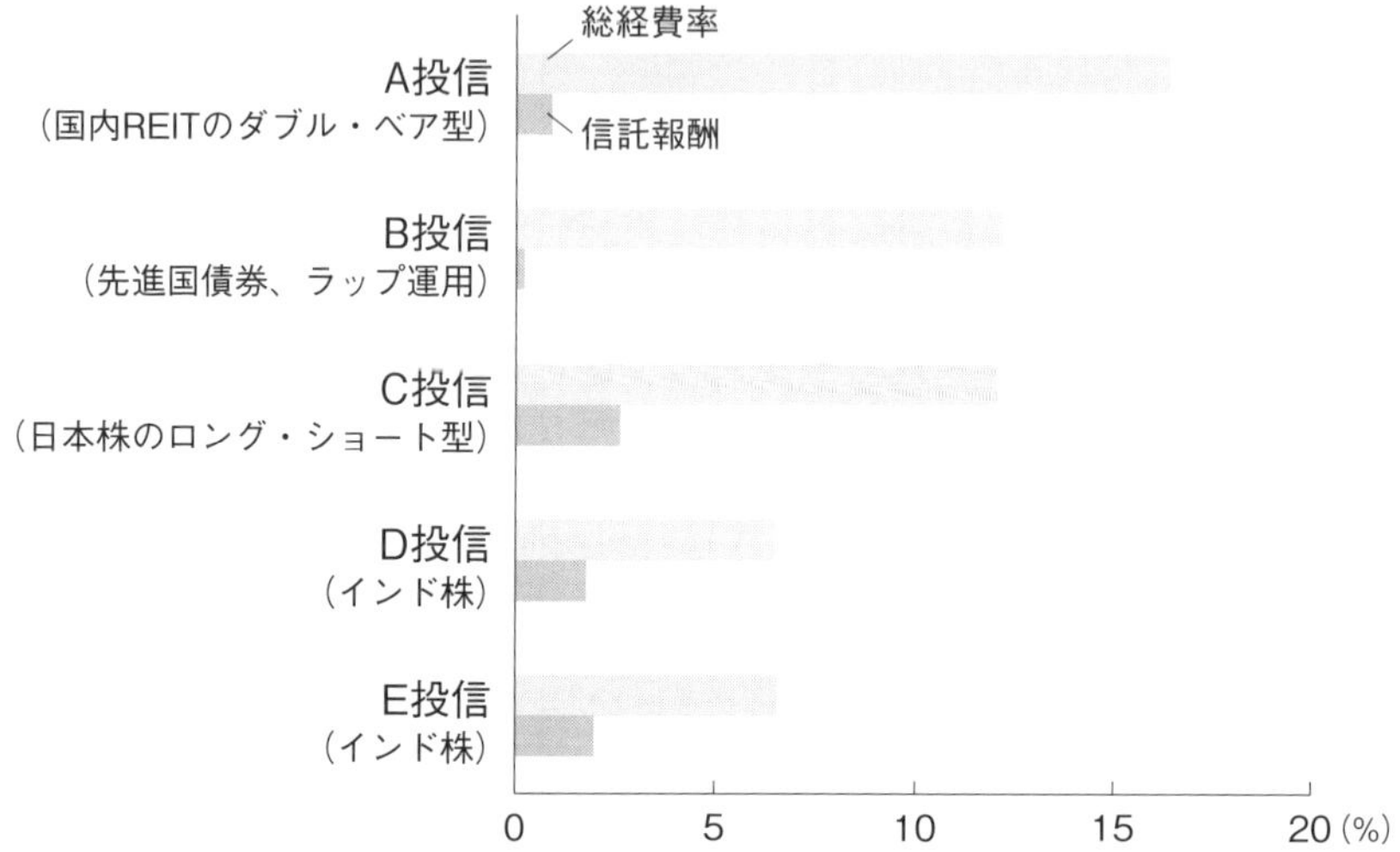

出所：QUICK投信分析評価サービスのデータを基に筆者作成

した。印刷費用や監査費用など、信託報酬以外の費用がかさみました。

先進国の債券に投資するB投信は、運用を金融機関に任せる「ラップ」運用に使われています。信託報酬は0・20%と低いのですが、海外資産関係の保管費用などがかかり、総経費率は年12%でした。日本株の買いと空売りを組み合わせる「ロング・ショート型」のC投信も総経費率は12%強。空売りに関する信用取引費用などが膨らんだとみられます。海外資産で運用する投信にも高いものが目立ち、インド株で運用するD投信は5%を超えていました。

総経費率が高くなりやすい投信には、大まかな傾向があります。①純資産総額が小さい、②保管費用が高くなりがちな新興国など海外資産型、③値動きが指数の動きの数倍となる高レバレッジ型や、ロング・ショート型など取引手法が複雑な投信、④株式比率が高い——などです。

特に注意すべきは、純資産総額かもしれません。資産規模にかかわらず一定額発生する経費は多く、純資産総額が小さいと費用の割合が大きくなります。Q投信やR投信はいずれも1億円未満です。純資産総額の小さい投信については、一般に、早期償還リスクが高いことなどが指摘されてきました。総経費率が高くなりがちであることもデメリットと言えそうです。

総経費率は、こうした差の大きい投信だけでなく、基本的には購入を考えるすべての投信で確認することを心がけましょう。長期の運用では、小さなコスト差が資産に大きな影響を与えるからです。

総経費率は正確には決算後にわかります。2023年春までは運用報告書で開示され、購入時の目論見書では通常、信託報酬しか開示されていませんでした。そのため運用報告書で総経費率の実績をみておくことが重要でした。

しかし2024年4月からは、総経費率は購入時の目論見書でも参考情報として過去実績が開示されます。もちろん、同一基準での比較が困難な組み入れ銘柄の売買手数料が計算には含まれないなど、総経費率も万能ではありません。それでも信託報酬だけの場合に比べ、コストを比較する際に正確性が格段に高まるのは間違いないでしょう。

間違い

投信の保有コストは信託報酬で判断すべきだ

コスト競争、最終戦争

「投信値下げ、消耗戦に」――。2023年後半、様々なメディアで何度もこうした見出しが使われました。例えば日興アセットマネジメントは、低コスト投信「Tracers」シリーズの「MSCIオール・カントリー・インデックス（ACWI）」の信託報酬を年0・05775％に下げました。野村アセットマネジメントも、新NISA向けに新たに投入した「はじめてのNISA」シリーズのうち「全世界株式インデックス（オール・カントリー）」の信託報酬を同じ水準に設定しました。ともにこれまで業界最低水準の信託報酬を維持していた三菱UFJアセットマネジメントの「eMAXIS Slim全世界株式（オール・カントリー）」の半額程度としたのです。

ただこれまで書いたように、本当に重要なのは総経費率。総経費率は最初の決算が出てからでないと正確にはわかりません。特に、日興アセットマネジメントは指数使用料などを信託報酬の外枠にしていたため、「まだ本当に安いとはわからない」と疑う声も聞かれました。これに対し同社は、Tracersの信託報酬以外のその他費用を上限でも0・03％にすると新たに表明しました。すると、信託報酬にこの上限額を加えても総経費率は0・0878％にとどまることになります。

業界最低水準をうたっていた三菱UFJアセットマネジメントもこれに対抗、「全世界株式」などの信託報酬を同じ0・05775％に引き下げました。

運用会社にとっては厳しい状況ですが、投資家にとっては大きな恩恵です。図表1－38にこうした動きも踏まえた、つみたて投資枠で買える低コストインデックス型投信を一覧にしました。

つみたて投資枠で選べる投信は成長投資枠でも選べますから、これらはそのまま、新NISAで選ぶべき「ベスト投信」でもあります。今後明らかになっていく総経費率などにも注目しながら、新

図表1-38 ● 主な低コスト投信

主な低コストインデックス投信			
投信名	運用会社	信託報酬率	総経費率
MSCIオール・カントリー（ACWI、日本含む）			
eMAXIS Slim全世界株式（オール・カントリー）	三菱UFJアセットマネジメント	0.05775	*
はじめてのNISA・全世界株式インデックス（オール・カントリー）	野村アセットマネジメント	0.05775	—
Tracers MSCIオール・カントリー・インデックス（全世界株式）	日興アセットマネジメント	0.05775	—
楽天・オールカントリー株式インデックスファンド	楽天投信投資顧問	0.05775	—
たわらノーロード全世界株式	アセットマネジメントOne	0.1133	0.2
FTSEグローバル・オールキャップ			
SBI・全世界株式インデックスファンド	SBIアセットマネジメント	0.1102	0.1
楽天・全世界株式（米国除く）インデックス・ファンド	楽天投信投資顧問	[illegible]	[illegible]
MSCIオール・カントリー（ACWI、日本除く）			
eMAXIS Slim 全世界株式（日本除く）	三菱UFJアセットマネジメント	0.05775	*
Smart-i Select 全世界株式インデックス（日本除く）	りそなアセットマネジメント	0.1144	0.19
MSCIコクサイ			
eMAXIS Slim 先進国株式インデックス	三菱UFJアセットマネジメント	0.09889	0.12
〈購入・換金手数料なし〉ニッセイ外国株式インデックスファンド	ニッセイアセットマネジメント	0.09889	0.13
たわらノーロード 先進国株式	アセットマネジメントOne	0.09889	0.14

図表1-38（続き）

主な低コストインデックス投信			
投信名	運用会社	信託報酬率	総経費率
MSCIエマージング・マーケッツ			
eMAXIS　Slim新興国株式インデックス	三菱UFJアセットマネジメント	0.1518	＊
はじめてのNISA・新興国株式インデックス	野村アセットマネジメント	0.1859	—
SBI・新興国株式インデックスファンド	SBIアセットマネジメント	0.176	0.2
TOPIX			
eMAXIS Slim 国内株式	三菱UFJアセットマネジメント	0.143	0.16
〈購入・換金手数料なし〉ニッセイTOPIXインデックスファンド	ニッセイアセットマネジメント	0.143	0.16
iFree　TOPIXインデックス	大和アセットマネジメント	0.154	0.16
S&P500種株価指数			
eMAXIS Slim 米国株式	三菱UFJアセットマネジメント	0.09372	0.11*
たわらノーロード S&P500	アセットマネジメントOne	0.09372	—
楽天・S&Pインデックス・ファンド	楽天投信投資顧問	0.09372	—
iシェアーズ　米国株式（S&P500）インデックス・ファンド	ブラックロック	0.0938	0.10
SBI・V・S&P500インデックス・ファンド	SBIアセットマネジメント	0.0938	0.10

注：信託報酬率、総経費率は2023年10月3日時点（引き下げ予定を含む）、一は決算前で未公表、＊は信託報酬改定のため判断できず。

ＮＩＳＡで何を選ぶか検討してみてください。

…と言っても、「何か1つ選ぶならどれ？」という質問が来そうです（笑）。筆者のお勧めは「eMAXIS Slim 全世界株式（オール・カントリー）」です。

1本で全世界に投資できるうえ、「eMAXIS Slim」シリーズは「他社がより低いコストを出してくれば追随して引き下げる」ことを打ち出し、過去も実行してきたからです。

ちなみに同じ三菱UFJアセットマネジメントで「Slim」がつかない「eMAXIS」というシリーズが別にあります。こちらは主に対面金融機関用でコストがやや高いうえ、他社に追随して下げることは打ち出していませんので、「eMAXIS Slim」シリーズの方を選ぶことをお勧めします。

投信は純資産が小さいと繰り上げ償還や総経費率の上昇などが起きやすいのですが、純資産も２０２３年9月末で約1兆５０００億円と、全世界株投信の中で最大です。

筆者は正直、「オルカン」と呼ばれるこの投信1本でよいと思っていますが、例えば米国株や日本株の比率を上げたければ米国株や日本株の投信を一部トッピングするなど、自分で資産全体の比率を調整する選択肢もあります。

ときどきアドバイザーの方などが、全世界株に投資するなら、小型株も多く含めた指数である「ＦＴＳＥ グローバル・オールキャップ指数」に連動する投信をお薦めしていることもあります。ＦＴＳＥの対象は小型株を多く含むため約９６００銘柄に達し、ＭＳＣＩオール・カントリー（約２８００銘柄）を大幅に上回ります。そして小型株には成長力の大きな銘柄も多くあるので、小型株を含めた指数の方が上昇しやすいイメージがあるからです。

しかしオルカンが連動するＭＳＣＩ ＡＣＷＩ指数とＦＴＳＥグローバル・オールキャップ指数の動

きを数十年単位で比べると、実際にはほぼ全く同じなのです。ともに時価総額の比率に合わせて銘柄を組み入れている結果、値動きは結局、時価総額の大きな大型株で大半が決まってくるからです。

FTSEも良い指数だとは思いますが「小型株も含んでいるので長期的にはより大きく上がるはずだ」と思って選ぶのは間違いです。

間違い 同じ全世界株指数でも、中小型株を多く含む指数の方が長期で上昇しやすい

5 成長投資枠どう活用――アクティブ型投信の基礎知識

アクティブ型投信の夢と現実

次に、成長投資枠をどう使うかを考えていきます。成長投資枠の投信の大半を占めるアクティブ型投信に、どう向き合うべきでしょうか。

まず知っておきたいのが、実際に市場平均に勝てるアクティブ型は少ないことです。S&Pダウ・ジョーンズ・インデックス社の調べでは、2022年までの10年間で各国の株価指数を上回ったアクティブ型の比率は、日本で約18％、米国約9％、欧州約10％、インド約32％など、国内外ともに1～3割にとどまります。

図表1-39 ● アクティブ型投信が市場平均に勝った比率（％）

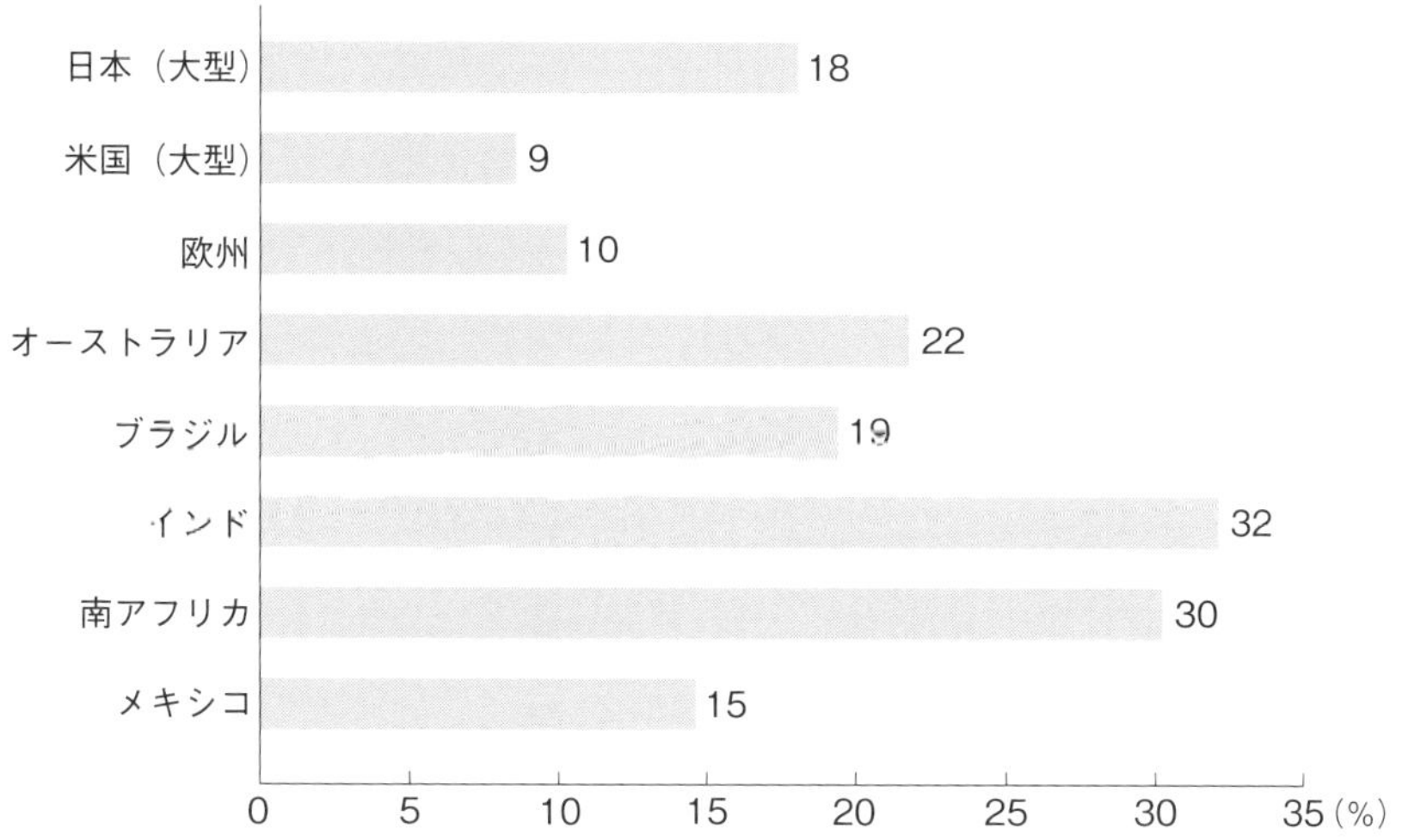

注：2022年までの10年間
出所：S&Pダウ・ジョーンズ・インデックス社

大きな要因はコストにあります。投信の基準価格は運用成績から信託報酬などのコストを引いた値です。信託報酬は日本のアクティブ型株式投信の平均で年1・6％です。指数に連動するインデックス型は年0・1％程度というものも多いのに比べ、かなり高い状態。コスト控除前の運用成績が長期で好調を維持し続けないと、こうした高いコストを吸収できません。

今や市場は豊富な情報と知識を持ったプロ同士の戦いで、運用成績そのものは勝ったり負けたりの状況で長期ではトントンになってしまうことも多くみられます。アクティブ型はそこから高いコストが積み上がっていくことが勝ちづらい要因です。

国内株で成長投資枠対象の純資産残高上位の3投信の成績を、東証株価指数（TOPIX）に連動するインデックス型と比べてみました（図表1－40）。1位の「ひふみプラ

図表1-40 ● 純資産残高上位のアクティブ型投信の運用成績

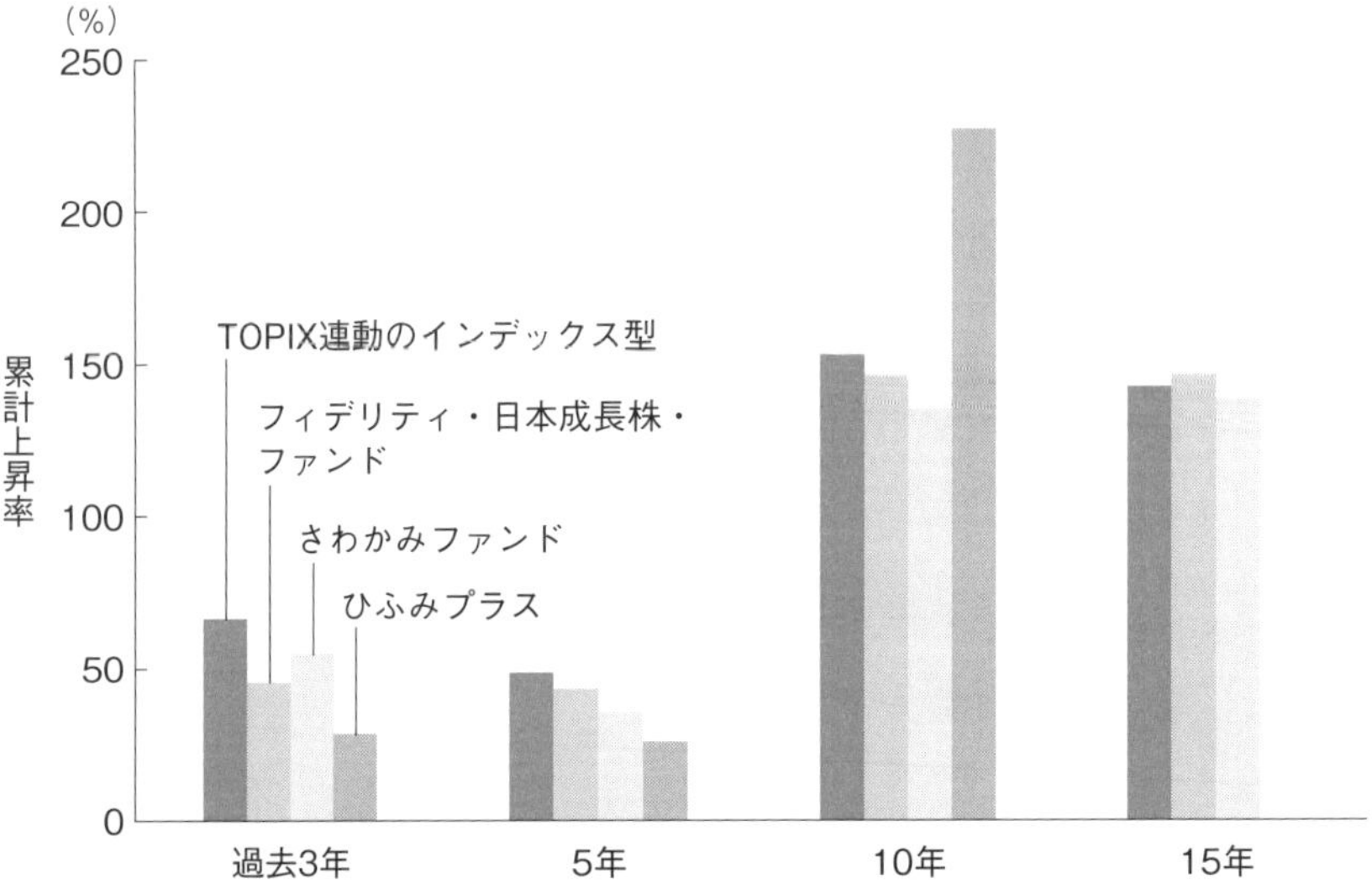

注：ひふみプラスの過去15年のデータはなし。TOPIX連動は野村国内株式インデックスファンド・TOPIX（確定拠出年金向け）
出所：QUICK投信分析評価サービスのデータを基に筆者作成。2023年7月末現在

ス」（レオス・キャピタルワークス）は過去10年ではインデックス型を大きく上回っていますが、5年や3年では下回っています。例えば過去3年ではインデックス型の累計上昇率66％に対し、ひふみは28％と半分以下の成績です。

2位の「フィデリティ・日本成長株・ファンド」（フィデリティ投信）は過去3、5、10年、3位の「さわかみファンド」（さわかみ投信）は4つの期間ともにインデックス型を下回りました。

間違い アクティブ型はプロが運用するから好成績

もちろん長期で好成績が続いたアクティブ型も一定数あります。問題は事前予

図表1-41 ● アクティブ型が好成績を上げ続けるのは難しい

（米国の株式投信の市場平均に対する超過リターン分布）

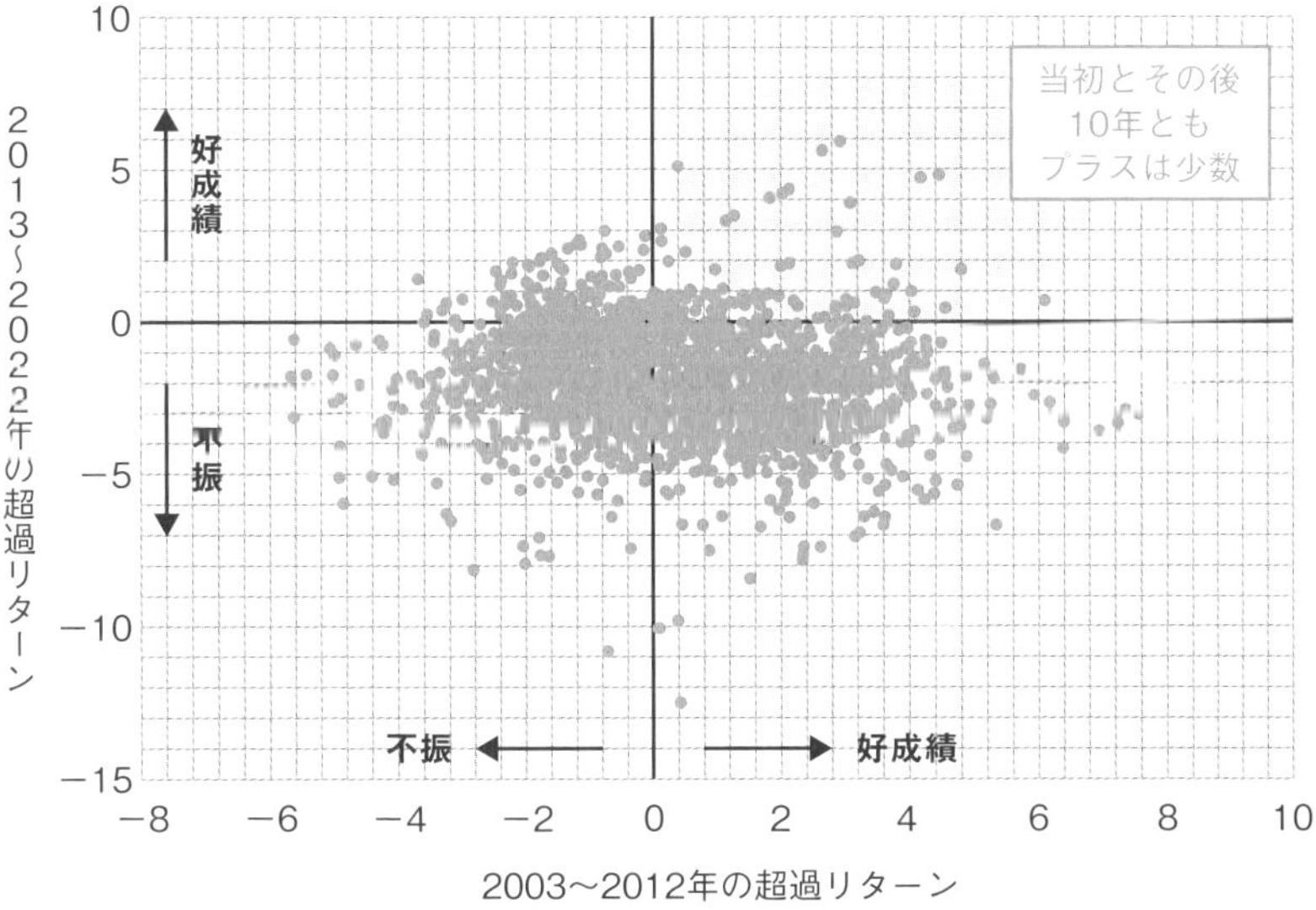

出所：イボットソン・アソシエイツ・ジャパン　市場平均はモーニングスター米国株式指数

測が困難なことです。イボットソン・アソシエイツ・ジャパンの小松原宰明氏が運用期間の長い投信が多い米国の1856投信を対象に先行する10年間と、次の10年間で指数に対する超過リターンを調べたところ、両方ともプラスだった投信は少数でした（図表1－41）。小松原氏は「前半と後半の成績はほぼ無関係だった。この傾向は日本でも同様だ」と言います。

金融機関に行くと、過去に成績の良かったアクティブ型のグラフをみせられて勧誘されることがあります。しかし過去の成績が良かったからといって今後も良いとは言えないのです。そこがアクティブ型投信選びの難しさです。

間違い

過去に好成績だった投信は将来も好成績だ

なぜ好成績が続きづらいのか。ひとつは運用スタイルと市場動向にずれが生じることです。多くの投信はハイテク株などに多い成長株型、金融株などに多い割安株型など得意な運用スタイルが異なります。中小型株が得意な投信と大型株が得意な投信も異なります。市場で成長株や中小型株が値を上げる時期はそれらの組み入れが多い投信は好成績になりますが、トレンドが割安株や大型株に転換すると成績は悪化しやすいと言えます。

このほか資金流出が続いて運用難になったり、資産規模が大きくなって得意分野だけで運用しづらくなったりすることも、好成績が続きにくい要因です。運用責任者の交代も影響するし、そもそもある時期の好成績が「運」にすぎなかったということも多いのです。

例えば「ひふみプラス」は、強みを持つ中小型株や成長株の市場全体での動きが過去数年さえませんでした。純資産の拡大や市場の変化を踏まえて大型株や割安株を増やしていますが、まだ成績回復につながっていない状態です。

では、成績以外に、アナリストの数など運用体制などもより詳しく分析すれば勝てるのでしょうか。公的年金を運用する年金積立金管理運用独立行政法人（ＧＰＩＦ）は運用体制なども詳しく調べてアクティブ型を選別しています。しかし、選んだアクティブ型の２０２２年度までの10年間の平均の成績は、コスト控除前で国内株が対象株価指数に対して０・１２％のごくわずかなプラス、海外株は

0・53%のマイナスなのです。

間違い

成績だけでなく運用体制なども詳しく調べれば勝てる投信を見つけられる

個人の投信のコスト控除前の成績がもしGPIFと同じで、アクティブ型の平均コスト年1・6%を引かれれば大幅な負け越しになります。GPIFは株式運用資産の9割強をインデックス型とし、アクティブ型は1割弱と少なくしています。規模が大きいのでインデックス型の方が運用しやすい面もありますが、好成績の投信を事前に選ぶのはプロでも難しいことも、アクティブ型の運用比率を安易に上げられない大きな要因です。

ただ、アクティブ型投信選びで成功すれば、指数を大きく上回る成績になることもあります。期待できるアクティブ型がある場合、資金の一部で投資して全体のリターンの引き上げを狙うのも選択肢です。その際の注意点は何でしょうか。

過去のリターンは将来を保証しないとはいえ、相場局面ごとの値動きのクセなど成績の評価はもちろん必須です。特に値動きの大きさ（リスク）が指数とどれくらい異なるかは、リターンに比べると安定しています。楽天証券のサイトの「投信スーパーサーチ」などでは、過去の値動きをグラフでインデックス型と比較可能です。リスクの大きさに自分が耐えられるか考えるべきです。

「アクティブ型は運用力がすべてでコストは関係ない」との声も一部で聞かれます。しかし図表1－

図表1-42 ● アクティブ型も低コストの方が成績がいい

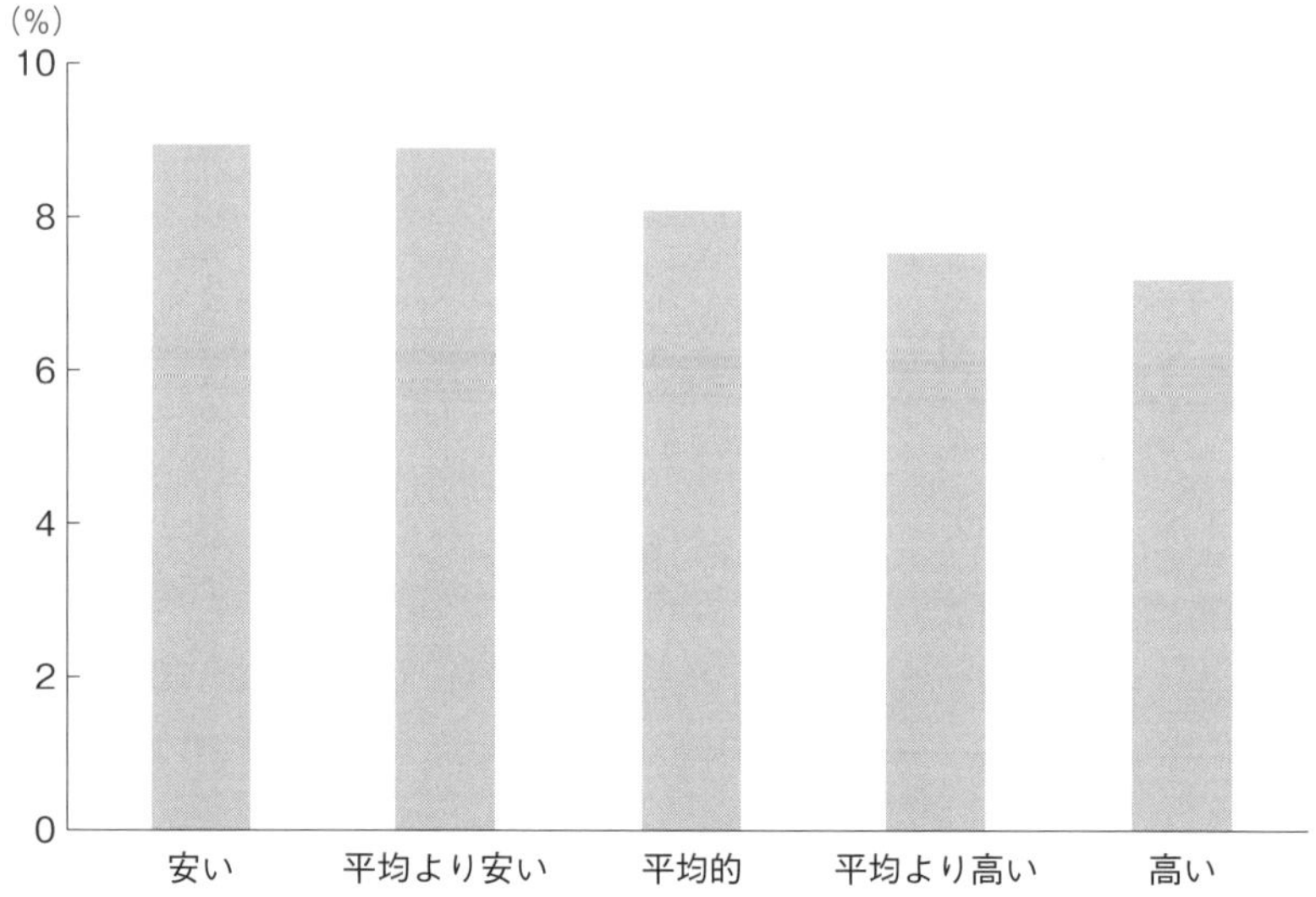

注：フィーレベル別に5年リターン（年率）の平均値を算出、対象は先進国株式のアクティブ型投信。
出所：ウエルスアドバイザー、2023年4月末時点。

42でみるように、国内外の多くの実証分析では、コストが低いほど長期的な成績も良い傾向があります。運用実績もみながら低コストのものを優先して選びましょう。

間違い

アクティブ型の成績にコストはあまり関係ない

要注意なのは資金の大量流出です。有望な銘柄も売らざるをえなくなるなど、成績に悪影響が出やすいからです。中小型株を得意とし2013年春までの10年間で基準価格が8・1倍（配当込み。TOPIXは1・7倍）に急上昇した「JPMザ・ジャパン」（JPモルガン・アセット・マネジメント）は、好成績を背景に資金が大量に流入。基準価格が高値をつけたころから利益確定などで一時的に資金の大量流出が起きました。

その後の10年間の上昇率は１・５倍と、ＴＯＰＩＸ（２・０倍）を下回りました。資金流出による運用難も要因だったのではないかという見方は多くあります。

ひふみプラスは、テレビ番組で取り上げられたことを契機に２０１７～２０１８年に大量に資金が流入しました。しかし基準価格が高値をつけ、利食い売りなどで２０１９～２０２０年ごろに大きな資金流出が続きました。販路を金融機関向けに広げていたことが、こうした大きな資金増減の背景でもあります。

さわかみファンドは、社長が創業者からその長男に替わった２０１３年から２０１５年まで大きな資金流出があり、その後も長く流出基調が続きました。ひふみ、さわかみともに、そうした資金流出をその後の成績の伸び悩みの一因とみる向きもあります。

ウエルスアドバイザーのサイト（https://www.wealthadvisor.co.jp/）では、各投信を検索し「リターン」の項目のなかの「月次資金流出入額」のところで過去5年間の月次の資金流出入をみられますので、定期的なチェックも重要です。

成長投資枠の国内株アクティブ型の勝率は

２０２２年9月に成長投資枠の第4次登録までがすみ、成長投資枠の投資信託は約１６００本が登録されました。最終的には２０００本程度になる見込みです。

このうちまず国内株の投信をみます。２０２３年8月末時点で10年以上の運用期間がある国内株のアクティブ型投信の年率リターンの分布を示したのが図表１－13です。ちなみに日経平均株価はこの

図表1-43 ● 成長投資枠の国内株アクティブ型投信の成績

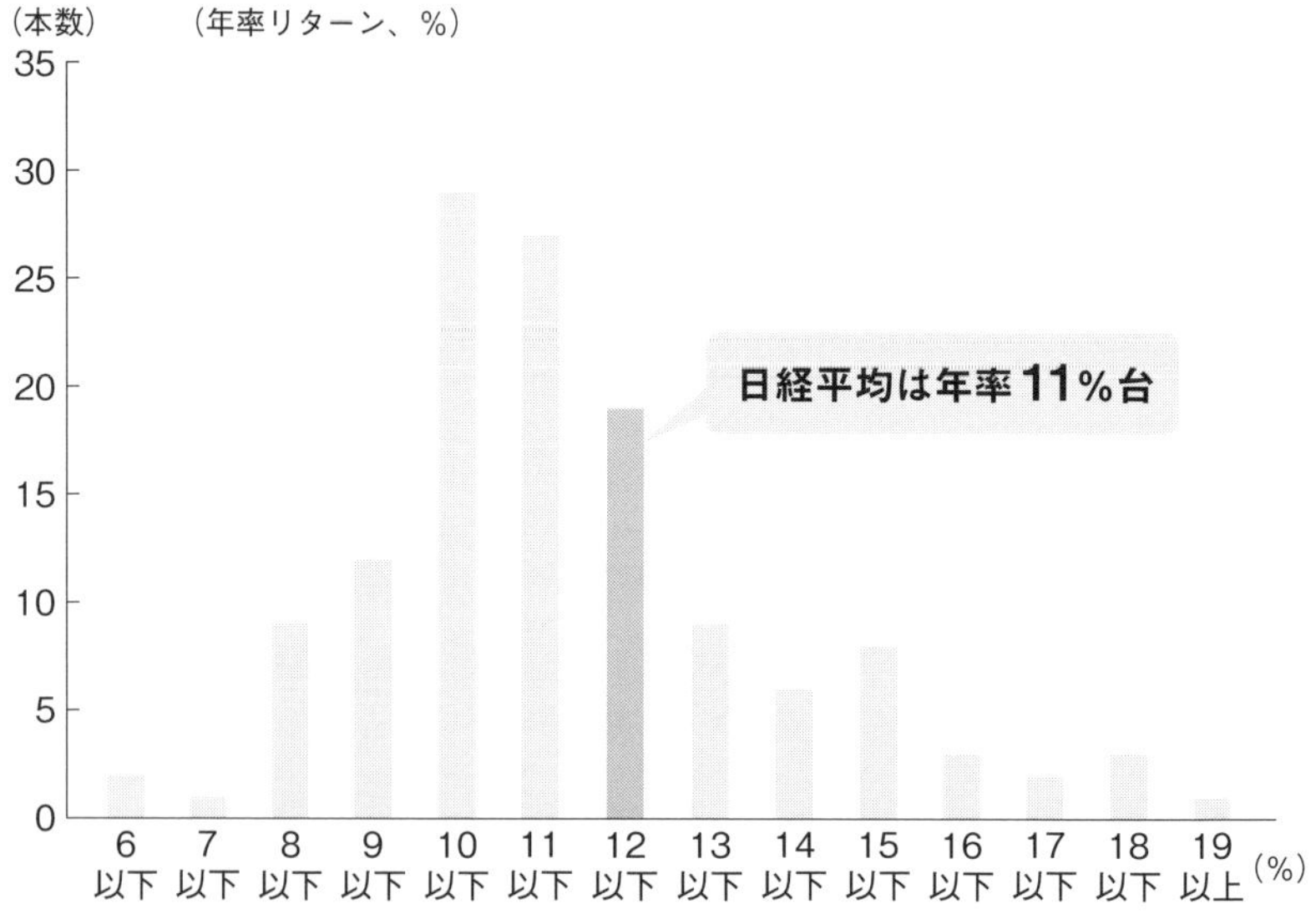

出所：QUICK投信分析評価サービスのデータを基に筆者作成、2023年9月時点までの成長投資枠登録投信が対象、成績比較は2023年8月末

10年、年率リターンは11%台。全体のうち日経平均株価のリターンを上回っていたのは約3割でした。

図表1－39で示したS&Pダウ・ジョーンズ・インデックス社の推計では約18%しか勝っていなかったのに比べて高いのはどうしてか、と疑問を持つ人もなかにはいると思います。理由のひとつは中小型株投信の影響。本書の集計は中小型株も含めています。

しかし日経平均株価などの株価指数は大型株が中心であり、値動きの異なる中小型株を含めて計算するのは本当は公平ではありません。実際、過去10年のうち前半の6~7年は市場全体のうち中小型のリターンが高く、10年全体でみれば中小型株投信の成績は大型株投信より高いことが多くみられました。S&Pダウ・ジョーンズ・インデックス社の集計は、

図表1-44 ● 成長投資枠の過去10年の成績上位の国内株式投信のリターン

（年率、%。網掛け部は参考指数を下回る期間）

	投信名	信託報酬	3年	5年	10年
上位5	DIAM新興市場日本株ファンド	1.67	**5.33**	11.47	21.93
	情報エレクトロニクスファンド	1.65	21.65	16.61	17.39
	東京海上・ジャパン・オーナーズ株式オープン	1.58	**4.44**	**7.23**	17.20
	SBI中小型成長株ファンドジェイネクスト	1.65	**3.87**	**4.80**	17.04
	新成長株ファンド	1.87	**3.64**	**3.61**	16.40
〈参考〉	日経平均株価（配当込み）		14.33	9.55	11.41

出所：QUICK投信分析評価サービスのデータを基に筆者作成、2023年9月時点の成長投資枠第4次登録投信が対象、成績比較は2023年8月末

大型株同士の比較でした。ただし現実には中小型株投信も多いので、ここでは全体像を示しました。

国内株投信で成績上位は中小型株型が目出つ

もちろん、なかには指数を大きく上回ったアクティブ型もあります。国内株で10年間の年率リターン上位の5投信をみておきましょう（図表1－44）。リターンの3年と5年の数字も掲載しています。網掛けの部分は、同じ期間の日経平均株価（配当込み）に負けた期間です。

やはり成績上位に目立つのは、中小型株を対象とした投信です。先ほども触れたように、2018年ごろまでは日本市場で中小型株が値上がりしやすい状況が続いていたことが影響しています。

日本の中小型株はアナリストでカバーしている人が少ないため、割安な優良株が放置されやすい側面があり、結果的に大型株の投信に比べ

ると負けにくい面もあると思います。インデックス型だけではつまらないと思う場合など、中小型株投信に資金の一部を投じてみるのも、選択肢ではあります。

ただ、表をみていただくとわかるように、中小型株の市場全体の成績が振るわなくなった過去5年以降は、日経平均に負け越すケースが多くなっています。

しかも歴史を振り返ると、10年ほど成績が良かった中小型株投信が、突如成績が悪化するケースも多くみられました。例えばインベスコ・アセット・マネジメントの「インベスコ 店頭・成長株オープン」。2018年5月までの10年間で2・65倍に上昇、同期間のTOPIX（配当込み）の上昇が1・53倍にとどまったので、とてつもない好成績でした。当時は伝説的な投信としてもてはやされました。しかしその後2023年9月までは3％のマイナスで、同期間のTOPIX（52％増）に対して大負けです。

このような成績の急変は、残念ながら事前にわかるものではありません。中小型株だから安心というわけではなく、それを保有する場合も資金の一部でいいのではないかと思います。

海外株アクティブ型投信の勝率は

次に、成長投資枠の海外株アクティブ型の成績をみてみましょう。まず全体像として、2023年8月まで10年以上の運用期間がある海外株アクティブ型の成績分布は図表1−45のとおりです。市場平均のひとつの例として全世界株指数であるMSCI ACWI（日本除く）が14％台でしたので、やはり多くの海外株アクティブ型投信は市場平均に負けていました。

図表1-45 ● 成長投資枠の海外株アクティブ型投信の成績

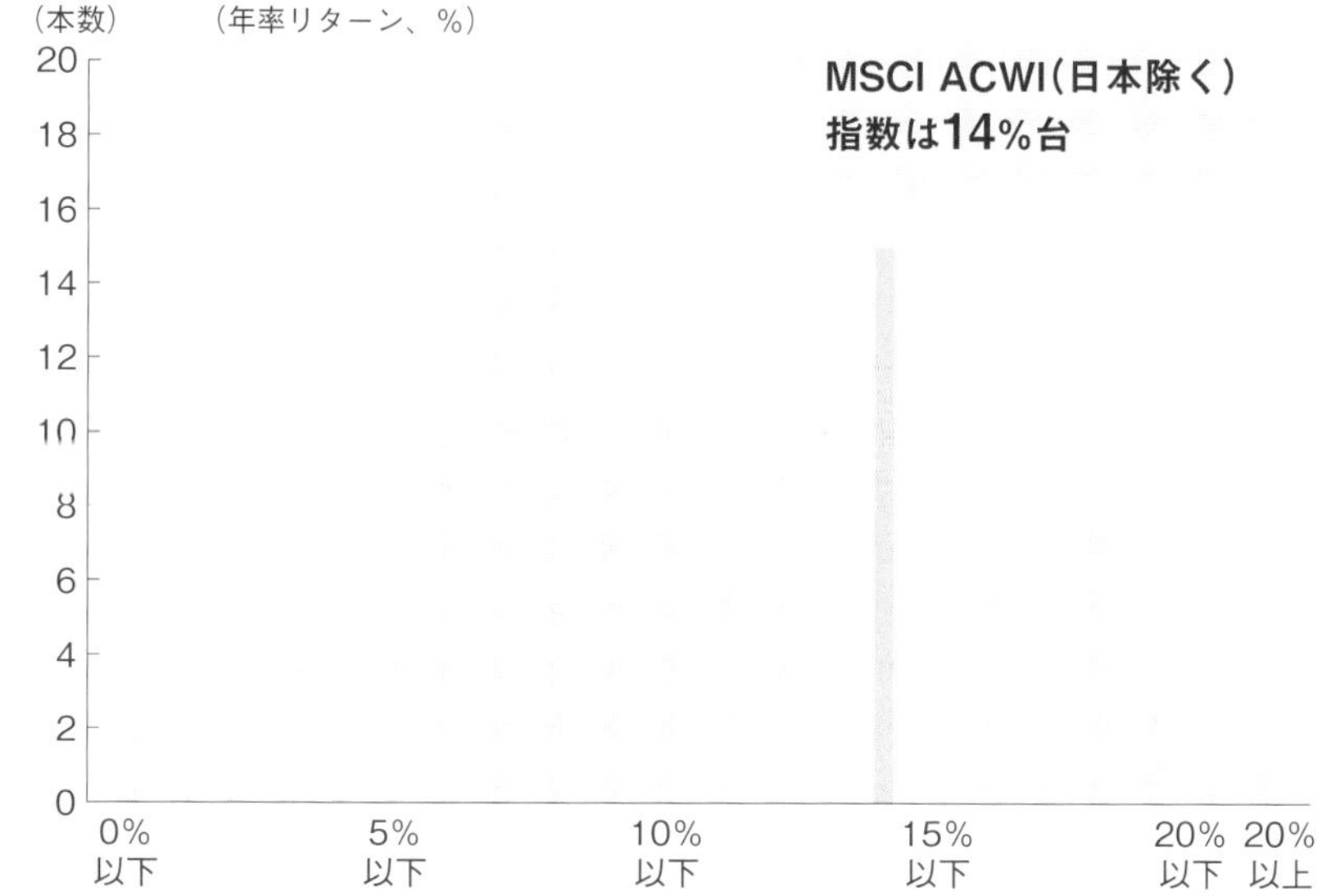

出所：QUICK投信分析評価サービスのデータを基に筆者作成、2023年9月時点までの成長投資枠登録投信が対象、成績比較は2023年8月末

海外株投信の成績上位は特定業種や特定国

次に図表1－46で、やはり10年以上の運用期間がある海外株投信で期間10年の上昇率上位の5投信をみてみます。1位は「野村世界業種別投資シリーズ（世界半導体株投資）」。全期間で全世界株指数などを上回っています。そのほか2位以下の顔ぶれをみても、インドなど特定の国、あるいはハイテク・情報など特定の業種の投信が上位にきています。

2024年以降に新NISAが実際に始まってから、金融機関で顧客が「どんな投信がいいですか？」と聞くと、「過去の好成績だった投信は……」という言い方でこうした投信が薦められる可能性は高いと思います。

これらの投信はいずれも信託報酬が1％代後半から2％代前半。つみたて投

図表1-46 ● 成長投資枠　運用成績上位の海外株アクティブ型投信のリターン

（年率、%、網掛け部は参考指数を下回る期間）

	投信名	信託報酬	3年	5年	10年
1位	野村世界業種別投資シリーズ（世界半導体株投資）	1.65	36.55	28.99	25.83
参考指数	MSCI オールカントリー		19.74	14.03	13.51
2位	高成長インド・中型株式ファンド	2.05	**29.71**	**13.50**	20.09
参考指数	SENSEX		28.57	14.92	16.04
3位	netWIN GSテクノロジー株式ファンド Bコース（為替ヘッジなし）	2.09	**13.88**	**16.81**	**19.12**
参考指数	ナスダック100		21.64	22.69	23.58
4位	アライアンス・バーンスタイン・米国成長株投信Bコース（為替ヘッジなし）	1.73	**17.76**	18.04	19.10
参考指数	S＆P500種		22.84	17.34	17.35
5位	米国NASDAQオープンBコース	1.69	**16.27**	**17.90**	**18.84**
参考指数	ナスダック100		21.64	22.69	23.58

出所：投信データはQUICK投信分析評価サービス、2023年9月時点の成長投資枠第4次登録投信が対象。参考指数は筆者が作成、成績比較は2023年8月末

資枠のところでみた低コストのインデックス型では年0・1%程度が多かったのとは対照的です。信託報酬の半分程度は販売した金融機関に入り続けます。当然ながら高い信託報酬の投信を買ってほしいというバイアスが働きます。

投信の成績は信託報酬を引いた後のものですから、図表1―40のような成績がずっと続くのであればコストなど気にする必要はありません。

しかし特定の業種や国に特化したこうした投信の成績は、時期により大きく変動します。例えば先ほどの「野村世界業種別投資シリーズ（世界半導体株投資）」は、2020年春以降、世界的な半導体不足が断続的に続き、2023年8月までの3年半だけで基準価格が3・5倍にも急上昇したことが寄与しています。しかし半導体は、逆に市況が悪化すると価格が急落することでも知られます。

2位はインド株投信。人口減の局面を迎えた中国と違って若い人口が多く、今後も経済成長が見込まれることが好感され、成績は好調です。2023年10月時点で株価収益率（PER）などが特に割高なわけではありませんが、インド経済の将来が豊かなことは以前から世界中のプロが知っていて、すでに高成長は株価に織り込まれているはずです。

しかも株価を左右するのは国の成長ではなく、企業の1株利益（EPS）です。経済成長に合わせた巨額投資に必要な増資の結果、株数が増えてEPSが上がりづらい、ということも起きがちです。新興国に進出している先進国の巨大企業が、新興国の成長の果実の恩恵をより大きく受ける可能性だってあります。金融機関で高成長の話を聞いて投資額の多くをインド株にしている高齢層も出始めていますが、過剰に持つことには疑問を感じます。

全世界株投信を買っておけば、そのなかにインドも含まれます。ただ構成比は2%弱と低いので、興味がある場合は全世界株投信に加えてインド株投信を少し上積みし、比率を高める程度でいいかもしれません。

成績上位のインド株投信はアクティブ型ですが、実は10年間の成績では8割がインデックス型に負けています。インド株に投資したい場合、インデックス型も選択肢のひとつです。ちなみにインド株の低コストのインデックス型投信としては「SBI・iシェアーズ・インド株式インデックス・ファンド」(信託報酬年0・46％)などがあります。今後さらに低コストのインデックス型投信が出てくる可能性も大きいと思います。

3位の「netWIN GS テクノロジー株式ファンド Bコース(為替ヘッジなし)」は、文字通り情報技術(IT)関連のテーマ型。これもやはり業種の盛衰の影響を強く受けます。確かに過去10年は好調です。ただ過去には苦難の歴史もありました。

この投信は設定が1999年11月と古いのですが、ITバブルの2000年2月の高値から2002年9月には基準価格が5分の1まで急落、かつての高値水準まで戻したのは2015年5月で、実に15年ほどかかっています。5分の1まで下がったものを長期間、持ち続けられた投資家がどれほどいたかは疑問です。

また過去10年の成績も、インデックス型投信が多くある指数であるナスダック100指数に劣っています。5位の「米国NASDAQオープンBコース」もアクティブ型投信ですが、やはりナスダック100指数に負けています。過去はナスダック100連動投信は高コストのものが多かったのですが、最近は低コストのものが増えています。例えば2023年3月運用開始のニッセイアセットマネジメントの「〈購入・交換手数料なし〉ニッセイNASDAQ100インデックスファンド」(信託報

図表1-47 ● 成長投資枠の純資産上位の海外株式投信のリターン

（%、網掛け部は参考指数を下回る期間）

	投信名	信託報酬	3年	5年	10年
1位	アライアンス・バーンスタイン・米国成長株投信Bコース（為替ヘッジなし）	1.73	**17.76**	18.04	19.10
参考指数	S＆P500種株価指数		22.84	17.34	17.35
2位	netWIN GSテクノロジー株式ファンド Bコース（為替ヘッジなし）	2.09	**13.88**	**16.81**	**19.12**
参考指数	ナスダック100指数		21.64	22.69	23.58
3位	キャピタル世界株式ファンド	1.70	**15.99**	**13.80**	**12.52**
参考指数	MSCIオール・カントリー投信		19.74	14.03	13.51
4位	野村インド株投資	2.20	**22.23**	**9.69**	**15.35**
参考指数	SENSEX		28.57	14.92	10.04
5位	セゾン資産形成の達人ファンド	1.54	**15.99**	**10.89**	**12.87**
参考指数	MSCIオール・カントリー投信		19.74	14.03	13.51

出所：投信データはQUICK投信分析評価サービス。2023年9月時点の成長投資枠第4次登録投信が対象。参考指数は筆者が作成、成績比較は2023年8月末

酬年0・2035%、総経費率は未公表）などです。

海外株投信の純資産上位は米国、情報通信など

海外株投信の純資産上位もみておきましょう（図表1－47）。いくつかは運用成績上位の投信と重なっていますが、やはり米国や情報通信関連、インド関連などが目立ちます。参考までに、それぞれの投信と比較的関係性が高い株価指数の同期間の騰落率も表示しました。網掛けのところは指数に負けています。

それぞれの投信の成績だけをみると、「これはすごい」と買いたくなりますが、最近のように保有コストが年0・1%程度のものが過去からあった場合、インデックス型投信を買っておけばより高い成績を得られたとも言えます。

間違い 人気があり純資産の大きいアクティブ型は成績も良好だ

投資の失敗は「成長の罠」から

特定の業種や国に特化した投信にはとても魅力があります。しかしそれは投資で失敗する大きな要因にもなり、「成長の罠」という言葉で語られてきました。

投資というと多くの人は、成長する国や業種へ行うのが有望と考えます。しかし成長する国や業種

については、たいていの場合は世界中の投資家が同じ認識を持っていて、すでに関連銘柄に買いを入れ、高値になっていることがしばしばです。

そうした国や業種は実際も成長することが多いのですが、すでに高く買われていると、さらに上昇するのは簡単ではありません。

個別株が、決算で上方修正が発表されたとしても、多くの投資家が織り込んでいる予想に届かなければ、かえって値を下げたりするのと同じです。

間違い 高成長の国や業種への投資ほどリターンも高い

本書ですでに何度もお話ししているように、結局、他の投資家がどこまで成長を織り込んでいるか、実際の成長が予想を上回るものか、を当てなければなりませんが、それは極めて困難です。

逆に、日本のように世界中の投資家が「人口減や企業の低収益力から日本株はダメ」と思っているなかで予想より業績が良かったり経営改革が進んだりすると、株価は大きく上げます。図表1－34のように2012年秋以降の日本株は米国株（ドルベース）の上昇に匹敵していました。「低成長だから日本株はダメ」と思い込んでいた人は、こうしたリターンを得られませんでした。

実は成長投資枠の海外株アクティブ型の下位10銘柄をみると、そのうち3つはブラジル株の投信で、うち2つは過去10年のリターンがマイナスです。2010年ごろ、BRICSと呼ばれる国々を

図表1-48●新NISAの株式投信

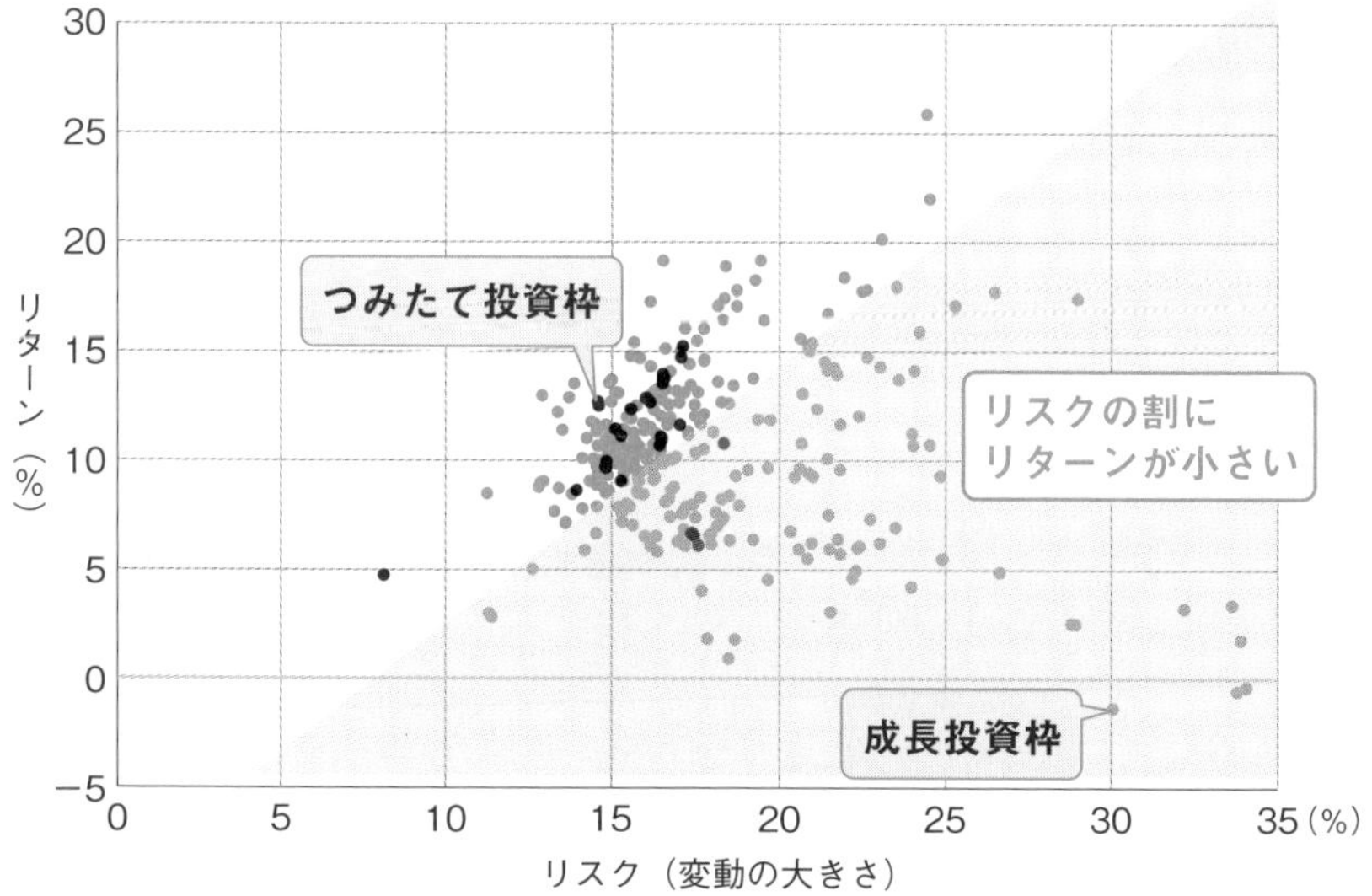

注：2023年9月の第4次登録までの投信のうち10年以上の運用期間がある株式投信が対象。QUICK投信分析評価サービスのデータから筆者作成、成績は8月末時点

中心とした新興国ブームがありました。ブラジルなど新興国の成長をはやして関連の投信が買われた結果です。

　実際にブラジルは成長しましたが、投資家が思ったほどのものではなく、ブラジル関連の投信は低迷しています。また新興国株価指数はこの10年、日本株をはるかに下回る低い成績でした。それを考えると2023年秋現在の半導体やAI（人工知能）などの特定業種、インド株投資の活況も、冷静さを保ちながらみておくべきではないかと思います。

成長投資枠の投信は玉石混淆だが「石」の割合が高い

　最後に、図表1－48で成長投資枠の投信の全体像をみておきましょう。横軸がリスク（値動きの大きさ）で縦軸がリターン（いずれも年率％）です。投信は一般的に、同じリスクならリターンが高いほど好まれ、同じリターンならリスクが低い方が好まれます。図の左上方向にいくほど、リスクの割にリターンが大きく、図の右下方向にいくほど、リスクの割にリターンが低い領域になります。

成長投資枠の投信は青色の点です。リスクの割にリターンが高いものが一部含まれますが、右下方向の、リスクの割にリターンが低いゾーンに位置する投信が多いことがわかります。「玉石混淆」ではありますが、「石」の比率がかなり高いと言えます。

一方で、つみたて投資枠の投信は黒色の点。成長投資枠に比べてリスクの割にリターンが高い左上方向のゾーンに多く分布しています。この多くはインデックス型投信です。

成長投資枠の投信のなかで低リスク高リターンのものを選べばいいと思いがちですが、本章第1節でお話ししたように、それを事前に見抜くのは容易ではありません。投信選びに自信がない場合、やはりつみたて投資枠のインデックス型投信を中心に選ぶ方が安心感は高いと思います。

個別株の長期保有で配当重視の戦略も

新NISAでは非課税期間が恒久化されました。成長投資枠では個別株の投資も可能ですので、例えば中高年世代が配当の高い個別株に投資し、恒久的に非課税で配当をもらい続ける手法も可能になりました。

ただ、NISA口座で株式の配当やETFの分配金を受け取る方法は、①ゆうちょ銀行などに「配当金領収書」を持ち込む、②銀行口座、③証券会社の取引口座での「株式数比例配分方式」――の3つがあります。このうち非課税で受け取れるのは③の「株式数比例配分方式」だけですので、他の方式を指定している場合は変更が必要です。

インデックス型投信で数千万円の資産を作っても、取り崩し期に入った後は、資産を少しずつ減らしていくことになります（その手法については最終章で考えます）。ただ多くの人にとっては、資産を自分の手で少しずつ取り崩すこと自体が心理的な不安や抵抗感をもたらします。

間違い どんな受け取り方でも配当や分配金は非課税になる

個別株を保有したまま配当収入だけを生活費などに充てていくスタイルは、「資産を減らさないでお金をもらい続けられる」というイメージが安心感につながります（実際にはそうとも言えないことは、この項の最後で考えます）。

日本では個別株投資は100株単位が基本なので1銘柄当たりで多額の投資が必要になることが多いのですが、トヨタ自動車やNTT、アドバンテストやホンダが大幅な株式分割をして投資単位を引き下げるなど、少しずつ分散投資もしやすい状況になっています。例えば1株を25分割したNTTでは、100株買うのに40万円が必要だったものが、1万円台後半に下がりました。

ただ、配当重視の手法での銘柄選びには注意点もあることを知っておきましょう。まずは**配当を株価で割って計算する配当利回りの高さだけで選ばないこと。業績悪化予想が広がって分母の株価が下がっていれば、配当利回りは高くなるからです。**実際に業績の悪化が起きれば配当も減らされてしまうことがあります。

同様に配当をEPSで割った配当性向が高すぎる場合は、利益に対して無理な配当をしている可能性が高いと言え、いずれ減配となるリスクがあります。もちろん配当性向が低すぎると配当を狙う投資の意味が薄れますから、配当性向としては高すぎず低すぎず、30～50％程度がひとつの投資目安になります。

仮に配当が維持されたとしても、それでいいというわけではありません。株式投資の総合的なリターンは「配当＋株価の変化率」です。長期的に株価が下落傾向になってしまえば、総合的なリターンは悪化します。配当利回りや配当性向だけでなく、中長期の業績動向を併せてみておくべきです。

間違い 配当利回りが高いほど有利だ

まずは売上高とＥＰＳが中長期で拡大傾向にあるか、そして変動が激しすぎないかをみておきましょう。特に、過去の景気悪化局面で売上高やＥＰＳがどう推移していたかは重要です。

便利なサイトのひとつが、企業業績の長期動向などをまとめた「ＩＲ・ＢＡＮＫ」（https://irbank.net/）です。企業ごとに10～20期程度の長期間の推移が一覧できます。例えばＫＤＤＩのページでは営業収益（売上高）や各種利益、ＲＯＥ、営業利益率の２００８年3月期から２０２４年3月期予想まで17期間の一覧がみられます（２０２３年10月時点）。

このように、過去の業績や配当をみる場合のひとつのポイントが、リーマン・ショックの2009年3月期と、コロナ危機の2021年3月期です。金融面でリスクが高まったことが経済全体の冷え込みにつながったリーマン・ショックと、コロナ禍で人が外に出かけることが少なくなりグローバルに製造やサービスの流れが停止したコロナ危機では、危機の性質が異なりました。

2つの種類の異なる危機、いずれにおいても業績や配当の落ち込みが小さかった企業であれば、その収益力の健全さがわかります。

また収益力の強さは営業利益率にも表れます。営業利益率の高さは、製品やサービスが容易に真似されない強みを持っていることを表すからです。ただし利益率は業種によっても異なりますので、同業種間での比較も重要です。財務分析の比較サイト「ザイマニ」(https://zaimani.com/)では同業種間での財務指標などの比較などができます。

高配当投資での銘柄選びでは配当額が増額基調にあるかもとても重要です。なぜなら配当を多く出す企業には、成長が鈍化して投資に振り向ける必要が少ないからこそ高配当を出しているケースも多いからです。そうなると、配当は多くても、低成長のため株価自体は長期で低迷することがあります。成長力が維持できているかをみるうえで判断材料のひとつになるのが、連続増配企業かどうかです。連続して増配できているということは事業の成長が続いていることの表れである可能性が高いからです。ＩＲ・ＢＡＮＫなどで連続増配かどうかもチェックしておきましょう。

財務内容に急な悪化が起きづらいという意味では、たくさんの機関投資家にチェックされ続けている時価総額の大きな銘柄を、業種を分散して保有することも考えましょう。

会社としての意思表明も重要です。例えば住友商事は、年間配当額を、自己資本に占める株主資本

図表1-49 ● 高配当銘柄戦略を成功させるには

- 高すぎる配当利回りは避ける
- 高すぎる配当性向は避ける
- 売上高、1株利益（EPS）が増加基調
- 連続増配銘柄を優先
- 業種を分散する
- 時価総額の大きな銘柄を優先

お役立ちサイトも活用
- IR・BANK（https://irbank.net/） 長期間の企業業績の変化など
- 「ザイマニ」（https://zaimani.com/） 同業種間の財務比率の比較など
- 「バフェット・コード」（https://www.buffett-code.com/） 銘柄ごとの過去のPERの推移など
- マネックス証券「銘柄スカウター」 過去5年のPER推移や業績修正など

配当率（DOE）で「3・5～4・5%の範囲内で、配当性向30%を目安に決定する」と表明しています。三菱商事も「中期経営戦略2021」で「持続的な利益成長に合わせて増配していく『累進配当』を継続」する方針を示しています。三井住友フィナンシャルグループも減配をせず配当を増やす累進配当施策を推進中です。配当性向を公約する企業も多くありますが、配当性向は変動率の大きい利益に左右される可能性があるので、累進配当の公約の方が安心かもしれません。

こうした条件を満たしているとしても、割高な局面で買ってしまえば配当利回りもその分下がりますし、株価の下落リスクも高まります。PERや株価純資産倍率（PBR）など様々な株価指標をみて、できるだけ割安な局面での購入を考えるべきです。ただPERやPBRの適正水準は企業ごとに異なります。過去のPERやPBRがどれくらいのレンジで動いているかから判断し、できれば底値圏で買いたいものです。「バフェット・コード」（https://

www.buffett-code.com/）というサイトでは、過去3年間のPERやPBRの推移をみることができます。

高配当銘柄戦略を成功させるには、このように業績や株価指標などをきちんと定期的に吟味する手間をかけ続けるという覚悟も大切です。

ちなみにここで紹介してきたような情報を幅広く調べられるのがマネックス証券。口座を開設したうえで（無料）、サイトの「銘柄スカウター」というツールで会社名を入力して「株価指標」という項目をクリックすると、過去5年程度のPERの推移がグラフで表示され、現在がどの程度の水準なのかわかります。

また過去10年程度の業績や配当の推移、理論株価もわかります。過去5年ほどの各年の業績修正の結果もみられるので、最初に高めの業績予想を出す癖がある会社かどうかもわかります。「無料でここまで調べられるのか」とうれしくなる機能です。

総合収益では伸び悩むリスクも

もう一度確認すべきは、投資の総合収益（トータルリターン）は「配当＋株価の変化率」であること。配当を出した分だけ残る資産は少なくなり株価は下がります。個別株の決算で配当の権利落ち日には通常、その分だけ株価が下がることを思い出してください。高配当銘柄には株価が長期的に伸び悩むケースが多いのはそのためです。「たくさん取り崩せば残る資産がそれだけ減る」という意味では、インデックス型投信を自分で多く取り崩すと残る資産が大きく減るのと原理的には変わりありません。

間違い

高配当銘柄の長期保有は投信の長期保有よりお得である

高配当銘柄を好む人たちの多くは「高配当の分だけ株価が大きく下がっている（または伸び悩んでいる）」という意識が希薄な気がします。

例えば米国で高配当銘柄を集めた「米国高配当株式ETF（VYM）」をみてみましょう。ちなみにETFは上場している投資信託のことで、少額のお金でたくさんの銘柄に分散投資できます。保有コストである信託報酬が非上場の投信より低いことが多く、上場しているため通常の株式のように機動的な売買も可能な投信です。

VYMは配当の高い金融、ヘルスケアセクターなどの組み入れが多いのが特徴です。米国株式市場の配当利回りが1％台であるのに対し年3％程度の分配金を出し続けていて、個人投資家にも人気があります。

このVYMの価格を、米国株全体を表すS&P500種株価指数で割り算した数値の推移が図表1－50。割り算なので、VYMが米国株全体より好調な時期は値が上がります。しかしグラフからは、長期では割り算の結果は低下傾向であり、米国株市場全体には負ける傾向がみられます。配当を出さないことが多い成長企業であるGAFAMなど、情報セクターの組み入れが低いことが背景です。

実は配当重視の投資をしている日本の個人投資家にも、配当はたくさん得られてもトータルリターンではさえない結果になっているケースが多くみられます。配当利回りは高いものの成長性の低い銘

図表1-50 ● バンガード・米国高配当株式ETF（VYM）÷ S & P500株価指数

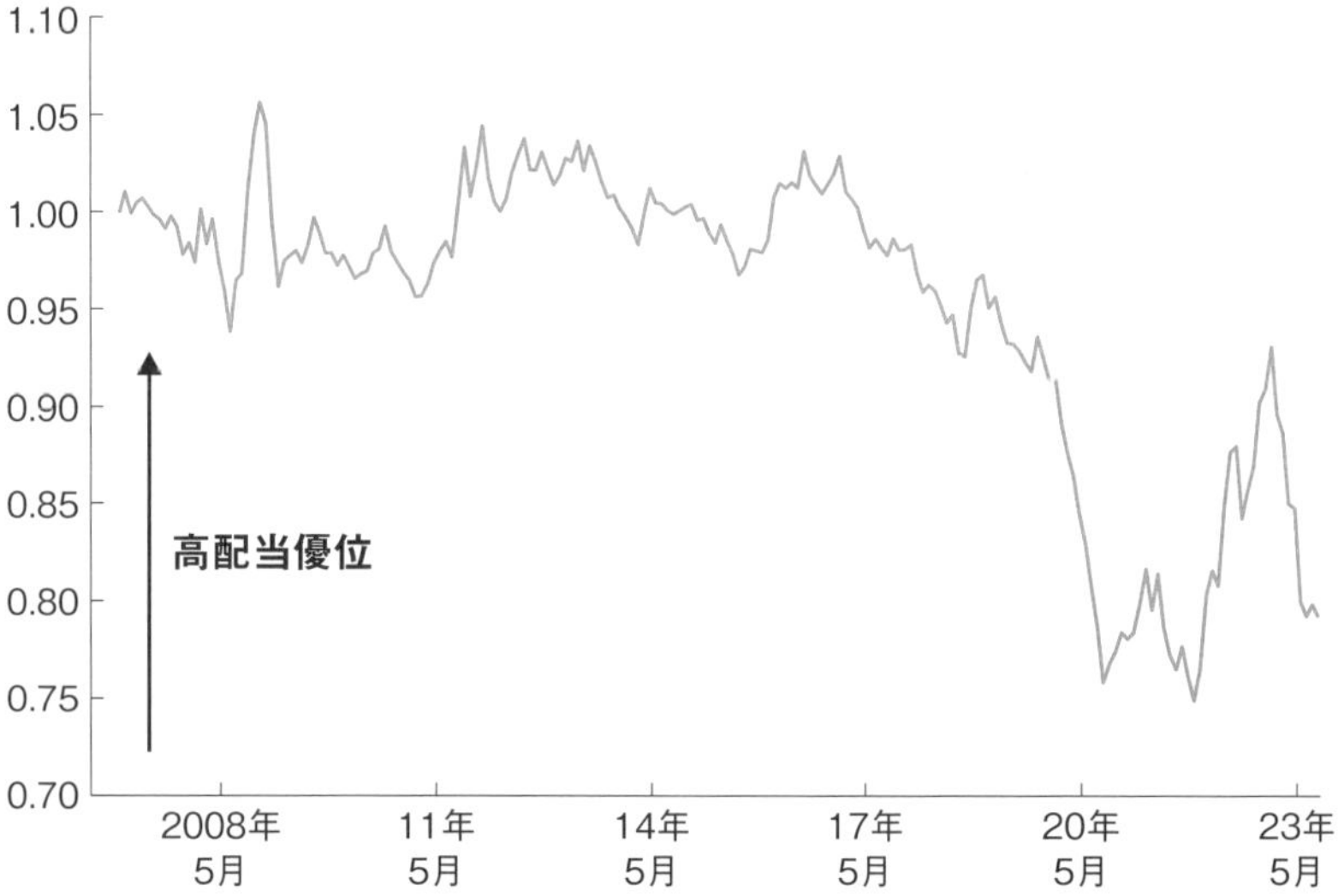

注：2006年11月末＝1、ともに配当込み、米ドルベース
出所：各種データから筆者計算

柄が多い業種や銘柄に保有が偏ったり、業績悪化で株価が低迷しているために配当利回りが高くなっている銘柄を選んでしまったりしているからです。

日本に目立つ好成績な高配当ETFも

そこで、選択肢として高配当銘柄を対象とするETFを考えてみます。先ほど米国の高配当ETFのトータルリターンが長期で市場平均を下回ったとお話ししたばかりで矛盾しているようですが、日本はこれまでのところ状況がやや異なります。高配当ETFの大半は様々な手法で高配当銘柄を選んで作った指数に連動するタイプです。それらの指数のうち、市場平均（配当込みTOPIX）に長期で見劣りしていないものがかなり存在するのです。

まずは図表1−51で、日本の主な高配当ETFをいくつかみていきます。純資産が

図表1-51 ● 国内上場の主な高配当ETF

ファンド名称、カッコ内は運用会社（略称）	純資産総額（億円）	3年累積リターン（%）	5年累積リターン（%）	実績分配金利回り（分配回数）	実質信託報酬（%）
①NEXT FUNDS 日経平均高配当株50指数連動型上場投信（野村）	1955.6	141.6	80.6	3.7%（年4回）	0.308
②グローバルX MSCIスーパーディビィデンド-日本株式 ETF（Global X）	624.4	89.9	―	4.4%（4回）	0.429
③iシェアーズ MSCI ジャパン高配当利回り ETF（ブラックロック）	620.2	96.9	66.5	2.2%（2回）	0.209

出所：QUICK投信分析評価サービス、データは2023年9月末時点。実績分配金利回りは過去1年間の分配金合計を2023年9月の基準価格で割って算出

最大なのは野村アセットマネジメントが運用する「NEXT FUNDS 日経平均高配当株50指数連動型上場投信」。予想配当利回りが高い原則50銘柄で構成される「日経平均高配当株50指数」への連動を目指します。3期連続赤字や株価が著しく下落して高順位となった銘柄などを除外し、売買高の多さも考慮しています。

2023年9月末時点でみると、過去1年間の実績分配金を2023年9月の株価で割った実績分配金利回りは3・7％。2％程度である日経平均の配当利回りを大きく上回ります。NISAで1000万円分購入し今後も同じ利回りが得られれば年37万円（月3万円強）の分配金を非課税で得られることになります。高配当株への関心の高まりを受け、2023年9月末の純資産は2022年末の3倍に膨らみました。

実績分配金利回りがより高いのは、グローバルXが運用する「MSCIスーパーディビィデンド-日本株式ETF」の年4・4％。対象指数は配当利回

りの高い25銘柄を選ぶ「ＭＳＣＩジャパン・高配当セレクト25指数」です。５年間で配当が減少している銘柄や、大きな値下がりで配当利回りが高くなっている銘柄を除き、配当の持続性を重視します。業種別の上限を決めて業種分散も図っています。

「ｉシェアーズＭＳＣＩジャパン高配当利回りＥＴＦ」の連動指数は「ＭＳＣＩジャパン高配当利回り指数」。配当の継続性や配当性向、財務体質などの基準を満たした企業から、ＭＳＣＩジャパン指数の配当利回りの１・３倍を超える利回りを持つ銘柄を対象とします。

先ほど高配当銘柄を目標とする投資は成長企業が組み入れにくく、「配当＋株価の変化率」であるトータルリターンが伸び悩みやすいとお話ししました。ただ高配当ＥＴＦが連動を目指すそれぞれの指数の長期の成績を図表１－52でみると、米国とは状況がやや異なります。

図表１－51の３つのＥＴＦが連動を目指す指数はともに、配当込み東証株価指数（ＴＯＰＩＸ）を上回るか、あるいはほぼ匹敵する傾向にあります。

高い配当を得られ、株価の動きも加味したトータルリターンでも市場平均と遜色ないのであれば、高配当を望む投資家であれば選択肢とする余地はあるかもしれません。高配当ＥＴＦは他にもありますが、この３つのＥＴＦを含め多くはＮＩＳＡの成長投資枠でも対象になっています。

なぜ日本は米国と異なるのか。理由として考えられるのは、①日本は配当を望む投資家が多く高配当銘柄が買われやすい、②高配当銘柄は割安株（バリュー株）であることが多いのだが、グロース株（成長株）が好調な時期が多い米国と違い日本はバリュー株の好調な時期が多い――ことなどです。

さらに各ＥＴＦが、①できるだけ業種分散をしている、②業績低迷で高配当利回りになっている銘柄を除外するなど「高利回りの罠」を避ける仕組みもみられる、③定期的な見直しで配当利回りが下がった銘柄をはずし配当利回りの高い銘柄に入れ替えることが、結果的に割高なものを売り割安なものを買うことになり、リターンを高めている――などの要因もあるのかもしれません。

もちろん指数にもよりますし、今回検証できた期間が10年と短いため今後同様の結果が続くかはわかりません。それぞれの指数の内容をよくみたうえで検討してみてください。

連続増配株のＥＴＦも選択可能に

高配当銘柄には成長性が低い銘柄が多いというデメリットを伴うため、米国には25年以上連続増配している企業を選ぶ「Ｓ＆Ｐ５００配当貴族」という指数があります。連続増配できるのは事業に成長力があることを示していると言えるからです。株価が比較的高い銘柄が多くなるため配当利回りは2％台にとどまりますが、トータルリターンではＳ＆Ｐ５００を長期で上回っています。

２０２３年1月に東京証券取引所に上場になった「Ｓ＆Ｐ５００配当貴族ＥＴＦ」は、米国の配当貴族指数への連動を目指します。円高になると基準価格や分配金が目減りするリスクがありますが、高配当投資で国際分散を考えたい場合には選択肢になるでしょう。

また日本経済新聞社が２０２３年6月に公表を開始した「日経連続増配株指数」は、原則として10年以上連続増配している70銘柄を対象とします。遡って算出した長期での値動きを図表1－52でみると、東証株価指数を大きく上回っています。ただ株価水準が高い銘柄が多く、組み入れ銘柄の平均配当利回りは既存の指数よりは低くなるかもしれません。

まだこの指数に連動する投信はありませんが、いずれ組成されると思われます。その場合、配当利回り重視のＥＴＦと、日経連続増配株指数に連動した投信を併せ持つことで、高配当と成長の両方を

図表1-52 ● ETFなどに使われる配当重視の株価指数

（2013年9月末＝100、いずれも配当を含む）

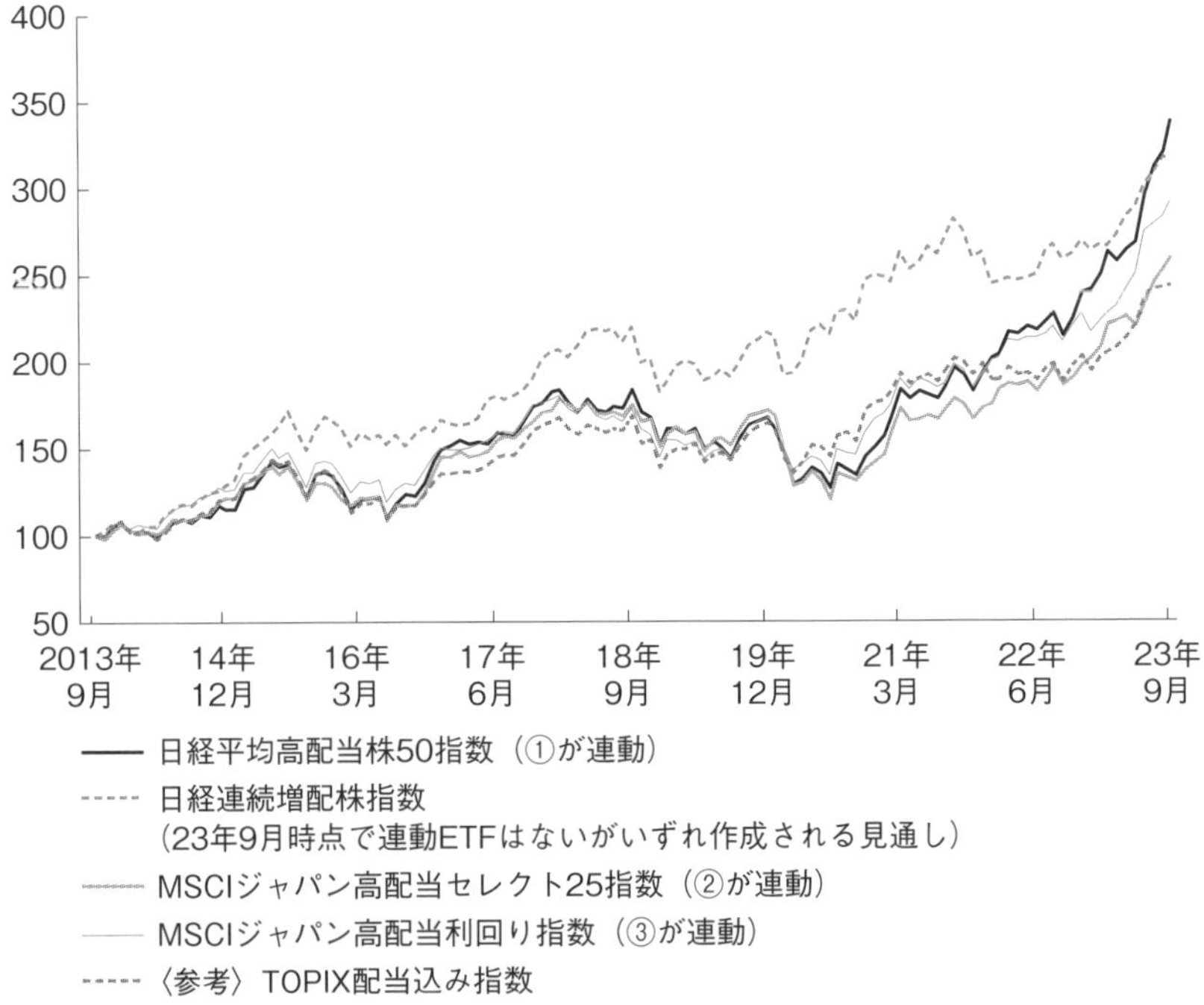

狙う国内株対象のポートフォリオも可能になるかもしれません。

ただし、個人的にはこうした様々な高配当戦略は誰もが活用すべきものだとは思っていません。確かに数億円分の高配当銘柄群を持っている人は、年に数百万円の配当を得続けながら残る資産も増え続けるケースが多くあります。しかしそれは、数億円分のインデックス投信を持っている人が、年に数百万円を取り崩し続けても残る資産が増え続けるのと同じです。

特に若い世代は、配当を受けてそれを再投資せず使ってしまうと資産の増え方が小さくなります。新NISAの成長投資枠を高配当銘柄中心で活用する手法は、やはり退職世代が、トータルリターンでは必ずしも有利でない可能性があることをよく理解したうえで、選択肢のひとつとして考えるべき戦略ではないかと思います。

6 世代別・目的別活用術

お金を3つの目的に分けて考える

ここからは新NISAの世代別、目的別の活用術と、その活用術の結果、将来どれくらいの資産が見込めるかを考えていきます。

まずお金を3つに分類して、投資に回せるお金とそうでないお金を分けましょう。

ひとつは生活防衛資金。普段の生活に使うお金や、医療・介護費、あるいは万が一職を失うなど予想外の収入減に見舞われたときに備える資金です。失業給付など公的な支援制度もありますのであまり過度に備える必要はありませんが、仕事の安定度などを勘案して、生活費の半年～1年分程度は備えておいた方が安心です。この資金で大事なのは、いつでも使えるという流動性であり、いざ必要なときに減ってしまっていたら困るので、預貯金で備えるのが基本です。

次に、教育、住宅、車など特定の目的のために備える特定目的資金。これについてはどれくらいの準備（運用）期間が見込めるかで、備え方が変わってきます。

3つ目は老後資金または余裕資金。特に使う予定がなく長期で運用できる資金は、これまでもみたとおり、世界株などを中心とした株式主体の投信により全力で増やしていきましょう。

図表1-53 ● 投資で備えるか預貯金で備えるか

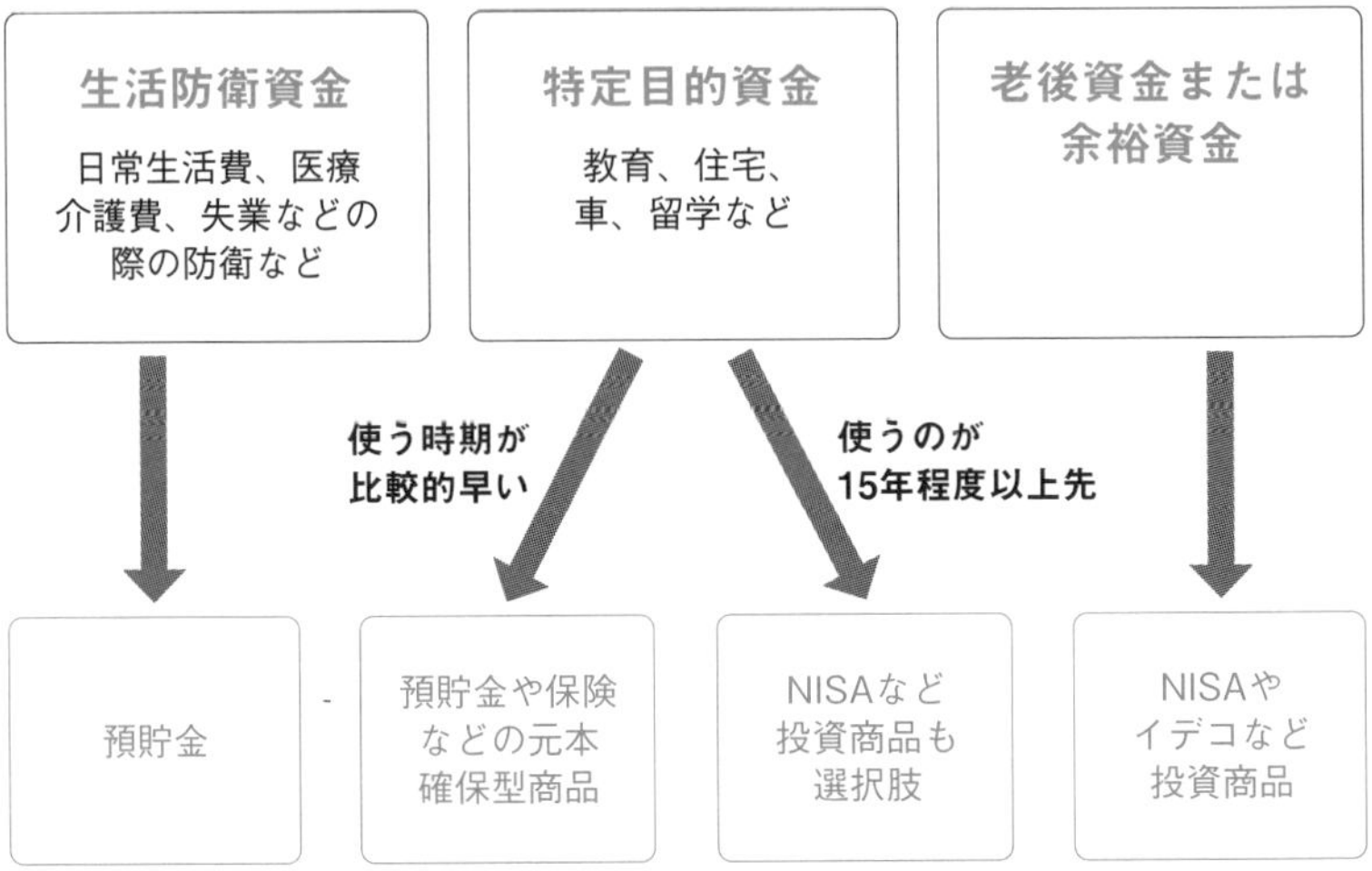

20～40代 余裕資金は世界株投信に全力で積み立て

20～40代は、通常はまとまった資金はありませんから、できるだけ多くの金額を長期積み立て投資で増やしていくことを考えます。**対象は81ページの「eMAXIS Slim 全世界株式（オール・カントリー）」など全世界株投信がお勧めです。**その場合、どれくらいの額の資産形成が期待できるでしょうか。

前節での試算を踏まえて、将来の資産形成を考える前提の利回りは保守的には4％、平均では7％とし、資産を計算するうえでの最終的な年齢は70歳とします。現在では65歳以上でも男性の3割強が就労していて、長く投資できる人は多いと考えるからです。ただしこれはあくまで試算の前提であり、自身の働き方や収入などの状態に合わせて判断してください。

20歳から月3万円を積み立て投資してい

図表1-54 ● 20、30、40歳からの積み立て投資シミュレーション

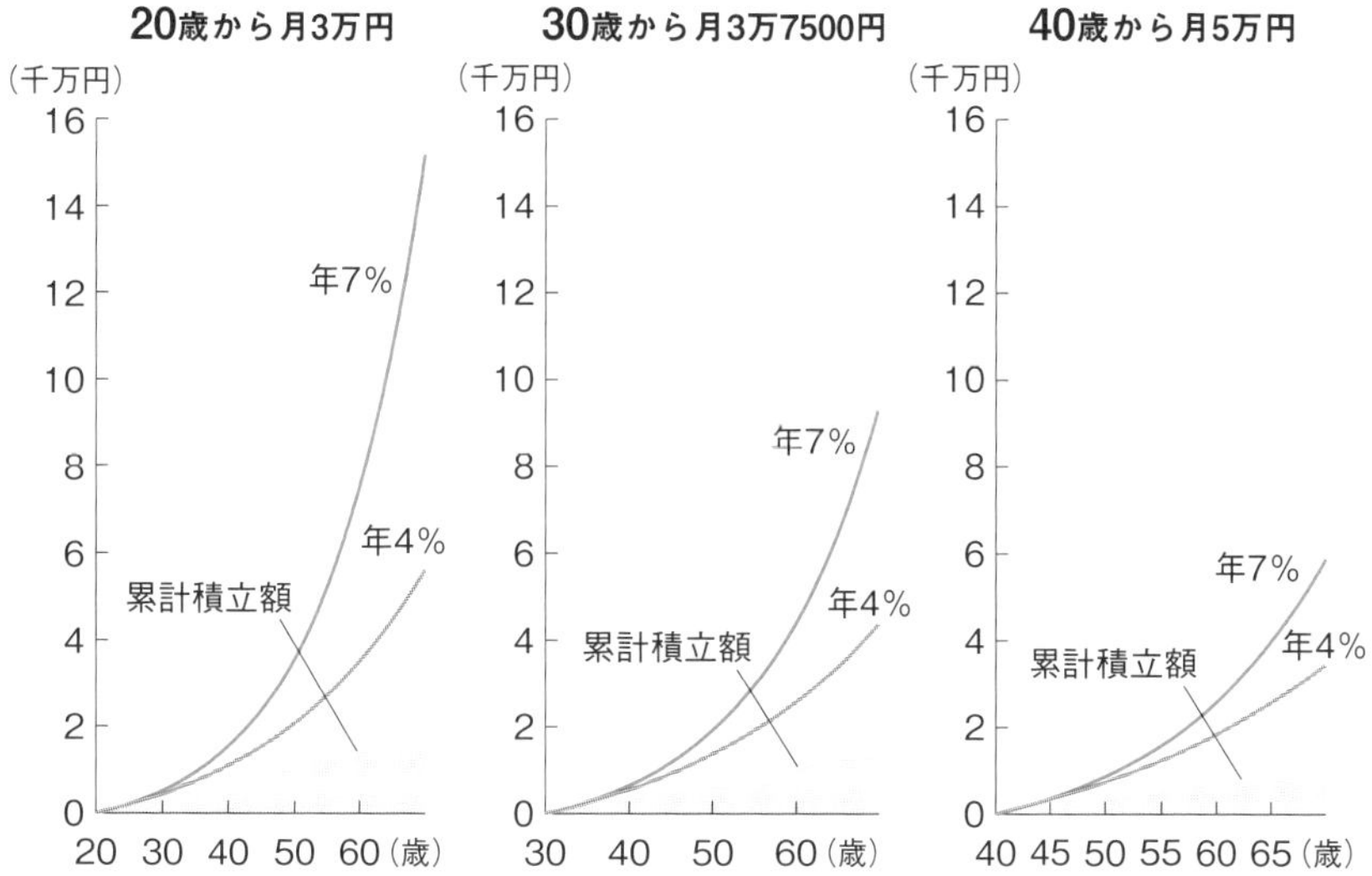

くと、50年間、70歳になるまでの投資で元本が生涯投資枠の１８００万円になります。保守的に年４％のリターンを前提にすると５６００万円、過去の平均だった７％であれば１億５２００万円が見込めます。

「年７％で１億５２００万円？ 仮定の計算で極端な金額を示しているのでは」と感じる人もいるかもしれません。低金利や国内株の長い低迷に慣らされた感覚では、確かにそう思うでしょう。

しかし実際の過去のデータでは、資産はもっと増えていました（図表１－55）。2023年3月までの約50年間、データを長く取れる世界株指数（MSCI World、円ベース、配当込み）に連動する投信があったとしてそれに月3万円積み立て投資していた場合、資産は2億５０００万円になっていました。この間の平均年利回りは約８％と高かっただけでなく、途中でリーマ

図表1-55●2023年3月までの約50年間、世界株に月3万円積み立て投資した成績

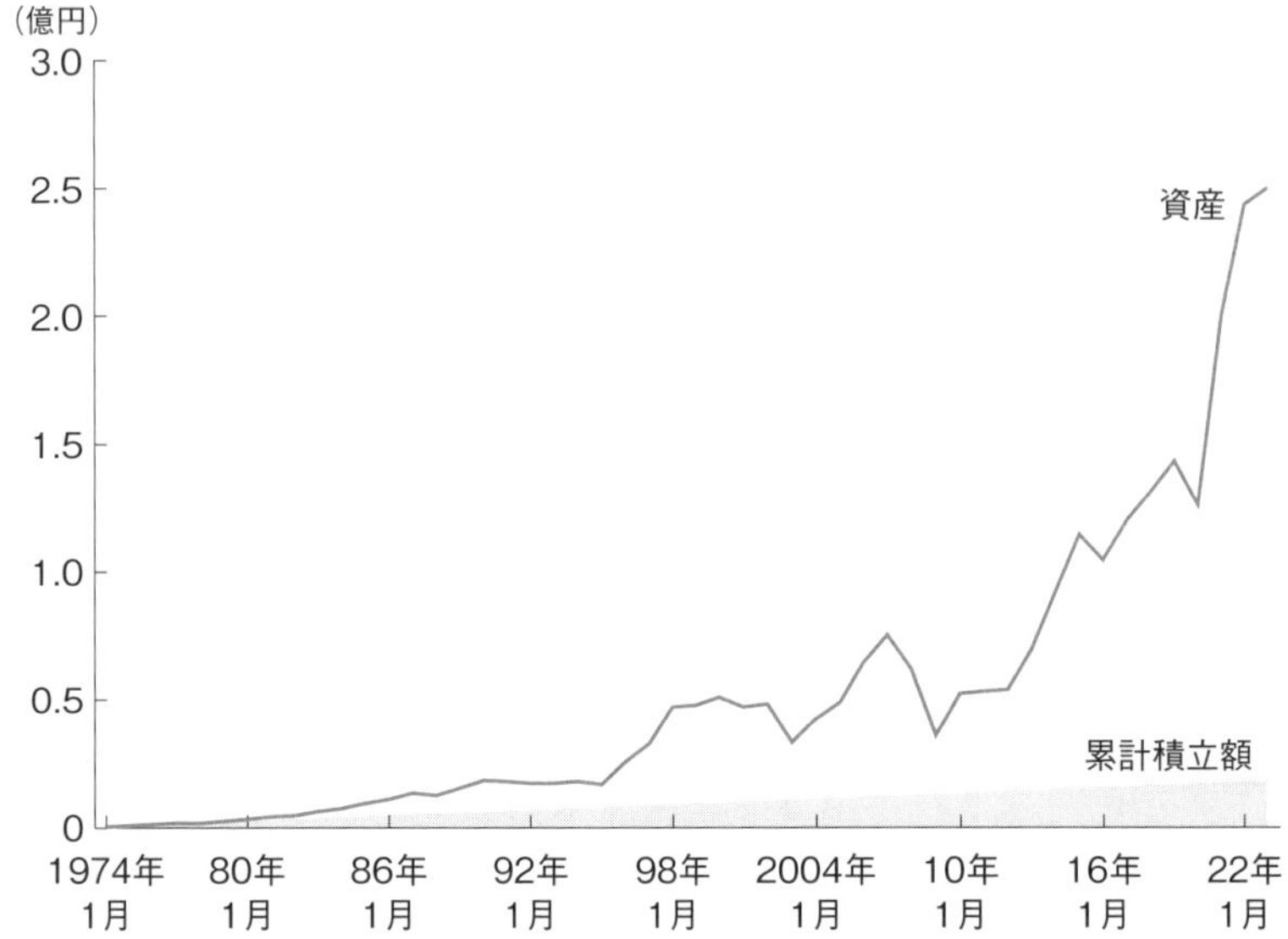

注：対象はMSCI World指数（配当込み、円ベース）より筆者計算

ン・ショックのような大きな調整局面があり、その安値圏でも積み立てを続けたことが最終的に資産を増やしました。

　このように実際の成績は投資期間の値動き次第であり一概には言えませんが、本書の様々な場面で使っている、保守的に考えるなら年4%、過去の平均だと7%という利回りが、世界株に分散投資した場合に決しておかしくないことがわかっていただけるのではないかと思います。

　もちろん50年というと物価も上がっているでしょうから、物価を考慮した実質価値でこうした金額になるわけではありません。しかし世界株への長期投資であればほとんどの時期で4%を超えるリターンでしたので、物価に負けない資産増が見込めることになります。

　同じように30歳から始めて月3万7500円で40年積み立てすると、18

00万円の生涯投資枠に達する70歳時点で、4%リターンだと4370万円、7%だと9320万円になります。40歳から月5万円で30年の場合は、4%だと3440万円、7%だと5880万円です。

グラフを見比べて感じていただきたいのは、同じように総額1800万円の枠を使うとしても、できるだけ早く始めて時間を味方につけることの重要さです。**早く始めるほど、利回りが後半になって加速度的に高まる複利効果を得やすい**からです。「長期」「分散」「低コスト」というルールだけ頭に入れたうえで、尻込みせずに早く始めましょう。

もちろんずっと同じ積立額である必要はなく、余裕があれば額を増やしていき、できるだけ早くできるだけ多くの枠を満たしたうえで運用を続ける方が資産が増えやすいことは、本章第1節でお話ししました。

間違い 同じ1800万円の枠を使うのなら、いつ始めても同じだ

中高年が老後に備えるには一括（数年の集中）投資も選択肢

では、教育・住宅資金の手当てが終わった中高年からではどうでしょうか。50歳まであまり投資していておらず余裕資金が預貯金で眠っている人もかなりいると思います。この場合、つみたて投資枠と成長投資枠を両方使って一括投資を組み合わせて、キャッチアップすることが大事です。

余裕資金が十分にある場合のベストシナリオは、できるだけ早い時期に枠を埋めることでした。50

歳から図表1－56のようにつみたて投資枠と成長投資枠で5年間で1800万円の枠を埋め70歳まで運用を続けた場合、4%という保守的な運用でも70歳時点で3576万円が見込めます。7%運用であれば5890万円です。70歳まで運用できる資金ならやはり全世界株投信がお勧めですが、値動きをマイルドにしたければ債券を一定程度組み入れた「eMAXIS Slim バランス（8資産均等型）」など低コストのバランス型投信でも大丈夫です。

しかし多くの人はキャッチアップ枠を使い切るだけの預貯金はないでしょうし、短期間の集中投資は怖いという人もいると思います。60代後半でも働いている男性は3割を超えていますから、目先、取り崩しが必要ない状況にある場合は、積み立てを継続するのもひとつの考え方です。

仮に月7万5000円を20年積み立て続けると、年4%運用でも約2729万円、7%運用なら3800万円が見込めます。

以上は、あくまでも現預金や収入に余力のある人の計算例で、もちろん全員ができるわけではありません。無理のない範囲でキャッチアップを考えてみていただければと思います。

「キャッチアップの一括投資」は間違いか

筆者は20年ほど前から、新聞などで「何が上がるか当てなくてもいい。資産形成層は世界全体に積み立て投資をしておけばいい」と書き続けてきたのですが、読者の多くは「目先何が上がるか知りたい」というニーズが多く、筆者の記事はあまり人気がありませんでした（涙）。

しかしここ数年、つみたてNISAの人気などを背景に、逆に「長期積み立てが絶対正しい」あるいは「積み立てにあらずんば投資にあらず？」的な情報があふれるようになってきました。そうする

図表1-56 ● 50歳からの最速キャッチアップの例

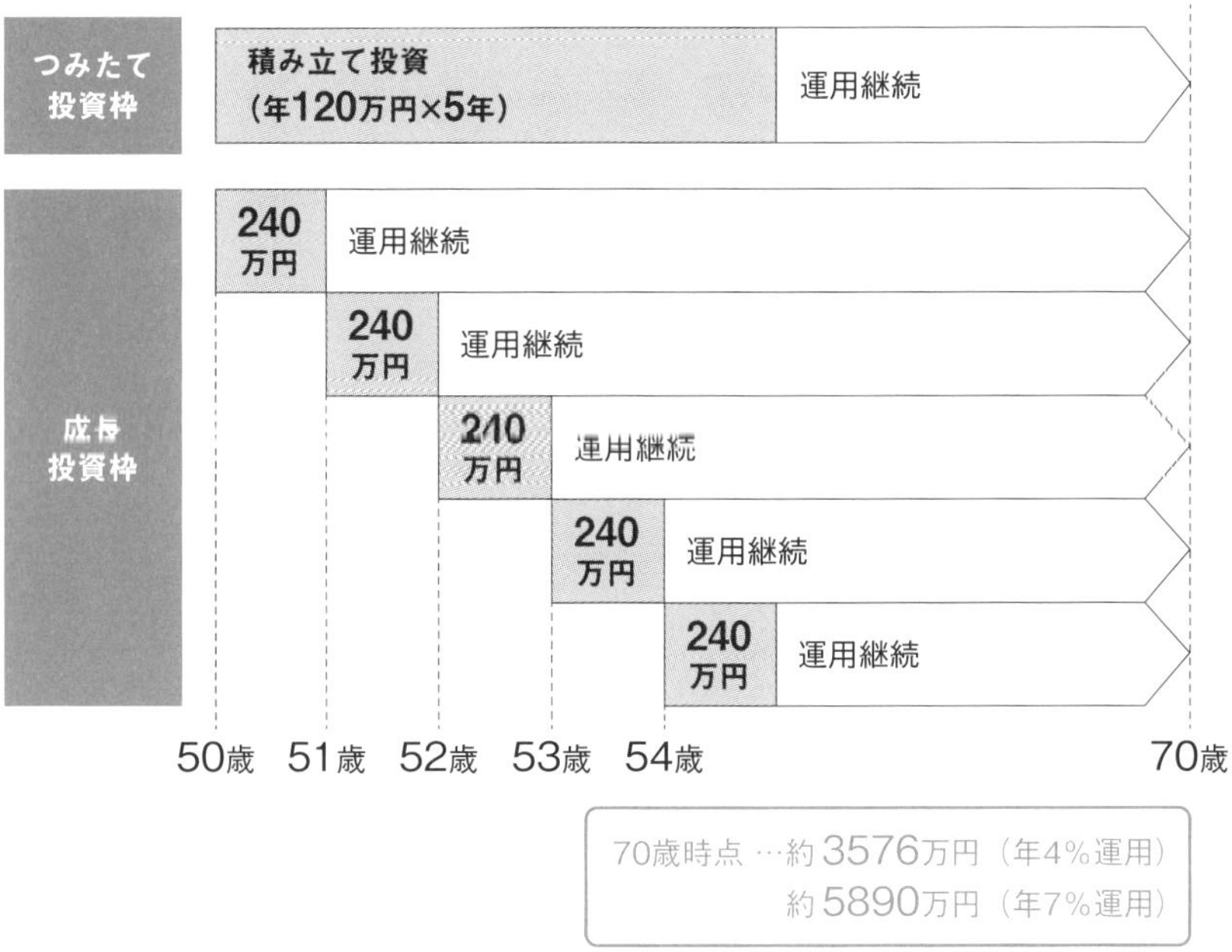

図表1-57 ● 50歳から20年積み立ての例

図表1-58●日本株の投資成績

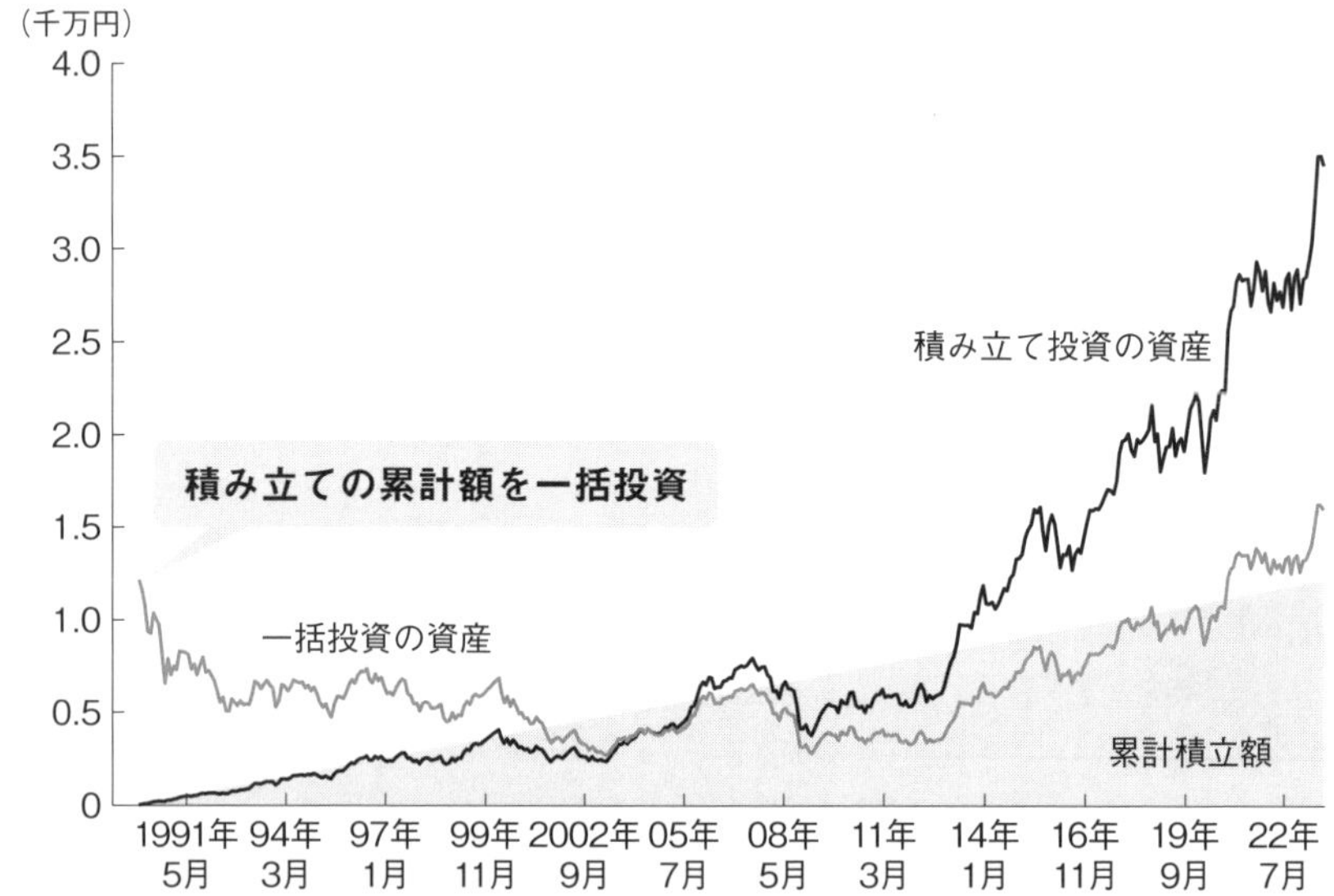

注：対象は日経平均株価（配当込み）、積み立ては月3万円
出所：各種データから筆者計算

と成長投資枠をキャッチアップのために比較的短期で使うことも危ない、ということになりますが、それはそれで少し違います。

積み立てと一括投資のどちらが増えやすいかというと、投資対象の値動き次第であって、一括投資が悪いわけではありません。バブル最高値だった1989年以降の日本株投資の成績を示す図表1－58のグラフをみてください。

黒い線は日経平均株価への積み立て投資の成績です。網掛けした部分が累計積立額ですが、2023年8月末現在、その2・8倍にもなっています。同じ金額ずつ買うので安いときにたくさん買えて平均コストが下がり、2010年以降の株価上昇で資産が大きく増えました。

青い線は、積み立て投資した場合の最終的な投資額と同じ額を、最初の時点で一括投資していた場合の資産です。投資成績は圧倒的に積み立てが負けています。過去の日本株のように、下がった時期が長くて、その後上向くようなパターンだと、積み立てが一括より増えます。

ここで、「あれ？　日本株は1989年末の高値を抜いていないのに、なぜ一括投資でも累計積立額より増えているの？」と思う人もいるかもしれません。その理由は、皆さんが通常目にする日経平均株価は、銘柄の値動きだけを示す指数であるのに対し、ここで使っている日経平均株価は「日経平均トータル・リターン・インデックス」という配当を含む指数を使っているからです。

投資の成績は本来、配当を含めたトータルリターンで考えるべきです。実際、日経平均株価連動の投信を買うと、組み入れ銘柄の配当も資産に加わり続けますので、投資成績はこの配当込み指数に沿ったものになります。長期低迷の日本株ではありますが、「真の実力」である配当込み指数であれば、すでに日本株も1989年末の最高値を抜いていることを知っておきましょう。

しかし配当込みでも1989年末の高値に比べて少ししか増えておらず、圧倒的に積み立て投資の勝利であることに変わりはありません。様々なメディアが日本株の過去の例を基に「積み立て投資絶賛」の記事を出し続けています。

けれども、積み立て投資の成績が常に良いわけではありません。図表1－59は世界株をみたもの。黒い線が積み立て投資の資産で青い線が1989年末に一括投資したときの資産です。世界株の場合は一括投資した方が圧倒的に資産が増えています。

基本的に長い間右肩上がりの相場であれば、最初にドン、と一括投資した方が資産は増えやすいわけです。世界株のように長期で右肩上がりが期待できる資産なら、一括投資も有力な選択肢であることがわかります。

図表1–59 ● 全世界株の投資成績

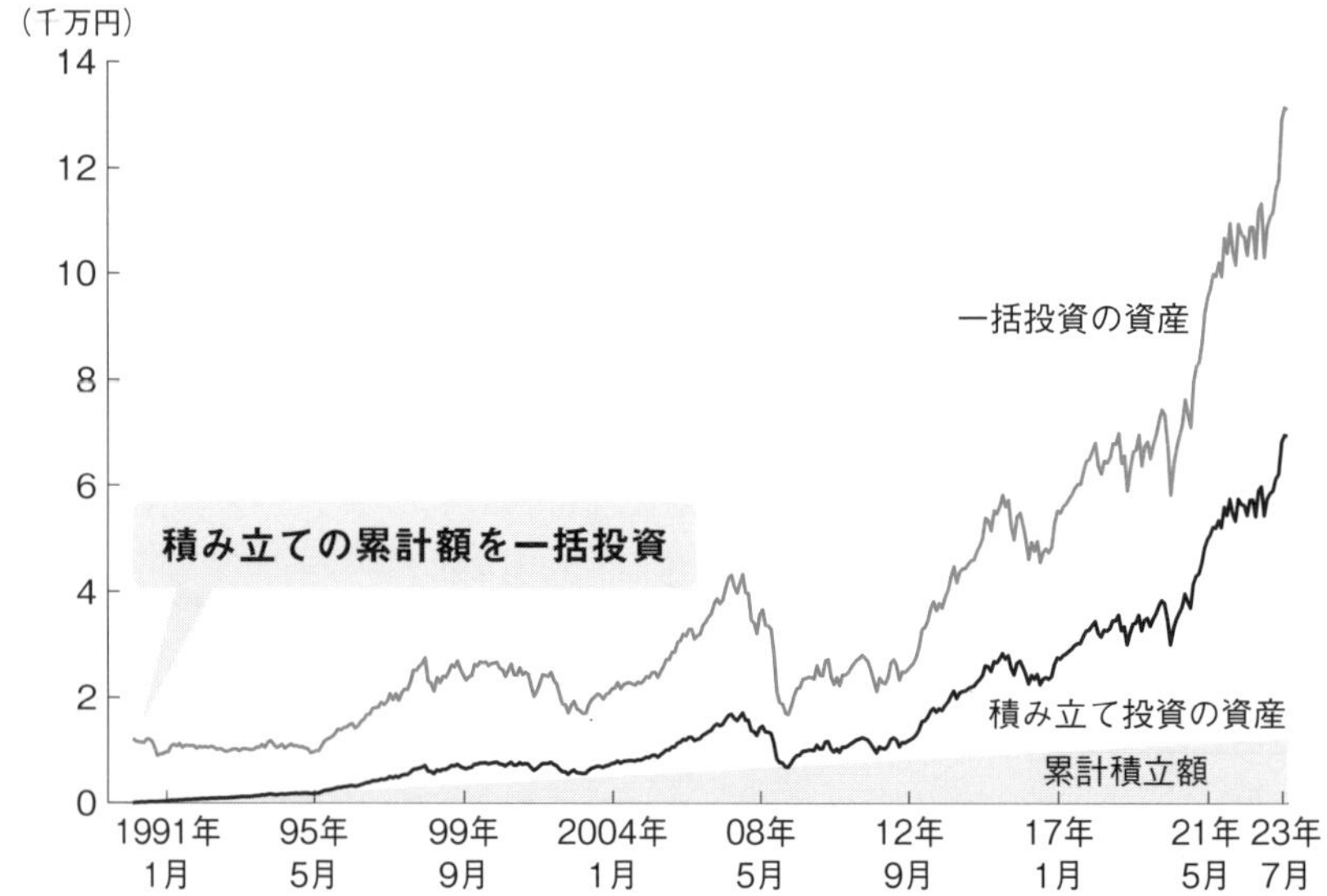

注：対象はMSCI ACWI（配当込み、円ベース）、積み立ては月3万円
出所：各種データから筆者計算

間違い

積み立ての方が一括投資より利益が増えやすい

ただし、投資成績は時期により変わります。20年間、世界株に積み立て投資と一括投資をした場合に、20年目で資産が投資額の何倍になったかを、これまでと同じように1990年1月までの20年、2月までの20年……というふうに、終了時期を1カ月ずつずらして示したのが図表1－60です。やはりほぼすべての時期で一括投資の資産の方が積み立て投資の資産を上回っています。上回り方は時期によって異なりますが、全体をならすと一括投資は積み立て投資の約2倍の資産になっています。

これは当たり前で、図表1－61のよう

図表1-60 ● 各時点まで投資したら投資額の何倍に？

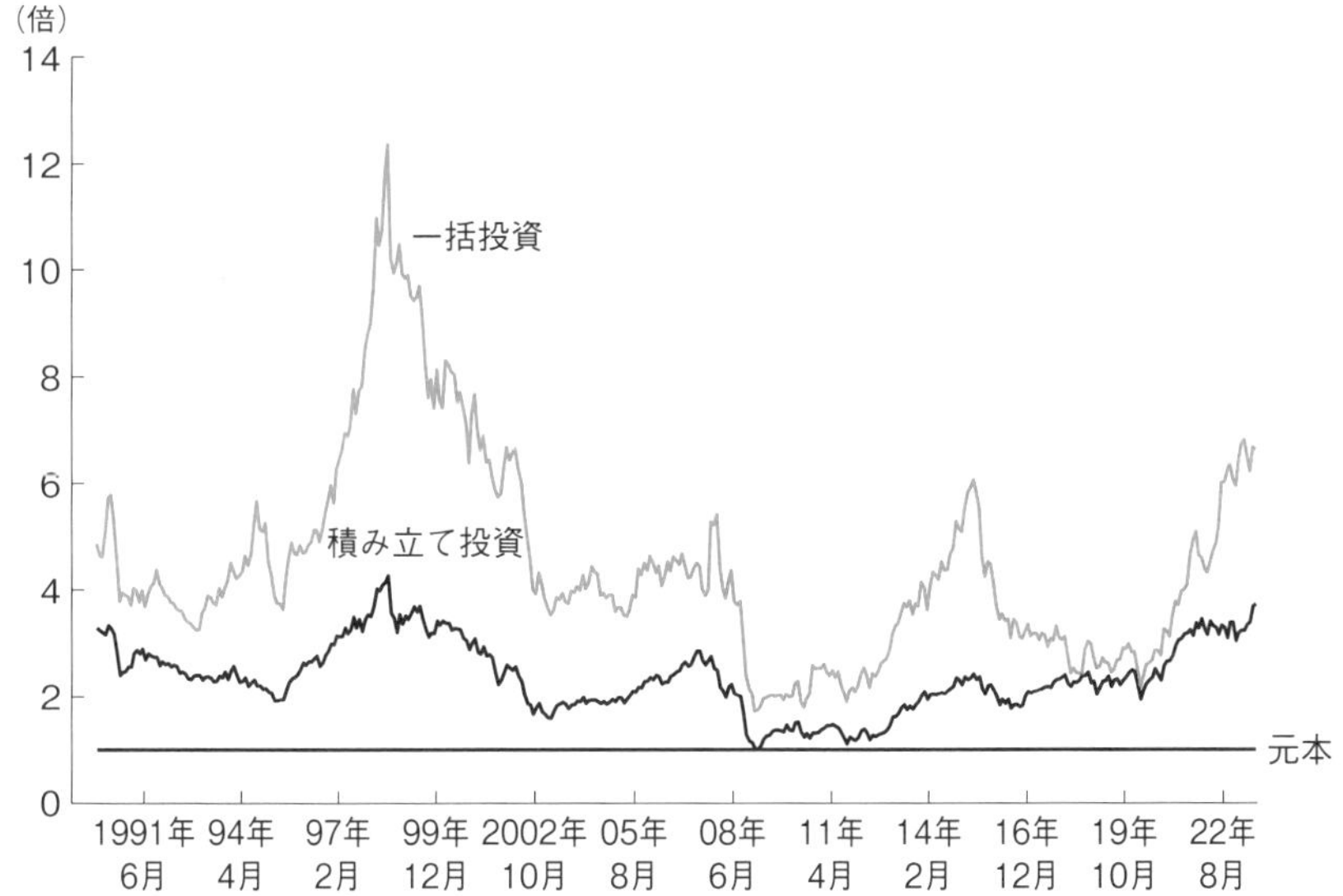

注：対象はMSCI World指数（配当込み、円ベース）
出所：筆者計算

に、じわじわと投資額が積み重なっていく積み立て投資の場合、実際に市場で運用したお金の量は一括投資の約半分です。一括投資は最初からすべての投資額について長期運用できる一方、積み立て投資では最後の方に拠出したお金は、短期間しか運用に回せないことになります。

もうひとつ重要なことがあります。世界株式の20年の積み立て投資の場合、大半の時期では累計積立額（グラフの元本の横線）に対し資産は大きく増えていましたが、リーマン・ショック後の2009年2月までの20年の期間だけは累計積立額に対しトントンでした。

しかし一括投資の場合は、2009年2月までの20年でも累計積立額の2倍の資産が作れていました。最初から多くの資金を投入できたため資産の増え方が大きく、リーマン・ショック後の下落を吸

図表1-61●積み立て投資と一括投資の資金の積み上がり方の差

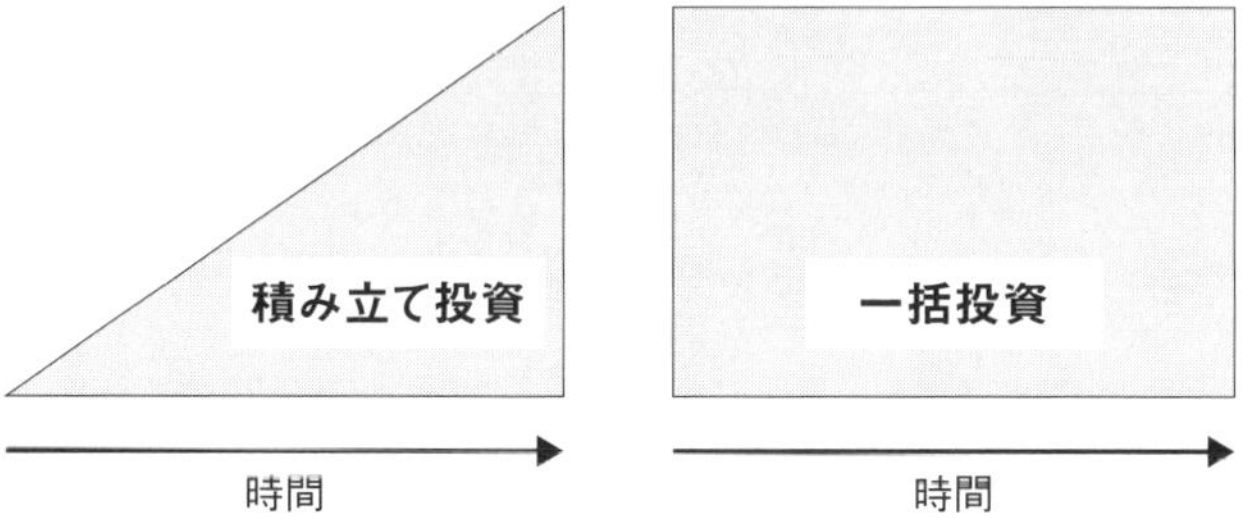

収できたのです。

多くの人は積み立て投資の方が一括投資よりもリスクが少ないというイメージがあるので、なんとなくリーマン・ショック後の最安値の時期は積み立て投資の方が資産が多かったはずだと考えています。しかしデータはそうではなく、一括投資の方が元本割れしづらいことを示しています。

NISAの新規投資期間、非課税期間も恒久化されたことで、アドバイザーなどの多くは「高齢者でも20年の積み立てを考えるべき」としています。しかし過去のデータをみると、元本割れを防ぐためにも、早い時期に資金をまとめて投資しておくことが有効です。

間違い

リスクを抑えるために中高年世代も長期積み立てが適切

日本株は今後も積み立てが望ましいか

しかし日本株については、人口減や低ROEにみられる企業の収益力の低さなど、ネガティブな話ばかりが聞かれます。となれば今後も株価低迷が続き、過去と同じように積み立て投資が有効なのでしょう

図表1-62 ● 日経平均株価とEPSからみた適正水準

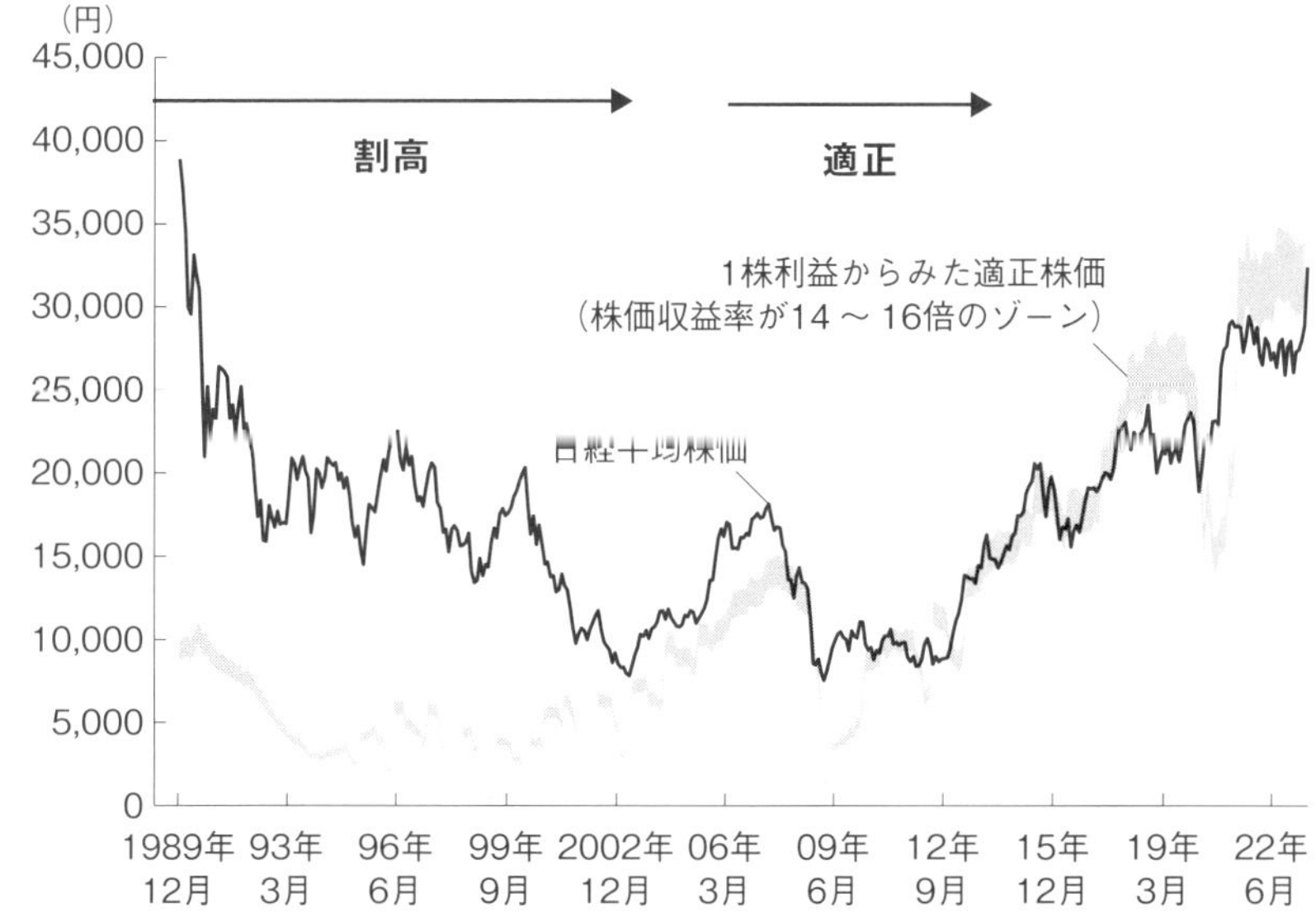

出所：ニッセイ基礎研究所の井出真吾氏のリポートを参考に筆者作成

か。

図表1－62は1989年末以降の日本株の成績をみたものです。株価は基本的にはEPSを反映します。その基準のひとつがPERという指標で、株価がEPSの何倍かで示し、高いほど割高です。通常、このPERの妥当な水準は14～16倍とされます。

図表1－62の「1株利益からみた適正株価」の青いゾーンは、PERが14～16倍である株価の適正ゾーンで、黒い細い線が実際の日経平均株価です。バブル期の史上最高値だった1989年末の株価は、PERで妥当とされるゾーンの4倍程度と非常に割高でした。

それが適正ゾーンにまで落ち着いてきたのが2012年ごろです。つまり日本株の長期低迷は、割高だった株価の水準調整だったと言えます。またEPSそのものも2012年ごろまでは低い伸びが続いていました。

バブル崩壊後、企業はヒト・モノ・カネの過剰を抱え、不良債権処理に伴う損失計上も多かったうえ、経営者も利益・株主重視の発想が弱かったために、EPSの伸び自体も鈍かったのです。

しかし2013年の第2次安倍政権で打ち出された企業統治改革もあって、日本企業のEPSは上昇基調になります。株価の割高感も消えていましたから、EPSが上向くのを自然に反映して株価も長期的に上がっていくという普通の資本市場に、日本もすでに戻っていると言えます。

つまり日本株においても、長期低迷を前提に積み立て投資が一括投資より有利になる状況は終わっている可能性が高いと思います。

間違い

日本株は今後も長期低迷が続くので上がった場面があれば利益確定する

一括（集中）投資の注意点

ただ、一括投資は高値のときにまとめて買ってしまうリスクもありますから、PERなど様々な株価指標をみて今が高値でないかなど、注意を払うことが大事です。

また一括投資といっても、一度に買うのはやはりお勧めできません。筆者は、年に3～4回ずつ3年程度に分けて買う、あるいは3年程度で集中して積み立てるというイメージでお話ししています。3年であれば高いときも安いときもあるので、極端な高値づかみは避けることができます。先ほどお話した50歳からの投資で成長投資枠を使い毎年240万円ずつ買うのも、高値づかみを避けることになるわけです。

一括投資が有利なら資産形成層も一括投資をすべきか？と思う人もいそうです。しかし資産形成層の多くはまとまった資金を持っていません。月々できる限りの額で積み立て投資をするのは、そのときの投資可能額を一括投資しているのとあまり変わりません。安心して積み立て投資を続けるべきだと思います。

最後に確認ですが、ここでお話ししてきたのは運用成果が出やすくなる長期の投資期間が見込める余裕資金についてです。中高年世代といっても様々で、比較的短期で取り崩しが始まるような年齢や資金の状態であれば、いくら新NISAの生涯投資枠が1800万円だからといってフルに使おうなどと考えるべきではありません。新NISA以外での個人向け国債や預貯金の比率を高めて資産全体の値動きを小さくしておくことも検討すべきです。

では、どれくらいが運用成果が出やすくなる長期の投資期間かというと、少なくとも15年程度はみておきたいと思います（理由はこのすぐ後でお話しします）。

多くの投資の書籍は、よく年齢別に、株式を何割保有すべきか、などのアセット・アロケーション（保有資産の割合）を提示して説明します。本書でもわかりやすいように一応はここで「世代別」という項目も立てていますが、本質的にはどれくらいの運用期間が見込めるかで判断すべきだと思います。

次節でお話しするように、比較的短期しか運用期間が見込めなければ株式の比率を高くすべきではありませんし、逆に高齢でも世界株100％でかまわないケースもあるからです。

間違い

株式の保有比率などは年齢に応じて考えるべきだ

教育・住宅資金は運用可能期間で増やし方を判断

次に、教育・住宅資金、車の購入、リフォーム資金など、比較的まとまった金額になる、特定目的の支出にどう備えるかを考えます。ファイナンシャルプランナー（ＦＰ）の方のなかには「そうした必ず使うお金に関しては元本割れするリスクがあるような手法で備えるべきではない」として預貯金、あるいは学資保険のような元本確保型商品を薦める声が多く聞かれます。

しかし、そう決めてしまうのは現在の状況下ではかえって危険だと思います。生産年齢人口減による人手不足が加速化していてこれはもう元に戻りませんから、賃金増などで今後は一定のインフレの継続を考えなくてはなりません。仮に2％のインフレが20年続くと、お金の価値は3割強も減ってしまいます。元本確保型商品で備えることにもリスクが高まっています。

元本確保型で備えるかＮＩＳＡで備えるか、漠然と考えても仕方がありません。実際にデータでみてみましょう。住宅・教育資金向けに投資し、元本割れが起きにくくなるにはどれくらいの投資期間が必要なのかを調べてみました。

図表１－63は世界株（ＭＳＣＩ Ｗｏｒｌｄ指数、配当込み、円ベース）に連動する投資信託を前提に5年、10年、15年、20年の４つの期間で積み立て投資をした場合、各投資期間の資産がどう変化したかを計算した結果です。

図表1-63 ● 世界株への積み立て投資の資産

（累計積立額に対する倍率の全期間に対する構成比）

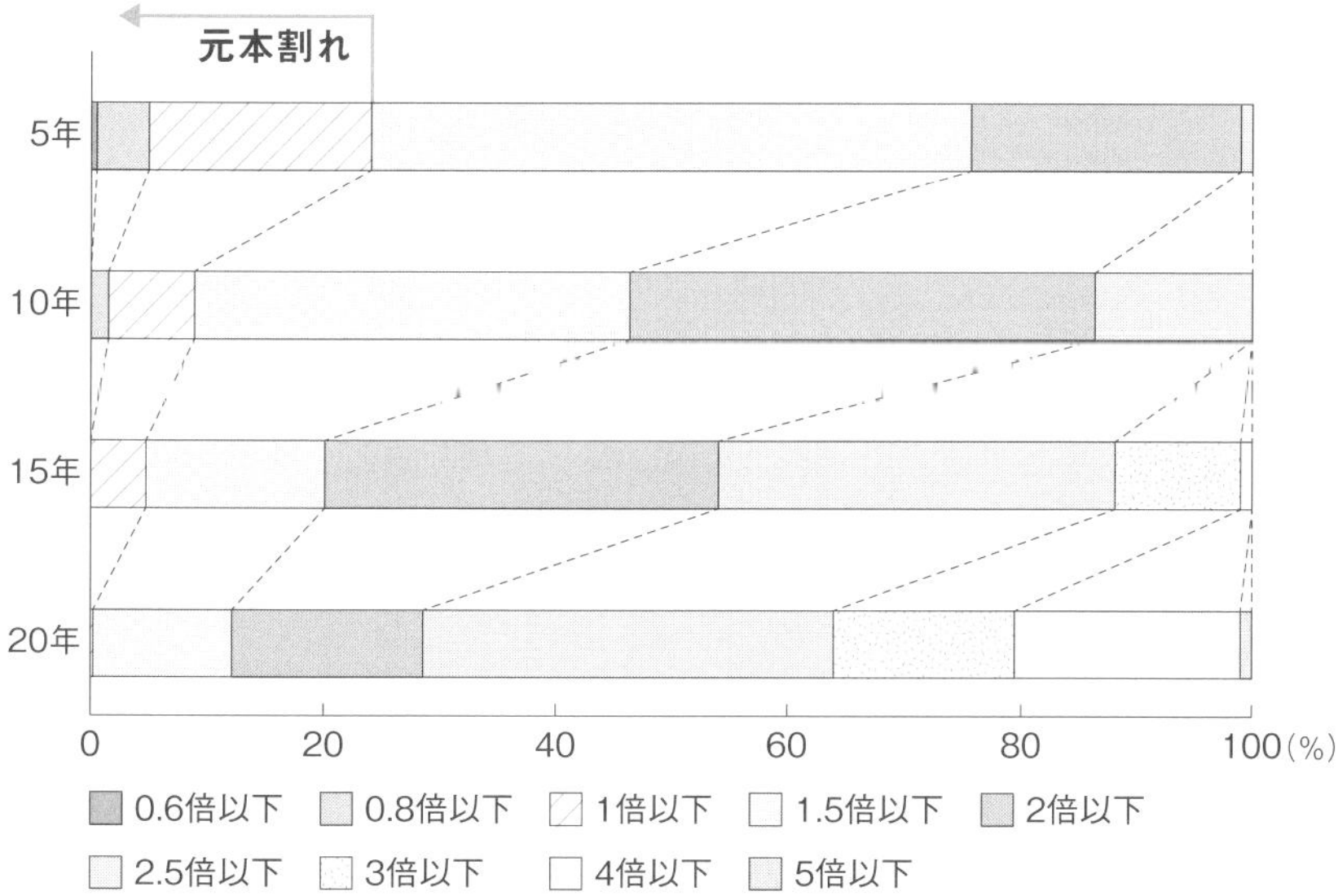

注：対象はMSCI World（配当込み、円ベース）。各投資期間の終了月を1990年1月以降1か月ずつずらして2023年7月まで計404期間を集計、筆者計算

これまでと同じように各投資期間の終了時期を1990年1月まで、同2月まで、というふうに1カ月ずつずらし、最後は2023年7月までの計403期間の成績を調べました。累計積立額に対して資産が何倍になったかを期間ごとに調べ、全403期間に対する構成比をグラフ化しました。

まず期間5年だと、1～1・5倍になった期間が最多だった一方で、全期間のうち4分の1では元本割れでした。0・6倍（つまり4割減）以下に減った期間もありました。教育・住宅資金に必ず使うはずの資金であるため、対応に困る状況です。

しかし積み立て期間が長くなるほど成績は安定していきます。期間10年であれば元本割れの期間の比率は8％に減りました。期間15年だと元本割れの期間の比率は全体の5%とさらに少なくなり、2倍超になった期間が半分弱になります。期間20年であれば3倍超になった期間が2割強もあり、元本割れの期間はリーマン・ショック直後までの1期間(全体の0・02%)で、それも累計積み立て額の0・5%減ですのでほぼトントンです。

つまり世界株に積み立て投資をする場合、元本割れを防ぎながらなるべく大きく増やすには、少なくとも15年程度以上の期間が望ましいという結果になりました。

教育資金であれば、子供が誕生してから後に最も学費がかかる大学入学までに約18年あります。グラフからはわかりませんが、15年の場合、平均では資産は累計積立額の1・9倍に増えていました。NISAで備えることは十分、挑戦する意味はあるでしょう。逆に支出までの期間が短くなってからNISAで準備を始めるのはリスクが大きいことを知っておきましょう。

一方、住宅購入の頭金は、思い立ってから数年のうちに貯めたいと思う人が多くいます。NISAの積み立て投資での準備にはあまり向かないことになります。

ただ、子供が巣立った後に60代で住宅を買いたいというケースもあります。それに向け40代から準備するなら、積み立て投資で世界株に投資するのは十分有効でしょう。

間違い

教育資金のように必ず使うお金は必ず預貯金で備える

図表1-64●〈結論〉特定目的の支出をNISAで備える考え方

準備期間が長い（おおむね15年以上）	➡	NISAで備えることが有効
準備期間が5～15年程度	➡	一部をNISAで備えることも選択肢（下落に備えて別途預貯金も用意）
準備期間が5年以内	➡	預貯金や個人向け国債で準備

注：準備期間の年数は目安

準備期間5～15年は NISAで備えるのは一部にとどめる

要するに結論は何なんだ……という声が、聞こえてきそうです。改めて整理しましょう。教育費など特定目的の支出に備える場合、世界株で備えるなら、過去のデータが示すのはおおむね15年以上あればNISAの活用は有効だということです。

逆に5年以内であれば、元本割れの危険が大きいので、NISAで増やすことはあきらめ、預貯金か個人向け国債で備えましょう。

準備期間が5～15年程度の場合はやや悩ましいのですが、こうした期間を元本確保型だけで積み立てるのはもったいないとも言えます。資金の一部であれば、世界株投資でNISAを活用することも検討していいでしょう。

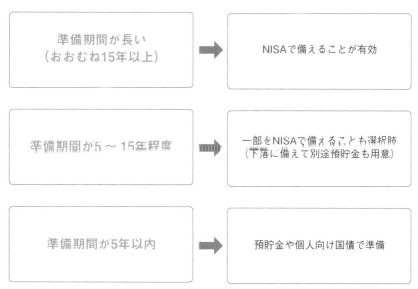

しかし期間が5〜15年ですから、より慎重な備えも必要です。生活費の半年〜1年分程度の生活防衛資金とは別に、預貯金もできるだけ多く用意しておきましょう。もし元本割れしたときなどに、ＮＩＳＡの資産をなるべく換金せず、預貯金でまかなえるようにしておくためです。ひとくくりに5〜15年といっても、準備期間が短いほどＮＩＳＡの比率は抑え、預貯金や個人向け国債の比率を高めておくことが大切です。次に、債券も組み込んだバランス型投信での備えを少し考えることにします。

バランス型運用、短期でも元本割れの確率は少なめ

それでは株や債券を組み合わせるバランス型投資信託は、教育・住宅資金づくりに有効でしょうか。債券を組み込んだ分だけ値動きが小さくなるので、比較的短い運用期間においては元本割れを防ぎやすくなります（数十年の長期では逆に株式１００％の方が元本割れしにくくなることは55ページでお話ししました）。

例えば、①年金積立金管理運用独立行政法人（ＧＰＩＦ）運用と同じように国内株、国内債券、日本を除く全世界株、外国債券を4分の1ずつ、②外国債券と「日本を除く全世界株投信」を半分ずつ――という2つのパターンで積み立て投資を続けていればどうなるでしょう。少し難しいのですが、モンテカルロシミュレーションという推計方法で計算すると、運用期間10年の場合、①、②ともに元本割れ確率が6％前後と、全世界株１００％（元本割れ確率の実績8％）に比べやや低下する結果になりました。

4資産分散の低コストの投信としては「〈購入・換金手数料なし〉ニッセイ・インデックスバランスファンド（4資産均等型）」があります。信託報酬は年０・１５％、総経費率は年０・１７％です。外

債投信で低コストのものとしては「eMAXIS Slim 先進国債券インデックス」（信託報酬0・154％、総経費率0・177％）などがあります。

ちなみに外債は少し前までは世界的な超低金利のため持つ意味がありませんでしたが、約半分を占める米国の金利上昇により2023年10月時点の利回りは年4％となっており、金利の面からは資産の一部で持つことを検討してもいい水準になっています。

ただし、外債は2023年秋時点の円安水準から始めるのはそれなりに大きな為替リスクがありますし、国内債も通常の投信で買う場合は目先の金利上昇（価格下落）が心配です。

65ページでもお話したように、筆者としては全世界株のリスクを引き下げたい場合は、当面はバランス型の投信を買うより、金利上昇時でも価格が下がらない個人向け国債変動10年型と組み合わせる方がお勧めではあります。全世界株と半分ずつ持つ場合、下落したときの下落率は、資産全体で考えれば、世界株だけのほぼ半分ですみ、預貯金などで補いやすくなります。個人向け国債はNISA対象外ですが、資産配分はNISAやイデコ、課税口座を含めた資産全体で考えるべきです。

NISAで教育資金を備える注意点

実際にNISAで教育資金を貯める注意点について先ほどもお話ししましたが、大事なので繰り返します。ひとつは生活費の半年～1年程度とされる生活防衛資金のほかに、元本割れしたときにNISA資金を使わなくてすむよう、預貯金をなるべく多く用意しておく必要性です。例えば、世界株では15年の積み立てでも、集計した全404期間のうち元本割れだった期間は19期間（5％）あり、最も成績の悪かった2009年2月までの15年では、資産は累計投資額に比べ2割の損失でした。

逆に言えば、生活防衛資金以外で教育資金などに備える預貯金を別途用意できる場合は、もし運用がうまくいかなければその預貯金を使えばいいので、それ以外のお金は世界株100%で思い切って運用してよいことになります。

もうひとつのポイントは、利益確定です。長期の運用期間がとれる老後資金づくりなら、積み立て投資の継続が大原則です。しかし教育・住宅資金のように支出目標額が決まっている場合は支出額の確保が大事なので、利益確定も選択肢になると考えられます。支出時期の4~5年前以内になったとき運用が好調で目標額に達していれば、利益を確定し預貯金に替えておくことも検討材料になるでしょう。

間違い 教育資金づくりでNISAを使う場合も利益確定はせず長期投資に徹する

7 NISAの金融機関はどう選ぶ

口座開設と金融機関の移管

ここからは金融機関選びについて考えます。NISAではひとつの金融機関でしか口座を開けません。慎重に選ぶことが大事です。

NISAでどの金融機関を選ぶか。主なポイントは、①品ぞろえ、②コスト、③サービス——の3つです。

金融機関によって、投資信託の品ぞろえには大きな差があります。新NISAで多くの人が堅実に資産を増やしやすい方法は、低コストで世界に広く分散された投信を買っていくことです。その意味で2023年までのつみたてNISAの対象投信の取り扱い状況は、新NISAになっても参考になるでしょう。まずつみたてNISAの本数からいえば、ネット証券が圧倒的で、SBI証券、楽天証券はともに200本前後に達しています。一方で大手証券や大手銀行は数十本、地銀や中堅証券などは数本から十数本という例が目立ちます。

もっとも1人で数十本の投信を使うわけではないので、各資産分野で最低水準のコストのインデックス型投信を選択できればいいということになります。

また個別株やETFは証券会社でしか扱っていません。将来個別株などの取引をしたい場合、銀行で口座を開いていれば証券会社に変更しなくてはならなくなります。最近は米国株や海外ETFを投資対象に加えたい人も増えています。ネット証券や大手証券ごとに取り扱いが異なりますので、事前に調べておきましょう。

次に手数料です。まず投資信託。投信の手数料は販売時に一度だけかかる販売手数料と、保有期間中ずっと引かれ続ける信託報酬の2つがあります。

販売手数料に関しては、つみたて投資枠では必ずゼロにしなくてはならないことが制度上決まっていますので、どの金融機関もかかりません。成長投資枠については、販売手数料は各金融機関で自由

図表1-65 ● 新NISAの金融機関選びのポイント

<table>
<tr><th colspan="2"></th><th>ネット証券</th><th>大手証券</th><th>大手銀行</th><th>中堅証券</th><th>地銀</th></tr>
<tr><td colspan="2">利点</td><td>品ぞろえが多く手数料が安い</td><td colspan="4">窓口での相談も可能</td></tr>
<tr><td rowspan="2">投信の販売手数料</td><td>つみたて投資枠</td><td colspan="5">制度上無料</td></tr>
<tr><td>成長投資枠</td><td>無料</td><td colspan="4">投信により様々</td></tr>
<tr><td colspan="2">つみたて投資枠の投信本数</td><td>150～200数十本</td><td colspan="2">数十本</td><td colspan="2">少ない</td></tr>
<tr><td colspan="2">インデックス型投信の信託報酬</td><td>最安水準の投信を迅速に多数取り入れる</td><td colspan="2">一部に最安水準の投信も</td><td colspan="2">最安水準の投信が導入されていない例も</td></tr>
<tr><td colspan="2">最低積立金額</td><td>100円～</td><td colspan="2">1000円からが多い</td><td colspan="2">5000～1万円からが多い</td></tr>
<tr><td colspan="2">積み立て頻度</td><td>毎日か毎月</td><td colspan="4">毎月</td></tr>
<tr><td colspan="2">日本株の売買手数料</td><td>無料</td><td>有料</td><td>株の取り扱いなし</td><td>有料</td><td>株の取り扱いなし</td></tr>
<tr><th colspan="7">金融機関選びに便利な情報サイト</th></tr>
<tr><td colspan="7">● 確定拠出年金教育協会「つみたてNISAナビ」
● ウエルスアドバイザー「つみたてNISA総合ガイド」</td></tr>
</table>

注：2023年10月時点での見通し

に決められます。ネット証券大手は成長投資枠についても販売手数料を無料としています。

一方、対面型金融機関は成長投資枠では販売手数料が発生することが多いです。そのなかで、販売手数料をかけない「NISA専用ファンド」という投信を設定している金融機関もあります。ただその対象投信は、保有期間中ずっととられる信託報酬は最低水準のものではなく、そこそこ高いものが目立ちます。対面型金融機関の場合、やはりどこかで手数料を稼ぎたいという姿勢がみえます。これはある程度仕方がないのかもしれません。

次に信託報酬。ネット証券のつみたて投資枠のなかには、信託報酬が最低水準のものが多くみられます。銀行、中堅証券でも、本数は少ないけれども、最低水準のコストの投信を選択できる金融機関も一部にあります。

それでもやはりお勧めはネット証券です。新たにより低いコストの投信が出た場合、これまでもいち早くラインナップに取り入れてきましたし、今後もそうであろうと判断できるからです。対面型金融機関はどうしても新しい投信の取り扱いが遅かったり、結局ラインナップに入らなかったりといった不安材料があるのです。

成長投資枠では個別株への投資も可能です。ネット証券5社は日本株の売買手数料がいずれも無料です。対面の証券会社では日本株の売買手数料がかかってきます。2023年秋にSBI証券、楽天証券が日本株の売買手数料無料を打ち出して話題になりましたが、もともと両社ともNISA口座の日本株売買は無料であり、新たに無料になったのはNISA口座以外の売買ということです。NISA口座以外でも日本株を活発に取引したい場合は、SBI証券、楽天証券が有利ということになります。

またネット大手5社は米国株については扱いがまちまちでしたが、5社とも新NISAは手数料ゼロで取引できるようにすることを2023年秋に新たに打ち出しています。

間違い NISAの投信の販売手数料はどの金融機関でも無料だ

3番目は様々なサービス。ネット証券は口座開設の仕方などはコールセンターで教えてくれますが、商品選びなどの相談はできず、自分で考えるのが基本です。一方、対面型金融機関ではいろいろ相談に乗ってもらえるというメリットがあります。だからこそ販売手数料や信託報酬を高めに払うとも言えるかもしれません。

ただし要注意なのは、**対面型金融機関でのアドバイスは、必ずしも顧客本位のアドバイスとは言えず、できれば高い手数料の投信や商品を買ってもらおうとする「セールス」であることも多いということです。**

その原因として、窓口の人が、例えば「アクティブ型投信の多くは長期では指数に成績が負けることが多い」ことや「成長する国や業種への投資が高いリターンを生むとは限らない」ことなどについての教育をきちんと受けていない点があって（きちんと教えると売りづらくなってしまうからでしょう）、顧客のためを思って結果的に悪い商品を薦めてしまっているケースも数多くあります。

対面型金融機関でのアドバイスを過大評価せず、できればきちんとした投資の本（例えば本書です、笑）を数冊読んだうえで、おかしなアドバイスや勧誘をされないネット証券で取引することを筆者はお勧めします。

間違い 投資成績が良くなるアドバイスが欲しいので対面の金融機関を選ぶ

ポイント活用もネット証券に強み

ネット証券では新NISAでの投資に伴いポイントを得やすくなっています。例えばSBI証券、楽天証券ではクレジットカードでNISAの投信積み立てをすると月5万円までポイントが貯まります。ポイント還元率はカードの種類などに応じて異なりますが、SBIが0・5～5％、楽天が0・5～1％です。また両社は投信の保有残高に応じてポイントが付与される仕組みもあります。楽天では一定金額に達した月だけにポイントが付与されるのに対し、SBIは月間平均残高によって毎月ポイントが付与されるので、この点ではSBIが有利です。ただ、ポイントの有利不利は時期によって大きく変更されることがあります。金融機関選びにおいて過度に重視するべきとは思いません。

毎日積み立てができる金融機関を選ぶべきか

金融機関を選ぶときに、積み立ての機能の違いが気になることがあります。例えば大手ネット証券では毎月の積み立てとは別に、毎日の積み立てを選ぶこともできます。

同じ金額で積み立て投資をする利点としてよく指摘されるのが、「安いときにたくさん買える」ということ。そうであれば、大きく下がった日を逃さないよう、毎日の積み立てができる方がお勧めのような気がしますが、結論から言うとそうではありません。

日本株（日経平均株価）、米国株（S&P500種株価指数）、新興国株（MSCI エマージング・マーケット）の3つの指数で、積み立ての頻度や時期を変えて、2022年まで10年間の成績を計算してみました（図表1－66）。積み立ての頻度は毎日、毎月（月初と月末）、毎年（年初と年末）という5つのパターンで、配当込み・円ベースで累計積立額が同じになるようにしました。

まず、日経平均を対象に、少額ずつの毎日積み立てと、その1カ月分の累計積立額を月末に積み立てた場合の違いを計算しました。毎日積み立てだと、2022年末の資産は累計積立額の1・48倍になりました。

やはり積み立てを頻繁にすると好成績か、と思うかもしれませんが、月末積み立ての場合も、1・47倍でほぼ同じ。月初の積み立ては1・49倍とわずかに毎日積み立てを上回りましたが、ほぼ同じです。米国株も毎日積み立てが2・08倍、月初が2・09倍、月末が2・07倍と、成績がほとんど変わらないという点では同じでした。

けれども値動きが激しい新興国株であれば、毎日の積み立てが有利なはず、という気もします。しかし新興国株指数を対象にした計算では毎日と月初の結果は1・31倍とまったく同じ。月末は1・30倍でした。結局、3指数ともに**毎日積み立てと毎月積み立ての成績は大差ない**という結果です。

毎日と毎月がほぼ変わらないのは不思議な気がするかもしれません。毎日積み立ての場合、確かに大きく下がったときに買える頻度は高まりますが、逆に大きく上がったときに買ってしまう頻度も高

図表1-66 ● 積み立ての時期の成績への影響
（2013年1月以降の累計積立額に対する2022年末時点の資産の倍率）

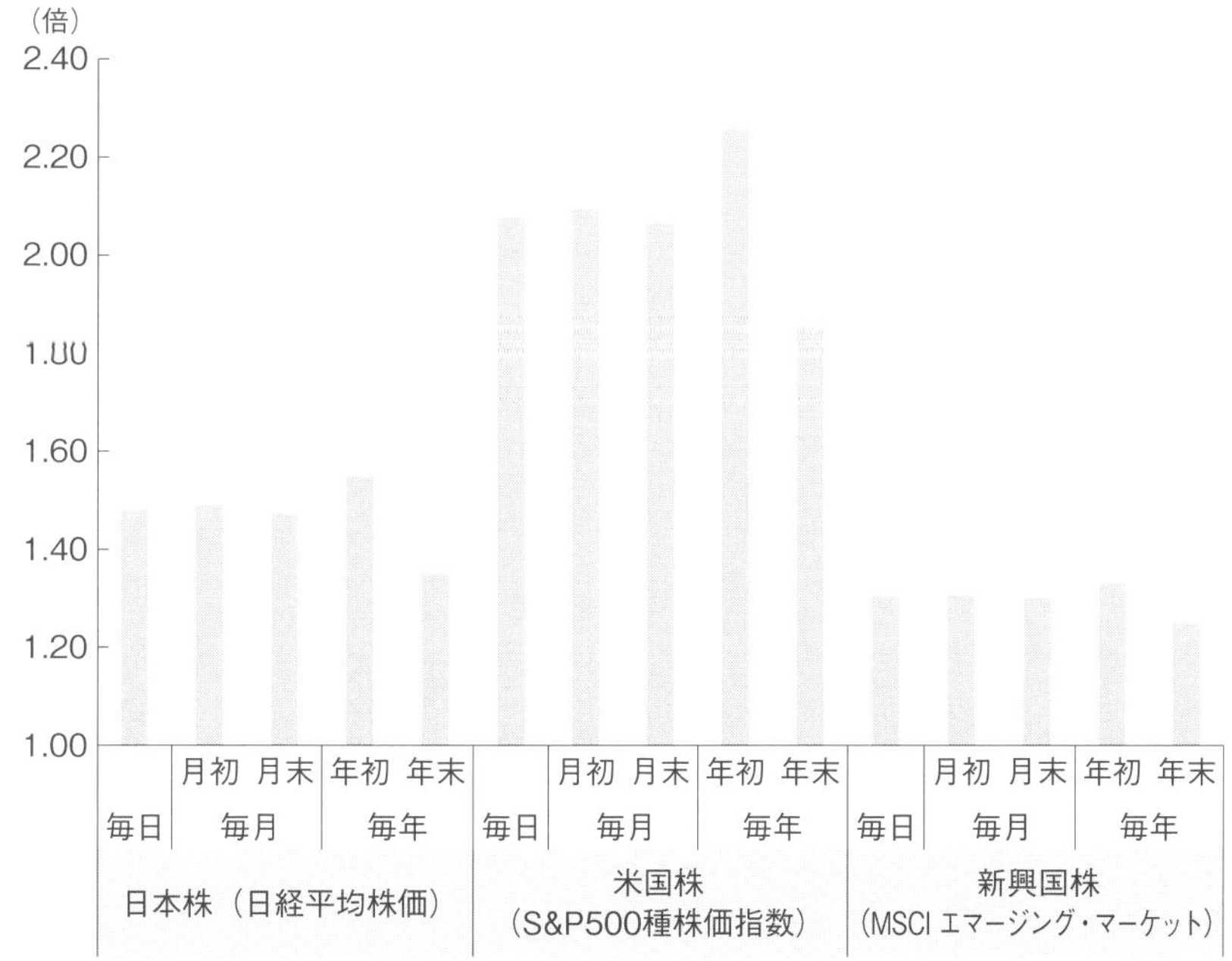

注：対象はいずれも配当込み、円ベース、筆者計算

くなります。ある程度の期間をならしてみれば、ほぼ同じ結果になるということかもしれません。

間違い

毎日積み立てをすると安いところできちんと買えるので有利

ただし3指数ともに、年初での1回だけの積み立て投資を続けた方が、毎日や毎月、年末に比べ、累計積立額に対する増え方ははっきり大きい結果になりました。相場の上昇局面ではなるべく早い時期の資金投入が有効だとこれまでもお話ししてきました。1カ月単位ならさほどの差ではなかったけ

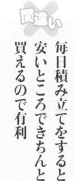

れど、年初と年末という1年単位であれば、かなりの差になったということです。

つみたてNISAは年1回だけの一括投資はダメですが、年に2回以上の投資なら積み立てとみなしてくれます。資金に余裕があって、早期に積み立てをしたいなら、1、2月の2回の集中投資などで早い時期の資金投入もできます。また新NISAの成長投資枠でなら、年初の1回だけの一括投資も可能です。

そうは言っても、やはり一括投資には、高値の時期に集中投資してしまうリスクがあります。割高さを見分ける自信がなければ、通常の毎月積み立てでいいかもしれません。

金融機関変更はどうする

例えば個別株にも投資したいなら、銀行ではできないので、証券会社で口座を開くことが必要です。証券会社のなかでもお勧めはSBI証券、楽天証券、マネックス証券などのネット証券です。様々な低コスト商品を豊富に取りそろえているからです。ただ、いろいろと相談をしたいので対面型金融機関がいいという人もいるかもしれません。

すでにどこかの金融機関でNISA口座を開いている人、あるいは新規で2023年中に旧NISA口座を開いた人は、2024年以降は同じ金融機関で自動的に新NISAの口座ができ、つみたて投資枠と成長投資枠の両方に投資できるようになります。

ただし新NISAの金融期間を旧NISAから変えたい場合は、手続きが必要です。

まず、NISAの金融機関変更のルールを知っておきましょう。金融機関は1年に1回変更できます。こうした金融機関変更手続きは、変更前の金融機関で「勘定廃止通知書」などをもらい、それを

図表1-67 ● 金融機関変更の手続き時期（一般的なケース）

変更届の受付日	その年の非課税枠利用	変更届の受付ができるか	非課税枠が変更される年
1月1日～9月末	あり	×	—
	なし	○	その年
10月1日～12月末	あり	○	翌年
	なし	○	翌年

変更後の金融機関に提出する流れになります。

その年に株式や投資信託などを買い付けていなければ、9月までに手続きすれば同年中に金融機関を変更できます。すでに買い付けをしていた場合はその年中の変更はできず、10月以降の手続きで翌年からの金融機関変更になります。

旧ＮＩＳＡと新ＮＩＳＡでの金融機関変更も同じです。まず旧ＮＩＳＡ口座を開設していて、２０２３年はその口座で買っていないケース。２０２３年のうちに別の金融機関に旧ＮＩＳＡの口座を移すことができ、そのまま２０２４年1月に新ＮＩＳＡの口座が自動開設されます。この場合、旧ＮＩＳＡでの前の金融機関から別の金融機関への変更の手続きは２０２３年9月中が基本的な期限でした。

一方、２０２３年にすでに投資枠を使って株式や投資信託などを購入した人の場合、旧ＮＩＳＡの金融機関を２０２３年中には変更できません。10月以降に別の金融機関への変更手続きを行い、２０２４年になってから変更先の金融機関で新ＮＩＳＡの口座が開設されます。

第2章

老後に備える最強の投資優遇税制確定拠出年金

1 投資優遇税制の王様、イデコ

NISAとは「目的」「税制優遇」「投資対象」「引き出し期」が大きく異なる

資産所得倍増プランのもうひとつの柱が、個人型確定拠出年金（イデコ）です。ここからはイデコを中心に確定拠出年金について考えていきます。

私的年金は大きく確定拠出年金（DC＝Defined Contribution Plan）と、確定給付企業年金（DB＝Defined Benefit Plan）に分かれます。Defined とは「確定された」という意味。Contribution は「掛け金」のことです。掛け金の額は決まっているけれど、自分や会社の運用次第で給付は変わるので確定拠出年金というわけです。

一方、Benefit は「給付」。DBは会社が運用しますが、運用がうまくいかない場合は会社がリスクを負担して決まった給付をくれるので、確定給付と呼びます。こうした財務リスクを嫌がる会社が多く、DBからDCへ私的年金の主流は変化しています。

そしてDCも2種類あります。基本的に会社が掛け金を出してくれるのが企業型DCで、基本的に個人が掛け金を出すのが個人型DC、つまりイデコです。

イデコは自分で掛け金を出して自分で運用、60歳以降に受給する仕組みです。自分の運用次第で受給額が変わります。①掛け金が全額所得控除、②運用中は非課税で増やせる、③受給時にも税優遇がある――という3段階の税優遇があります。税制優遇の大きさ自体はNISAを上回るともいえ、「投資優遇税制の王様」と呼ばれたりもします。

イデコとはどういうものか、NISAと比べて説明します。

一番に考えるべきことは、イデコはあくまで「年金」であり、老後に備えるためのものであることです。このため掛け金（その人の公的年金や勤務先により異なります）を払うのは現役時代（原則20～65歳）で、受給開始は早くても60歳以降。NISAがいつ引き出してもいいのとは異なります。つまり、教育・住宅購入資金のように途中で必要になるお金をイデコに入れてしまうと困るということです。この途中で引き出せない点がしばしばイデコの弱点とされますが、老後資金のための仕組みであることを考えれば、引き出せないことは利点とも言えます。

税制優遇についてNISAとの最も大きな違いは、掛け金が全額所得控除になること。所得控除というのは所得税・住民税の計算の対象からはずれるということです。このため拠出期間である現役時代は節税効果を得られます。NISAにはこのような仕組みはありません。つまり、**NISAはあくまで運用益が出たときだけ非課税の恩恵を受けられるのに比べ、イデコは掛け金をかけた時点で節税メリットを受けられるということです。**

図表2-1 ● イデコとNISAの違い

		イデコ	NISA
積立期間		原則20～65歳	18歳以上
受取期間		60歳以降	いつでも
税制優遇	拠出時	掛け金全額が所得控除	所得控除はなし
	運用時	非課税	非課税
	受給時	原則課税（税優遇あり）	非課税
運用対象		預貯金、投資信託など	投資信託、個別株など
口座管理料		かかる	かからない

運用中は非課税で増やせるのはＮＩＳＡと同じですが、投資対象は異なります。ＮＩＳＡの投資対象は投資信託や個別株などあくまでリスクのある投資商品だけです。一方、イデコは投信などにも投資できますが、損失リスクのない預貯金も対象です。

つまり、投資は怖いけれど掛け金への節税効果はほしいという人は、預貯金を選ぶという選択肢もあります。ただし受給開始が早くても60歳以降なので、多くの人は必然的に長い期間の運用になります。54ページでみたように、長期であれば株式を含む投信で大きく増やす方が通常ははるかに有利なことも覚えておいてください。

受給時は原則課税です。ただ一時金で受け取るときは退職所得控除、年金で受け取るときは公的年金等控除という税制優遇があり、税負担を抑えやすくなっています。最後まで非課税であるＮＩＳＡとは違って、イデコの場合は受け取り時にいかに優遇税制を使って有利に受け取るかが重要になってくるというわけです。

「イデコ加入中に亡くなれば、国に没収されるのか」と不安に思う人がいますが、その場合は資産は遺族が受け継ぎます。**死亡後3年以内なら「みなし相続財産」という仕組みで「500万円×法定相続人の数」が非課税になります。万一の際に早めに請求できるよう、イデコ加入を家族に伝えておきましょう。**NISAの場合、運用中に亡くなってもこうした非課税の仕組みはなく、通常の相続財産として扱われます。

NISAとのもうひとつの違いは、NISAは口座管理料がかからないのに対し、イデコは実施主体である国民年金基金連合会や各金融機関などへの手数料がかかることです。費用の合計額は安いところでは年に2004円、高い金融機関では7000円台になります。金融機関選びの際にチェックしておきましょう（172ページ）。

イデコの掛け金で税金が減る仕組み

まず、なぜイデコで掛け金を出すと税金が減るか知っておきましょう。税金は収入全額にかかるのではなく、収入から様々な控除を引いた後の課税所得に、課税所得に応じて決まる税率をかけて計算されます。イデコの掛け金は全額所得控除になるので、その分だけ課税所得が減り、税率（所得税率＋住民税率）をかけた後の税金も減るということです。

つまり掛け金で減る税金は、掛け金の額（所得控除の額）×税率となります。①なるべく掛け金を多くかけられる人、②所得が高く税率が高い人――ほど節税効果は大きいということになります。

掛け金は公的年金や勤務先などで多様

掛け金は、その人の公的年金の属性や勤務先などで変わります。企業型ＤＣやＤＢなどの企業年金

図表2-2 ● イデコの掛け金で税金が減る仕組み

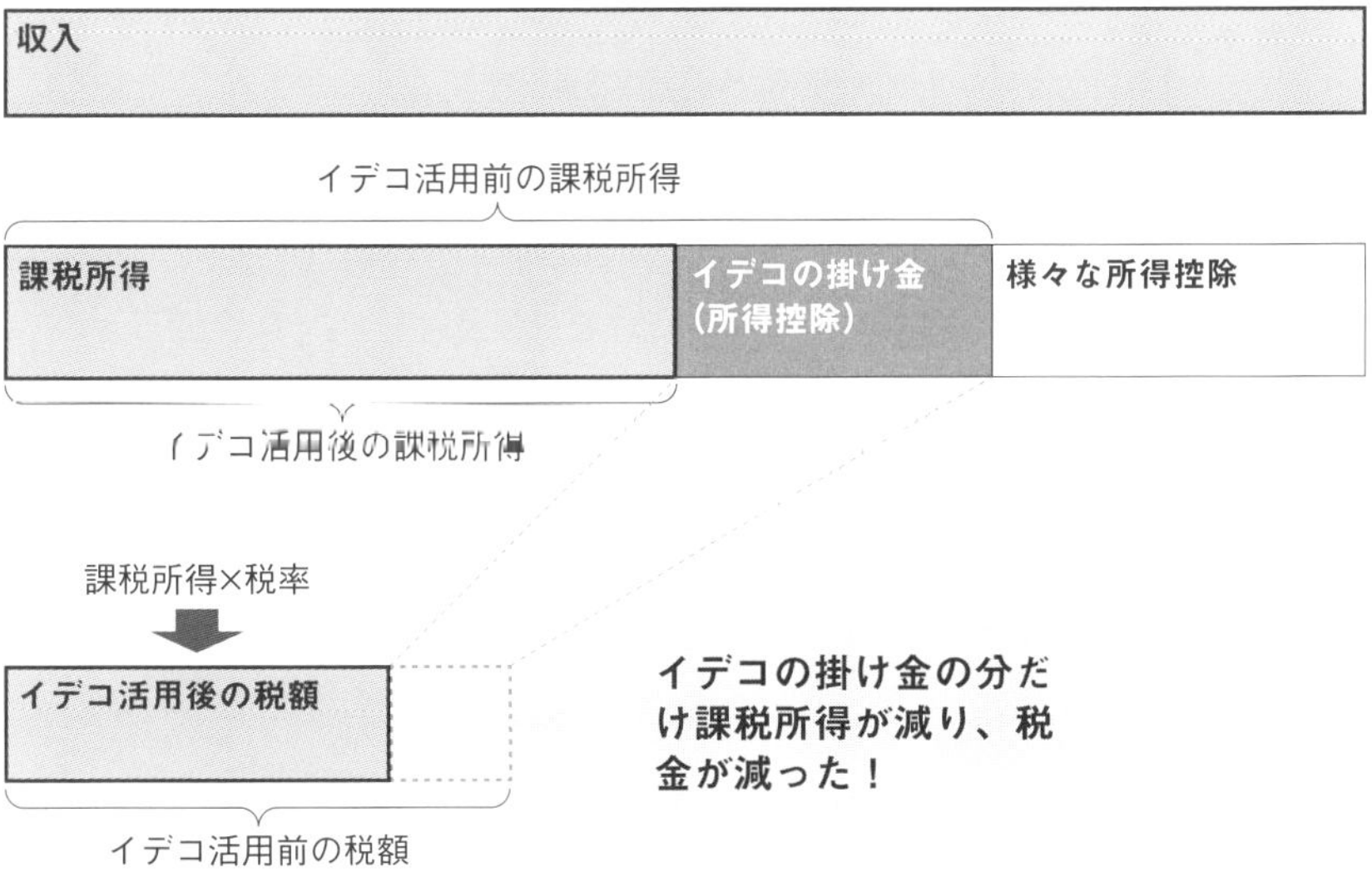

がない会社員は月2万3000円までと会社員のなかでは多いのですが、企業型DCだけがある会社員は月2万円まで、DBのある会社員や公務員は月1万2000円までです。一方、自営業者は月6万8000円までです（毎月拠出でなくまとめて拠出するやり方もありますが、複雑ですし企業型DC併用の場合などは使えないので割愛します）。

　ちょっとややこしすぎますね。ただこれは要するに、別途企業年金などがあって恵まれている人はイデコは小さめでいいけれど、企業年金のない会社員や主婦（夫）、自営業者などは多めにしておこう、という発想です。それでもシンプルな方がいいとの声があり、今後見直される可能性もあります。

　イデコの掛け金拠出で減らせる税負担はその人の税率によって変わり、「掛け金×税率」でしたね。節税額を知るのにおすすめの金融機関のサイトのひとつが、中央労働金庫（ろうき

図表2-3 ● 掛け金の額（月）は様々（2024年11月まで）

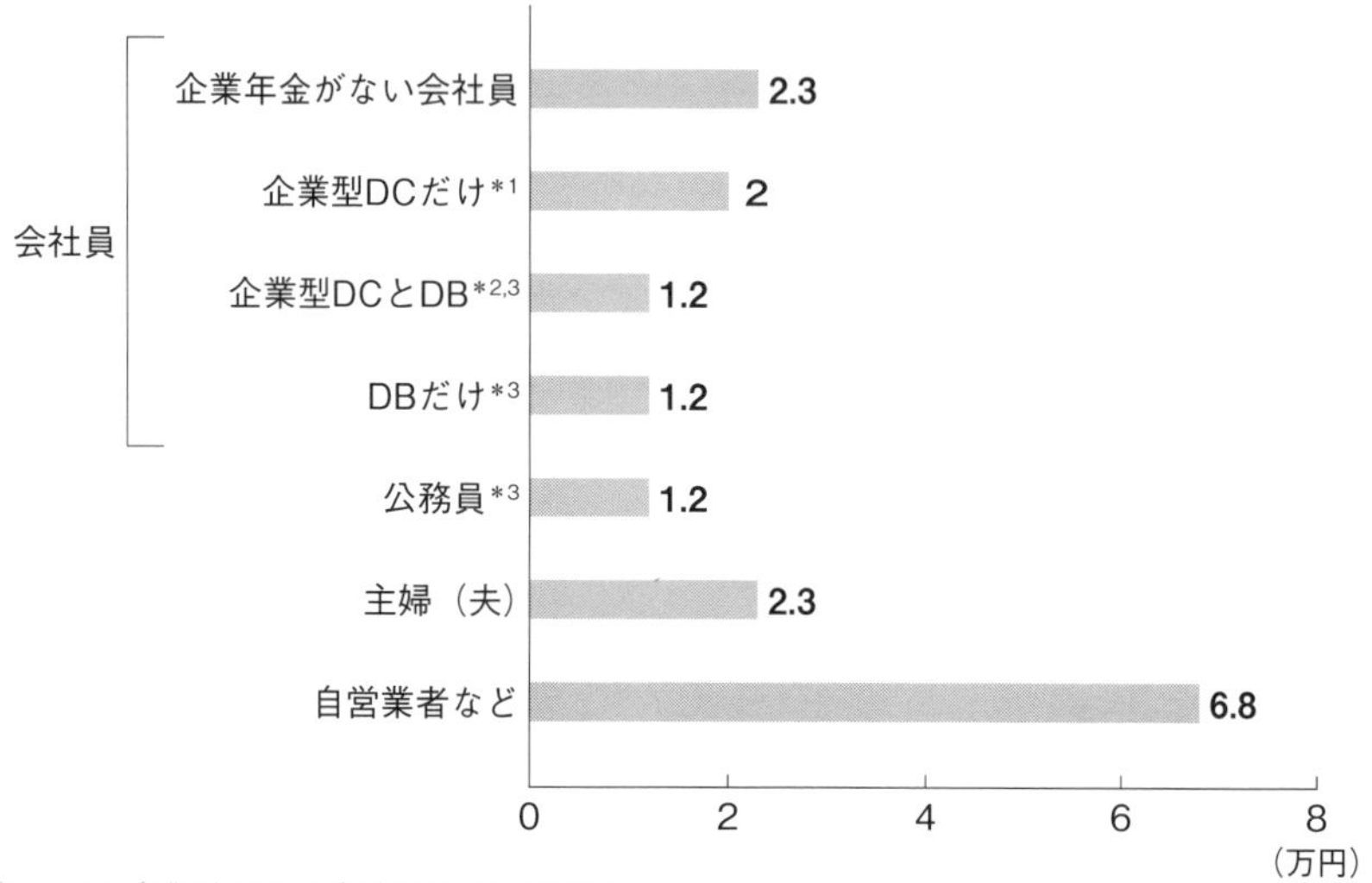

注：＊1：企業型DCとの合計が5万5000円まで
＊2：企業型DCとの合計が2万7500円まで
＊3：2024年12月以降は2万円に

ん）です。「ろうきん」「イデコ」「スペシャルサイト」で検索すると「節税シミュレーター」というところでみられます。年収や家族構成、掛け金額などを入力すれば、自分の課税所得、年間の節税額がすぐにわかります。金融情報提供会社ウエルスアドバイザーのサイトの「ｉＤｅｃｏ（個人型確定拠出年金）ガイド」のなかの「節税シミュレーション」でも同様の機能があります。

なお、多くの金融機関のサイトでは、単に年収のみの入力で税率を計算しています。家族構成によって控除が変わると課税所得も税率も変わるので、かなりのミスリードです。このため実際には所得税率5％の人が20％と表示されることもあります。

イデコでは上限額ばかりが注目されるので、なかには「必ず上限額を拠出しなくてはいけない」と勘違いして、「自分は余裕

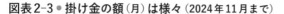

がないので無理」と思っている人もいそうです。しかし、もちろんそんなことはなく、払えるだけの金額でかまいません。ただし毎月拠出の場合の最低金額は５０００円です。

お勧めはやはりできるだけ多くの掛け金をかけることです。イデコの節税額は「掛け金×その人の税率」だからです。「いったん掛け金額を決めたらその額をずっと払い続けなければいけないので不安」という人もいますが、掛け金の額は年に一度変更できます。例えば、家を購入して住宅ローンが始まったとき、金利や返済期間などによってはイデコの掛け金に回すより住宅ローンの返済額を増やした方がいいケースもありえます。そうしたときは掛け金を減額できます。

失業や転職、病気など掛り金の拠出が困難になってしまった場合には、加入している金融機関に「加入者資格喪失届」を提出することで、掛け金の拠出を一時的に停止することが可能です。掛け金を停止すると、加入者ではなく「運用指図者」となって、今まで積み立てた額の運用を続けます。掛け金を停止しても、金額は少し減るものの、毎月の口座手数料はかかります。また、再び加入申し込みをすれば、掛け金の拠出を再開できます。

間違い　掛け金の減額や停止はできない

新規の掛け金も資産全体も配分変更は簡単

毎月の掛け金拠出の際、例えば従来は日本株投信と外国債券投信を50%ずつ買っていた人が、日本株投信が大きく値上がりしていてさらに買い増すのが怖いと思えば、次回の掛け金を例えば外債投信100％へ変更できます。このように新規資金の運用対象の割合を変えることを、「配分変更」といいます。

それだけでなく、過去に運用していた資産についても、大きく値上がりした日本株を売って割安になった外国債券を買い増すといった指示を出せます。このように、資産全体の比率を変えるために売買することを「スイッチング」といいます。

通常の課税口座では、値上がりした資産を売ると税金が発生しますが、イデコは運用期間中は非課税でしたね。税金を取られずに配分を変えられるのは、イデコの大きな利点です。

主婦（夫）は掛け金の節税効果はないが利点も

主婦（夫）など所得がない人は所得税を納めていませんので、掛け金拠出による節税効果もありません。一方で、口座管理料はかかり続けます。ほとんど金利ゼロの預貯金で運用するようなら、管理費用の分だけマイナスです。

ただし運用時の非課税という効果は受けられますので、投信で長期運用して資産を大きく増やすことを狙うなら意味はあります。イデコの加入期間に応じて退職所得控除という非課税枠が積み上がっていく一方で、退職所得控除をイデコと分け合わなければならない会社の退職金がないので（詳しくは本章第5節）、受給時も非課税で受け取れる公算が大きいでしょう。結局、ＮＩＳＡと同じ効果を得られるとも言えます。

間違い

所得のない主婦（夫）はイデコを使う利点がない

ちなみに主婦（夫）がイデコをする場合、夫（妻）が実質的に掛け金を出している場合でも、夫（妻）が妻（夫）の分の所得控除を使うことはできません。イデコの所得控除は小規模企業共済等掛金控除という種類で、これは本人しか使えないルールです。

所得税は年末調整などで還付、住民税は翌年安くなる

イデコで節税になった金額は、結構ムダ遣いしてしまうリスクがあります。それは税金が減る仕組みに一因があります。

イデコの掛け金は、金融機関から引き落とす方法と、会社が天引きしてくれる方法があります。金融機関からの引き落としが大半ですが、この場合、所得税については引き下ろされた掛け金の額を年末調整または確定申告で申告すると還付されます。会社天引きの場合は、源泉徴収の額を自動的に減らしてくれる場合もあります。

一方、住民税は、翌年以降の住民税が、住民税の還付分だけ、本来払う額より少なくなる仕組みです。

年末調整などの還付金は、他の様々な還付と一緒につい使ってしまいがちですし、翌年の住民税は、これまでいくら払っていて、イデコ開始後はどれだけ減ったかなど意識しないことが通常でしょ

う。この結果、つい浪費し、せっかくの節税額が、知らず知らずのうちに消えてしまう可能性も十分にあります。

これを防ぐにはウエルスアドバイザーのサイトなどを使って「自分の節税額は年5万5200円（税率20％の会社員が上限額の年27万6000円をかけた場合）」などとしっかり把握し、個別の通帳を作るなどして、節税額分を毎年きちんと貯めていく、もしくは月々NISAの積み立て額の一部に使うことが大事です。

間違い

掛け金の節税額は何もしなくても貯まっていく

2

十分活用されていない制度改正

加入可能期間が5年延長、資産大幅増も

2022年からイデコに加入できる仕組みが変わりました。大きな変更の1つ目が加入可能期間。2022年4月まではイデコの加入対象は60歳未満でしたが、5月以降は65歳未満にまで延びました。

これまで50代の人で、60歳未満までしか加入できないのなら……と二の足を踏んでいた人も多くい

図表2-4 ● イデコの加入可能年齢が60歳未満から65歳未満に延びる効果は？

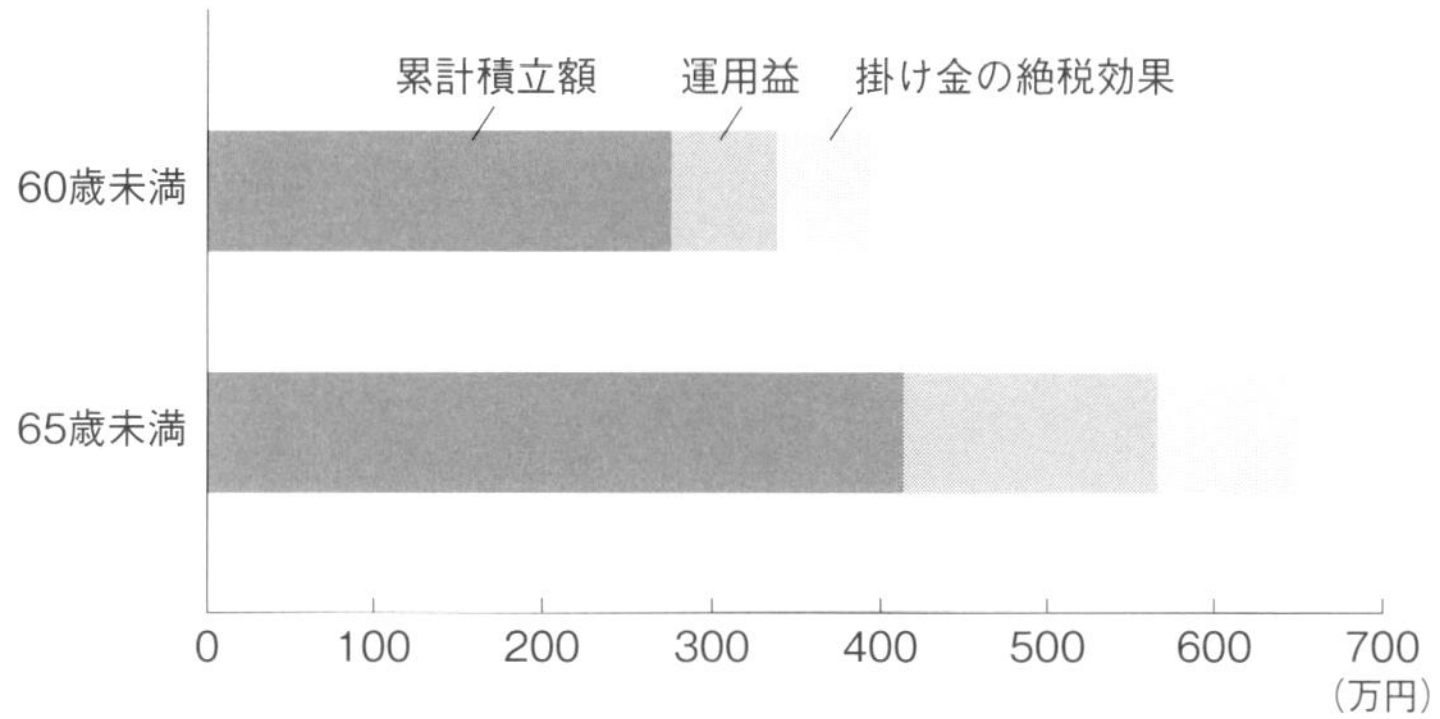

注：50歳から月2万3000円積み立て開始、年4％で運用できた場合
出所：筆者計算

ます。65歳未満まで運用できるのであれば加入の決断をする人も増えそうです。

企業年金のない人が月の上限額2万3000円を50歳から4％の利回りで運用したとします。59歳までであれば資産（掛け金の節税効果も含む）は394万円なのに対し、64歳までなら649万円と、形成できる資産が255万円も大きくなります。

加入期間が延びるもうひとつのメリットは、加入期間に応じて積み上がっていく受給時の非課税枠（退職所得控除）が大きくなることです。図表2－21で詳しくみますが、一時金で受給する際の退職所得控除は20年までなら年40万円、その後は年70万円ずつ増えていきます。イデコの加入が20年までの場合、加入期間が5年間延びれば200万円も非課税枠が大きくなります。

ただし働き方に中立的な税制への検討が始まっていて、今後40万円と70万円という区分はなくなり、例えば全期間で50万円などというふうに改正が行われる可能性もあります。その場合も、長く加入しているほど非課税額が増えるという仕組みは変わらないと思われます。

図表2-5●「イデコ加入65歳まで」は全員ではない

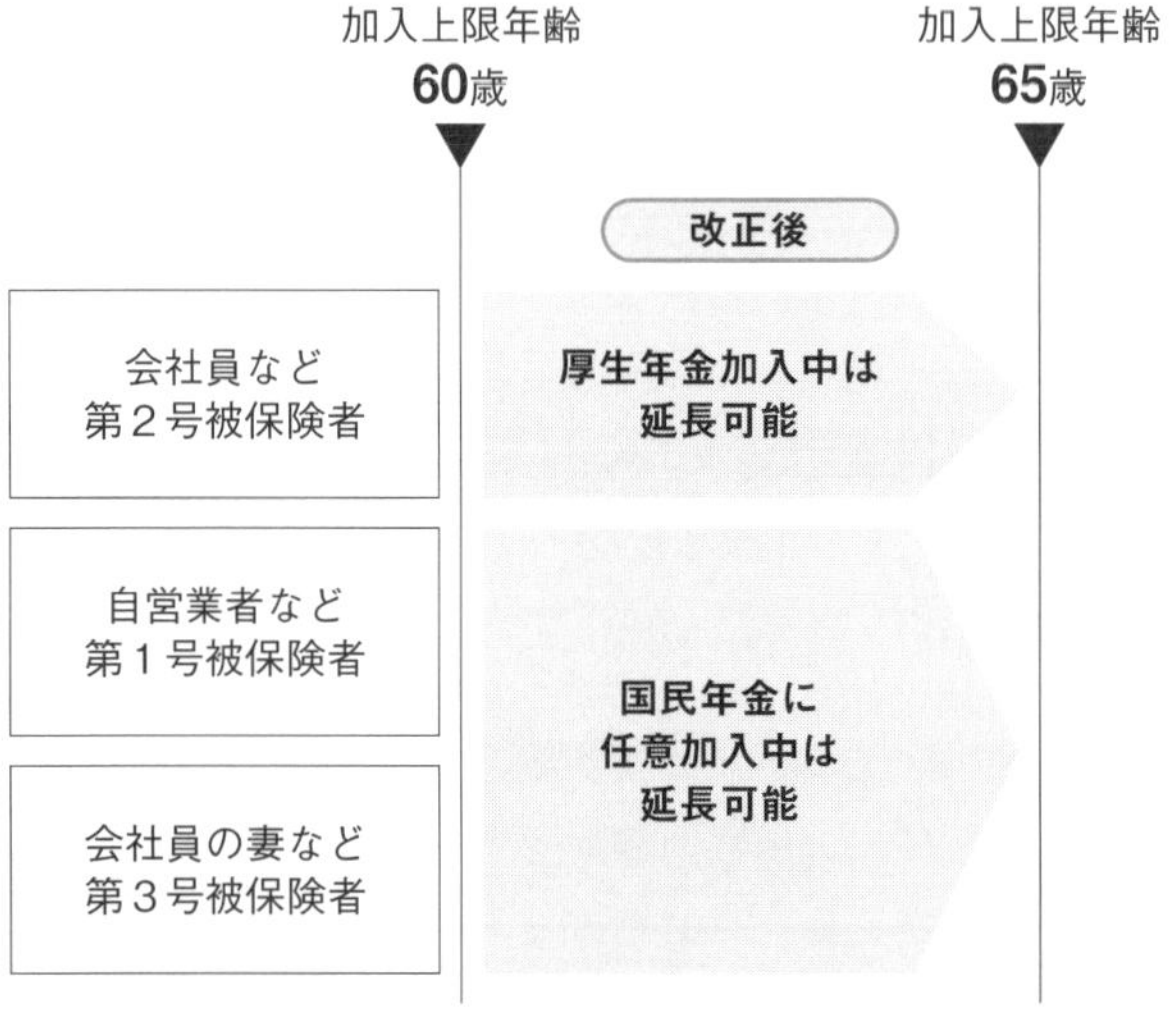

延長は全員ではないが厚生年金加入ならOK

65歳までの延長について再度確認しておきたいのは、対象は全員ではないことです。

確定拠出年金法の第1条には、DCは「公的年金の給付と相まって国民の生活の安定と福祉の向上に寄与することを目的とする」とあります。DCとは、具体的には国民年金の加入者が上積みできる制度なのです。

自営業者など第1号被保険者が国民年金に加入するのは原則20～59歳の40年間。60歳以降は国民年金もイデコも加入できないことになります。

ただかつて任意加入だった時期があったり保険料を未納にしていたりして、40年フルに加入していない人も多く、こういう場合は40年に足りない分だけ60歳以降も任意加入できます。例えば59歳までに加入していない期間が3年ある人は、60歳以降も最大3年国民年金に任意加入でき、その間はイデコも加入できるということです。

では、厚生年金加入中の会社員など第2号被保険者はどうでしょうか。厚生年金に加入しているということは原則国民年金にも加入していることになるので、そのままイデコに継続加入ができます。逆に言えば、第1号の人ですでに国民年金加入が40年に達して60歳以降は任意加入していない人も、会社員になって厚生年金に加入すればイデコを継続できるということです。

間違い　全員がイデコに65歳未満まで加入できるようになった

いったん受給すれば継続不可

イデコは原則60歳以降に受給開始が可能です。いったんイデコを受給開始してしまうと、その後、やはり65歳まで加入（掛け金を払い続けること）し続けたいと思っても、もう再加入はできません。「いったん割った貯金箱はもう使えない」というイメージです。

一方、原則会社が掛け金を払う企業型ＤＣも、受給開始は原則60歳から。企業型ＤＣを受給し始めていても、イデコの60歳以降の加入は可能です。「企業型とイデコは違う貯金箱だから」と覚えておきましょう。

また、公的年金は原則65歳から受給開始ですが、最大60歳からの繰り上げ受給も可能です。しかし例えば62歳から繰り上げ受給を始めると、もうそれ以降はイデコには加入できません。繰り上げ受給というのは制度上、「65歳になった」とみなされるからです。

図表2-6●60代前半から受給するとイデコに加入できない年金も

年金の種類	受け取り可能年齢	イデコ加入
イデコ	60歳	×
公的年金の繰り上げ	60～64歳	×
企業型DCや確定給付企業年金	60歳	○
特別支給の老齢厚生年金	60～64歳	○

一方、生年月日によっては60代前半で特別支給の老齢厚生年金をもらえる人がいます。この特別支給の老齢厚生年金は、受け取っていてもイデコの加入は可能です。

……しかし、何をもらえば加入継続ができなくなるか、などとても複雑ですね。いずれも制度の趣旨を考えれば合理的なのですが、普通、こんなことは自分で判断できません。もっと幅広く広報されるべきだと思います。

間違い　イデコ受給や公的年金を繰り上げしてもイデコを65歳未満まで継続可能

60歳から考えたいイデコ「増強策」

イデコの加入可能年齢が延びたことは、60歳で定年後再雇用になった人のイデコ活用をかなり後押しするとみられます。どういうことでしょうか。

掛け金の上限月額は、公的年金の種類や勤務先の制度などで変わります。企業年金に加入し、勤務先が企業型ＤＣだけなら２万円。将来の給付額が決まっているＤＢがある会社員や公務員は1万２０００円などでしたね。

イデコの掛け金は全額が所得・住民税の対象からはずれ、節税になります。節税額は「掛け金×税率（所得・住民税率の合計）」です。

まずＤＢだけの会社員や公務員を考えます。60歳未満での上限額月1万２０００円を1年間拠出すると計14万４０００円。合計税率が30％なら年４万３２００円の節税でした。

定年後再雇用で働く場合の多くは、60歳で企業年金の加入が終わります。すると「企業年金のない会社員」に立場が変わり、厚生年金加入で働き続けるなら上限額は月一律2万３０００円に拡大します。

一方で、定年後再雇用になると所得が下がることが多いので、税率が20％に下がったとします。掛け金が同じなら節税効果は２万８８００円に減りますが、掛け金を月２万３０００円（年27万６０００円）にすれば、節税額は年５万５２００円と逆に増えることになります。

間違い

60歳以降は給与が減るのでイデコ掛け金の節税効果も必ず減る

企業型ＤＣのある会社員はどうでしょうか。企業年金加入中は上限額が月2万円です。60歳以降に未加入になれば2万３０００円にできるので、やはり節税効果を高められます。

ただし60歳前からイデコに加入している場合、通常、金融機関から増額の案内などは来ません。加

図表2-7 ● イデコの掛け金増額で節税額が変わる例

	年間拠出額		税率		年間節税額
60歳定年前	14.4万円（月1.2万円）	×	30%	=	4.32万円
▼再雇用で所得減	14.4万円（月1.2万円）	×	20%	=	2.88万円
▼掛け金を増額	27.6万円（月2.3万円）	×	20%	=	5.52万円

注：勤務先の企業年金にDBがある場合。税率は所得税と住民税の合計

図表2-8 ● 会社員のイデコ掛け金上限（月額）

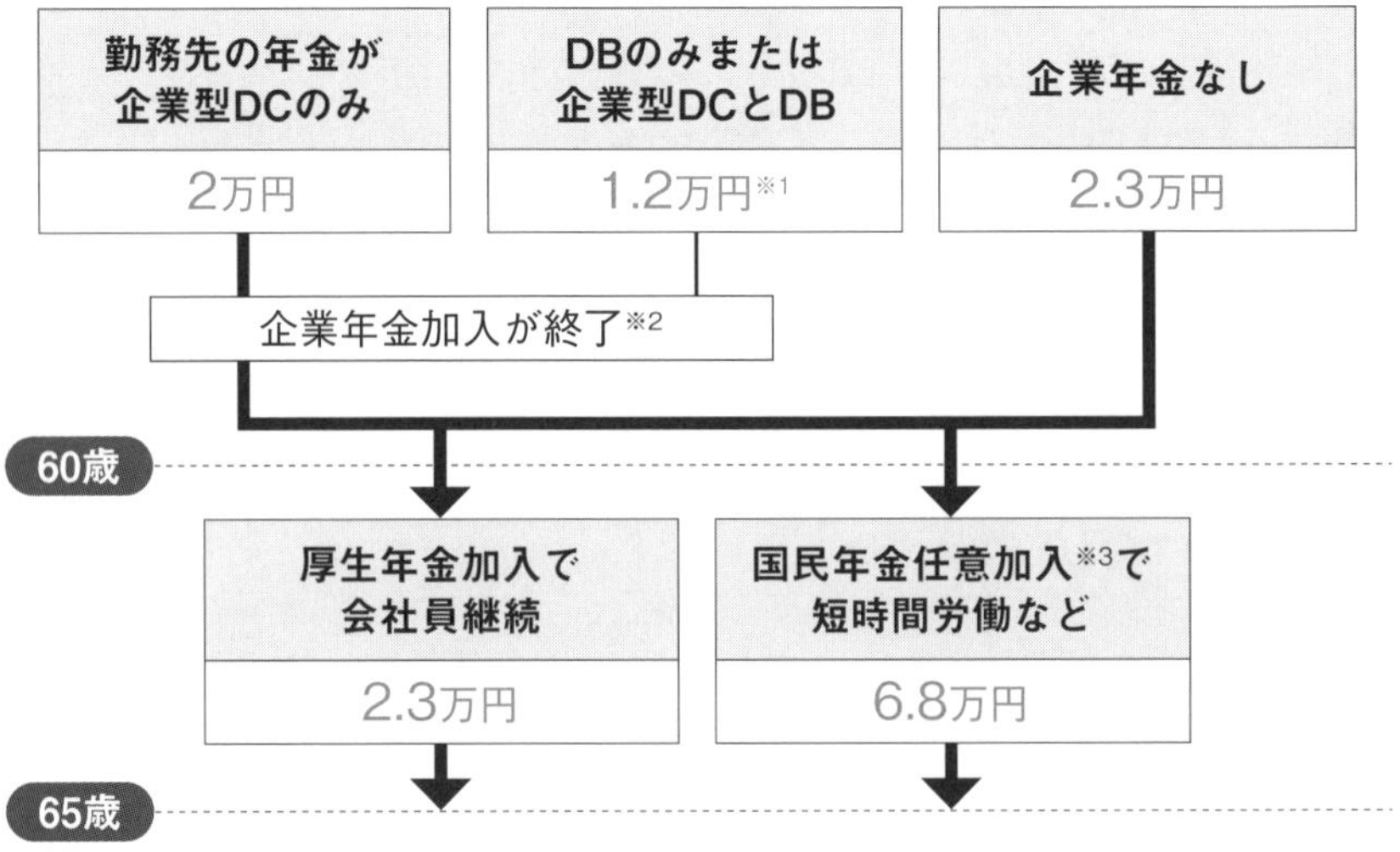

注：会社の掛け金次第で上限まで拠出できない場合がある
※1：2024年12月から月2万円
※2：通常のケース
※3：加入期間が原則計40年になるまで

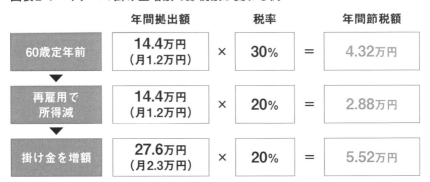

入している金融機関で自分で増額の手続きをしないと、せっかくの増額の権利を失ってしまいます。60歳以降にフリーランスなどを選び、厚生年金に入らなければどうでしょうか。イデコは国民年金に上乗せする仕組みのため、加入するには国民年金に入ることが必要です。

国民年金は本来、60歳になるまでに40年加入します。現役時代に厚生年金に加入すれば国民年金（基礎年金）にも入りますが、学生時代など未加入の時期があるケースが多くみられます。その場合は60歳以降も原則40年に達するまで国民年金に任意加入でき、イデコに加入できます。上限は月6万8000円に拡大します。掛け金増額の手続きをすれば、節税額を増やせます。

受給開始時期は加入期間により異なる

掛け金増額のほかに要注意なのは、受給開始時期です。原則60歳から受給できますが、これは60歳時点の加入期間などが10年以上の場合です。60歳以降の新規加入なら、加入して5年が過ぎないと受給できません。受給開始年齢を計算する期間には、企業型DCの加入期間や、掛け金を拠出せず運用だけをする「運用指図者」の期間も合算できます。企業型DCの加入が10年以上なら、60歳以降にイデコに加入してもいつでも受給可能です。

60歳で企業型DCの加入が終了してイデコに入る場合、企業型DCの資産をどうすべきでしょうか。①受給する、②運用指図者となる、③イデコに統合する――などの選択肢があります。選び方は資産の状況などにより様々ですが、運用指図者になるとDC口座は企業型とイデコの2つになります。管理が手間ならイデコに統合し、口座をひとつにするのが一案です。運用益が出ていても、全額を非課税で移せます。ただしいったん現金化して商品を買い直すことが必要で、1～2カ月かかる場合が

図表2-9●イデコの加入期間と受給開始可能年齢

60歳時点の加入期間など	受給開始可能年齢
10年以上	60歳
8年～	61
6年～	62
4年～	63
2年～	64
2年未満	65
60歳以降に新規加入	加入から5年経過後

多いことを知っておきましょう。

イデコを受給する際は受給額全体（元本と運用益の合計）が課税対象になります。一時金で受け取る場合、退職所得控除という加入期間に応じて増える非課税枠があります。加入20年までは年40万円で、21年目以降は年70万円ずつです。

間違い イデコは誰でも60歳から受給できる

企業型DCの期間も合算すれば21年以上になって非課税枠を増やせることがありますが、受給前に資産を統合しておくことが必要です。また21年目以降の70万円への増額は、政府の税制調査会（首相の諮問機関）などで改正を求める意見も出ていますので、今後の議論に目配りしておきましょう。

資産所得倍増プランではさらに70歳まで延長も検討

岸田政権は資産所得倍増プランで、イデコ加入年齢のさらなる引き上げの方向性も打ち出しています。これを受けて厚生労働省の社会保障審議会で審議が始まっています。次期の公的年金の改正時期である２０２５年に向けて見直され、おそらく70歳までの延長が図られる方向になると思われます。ただ、国民年金法ではイデコに加入できるのは国民年金の被保険者となっています。会社員は65歳以上でも70歳未満まで厚生年金には加入できますが、65歳を過ぎると国民年金の第２号被保険者ではなくなります。70歳未満まで延ばすとしたら、国民年金の被保険者に限るという規定を見直す必要が出てきます。

この規定を見直すのであれば、原則として60歳未満で国民年金加入が終わる自営業者や専業主婦（夫）であっても、70歳未満までイデコに入れるようになるかもしれません。

また同時に議論が進む公的年金の改正で、国民年金の加入期間を65歳未満まで延長することも検討課題となっており、このあたりも含めて総合的な議論が進んでいきます。

２０２２年10月からは企業型ＤＣと併用容易に

２０２２年９月までは企業型ＤＣ導入会社でイデコを併用するためには、会社掛け金の上限額を下げる規約変更が必要。反対する社員も多いので、導入会社の数％しか併用できていませんでした。それが同年10月からは規約変更なしで併用可能になっています。

企業型ＤＣの上限枠は、他にＤＢなどがなければ月５万５０００円、ある場合は半分の月２万７５００円です（この規定は２０２４年12月に変わります）。

図表2-10●2022年10月からのイデコ併用上限額例

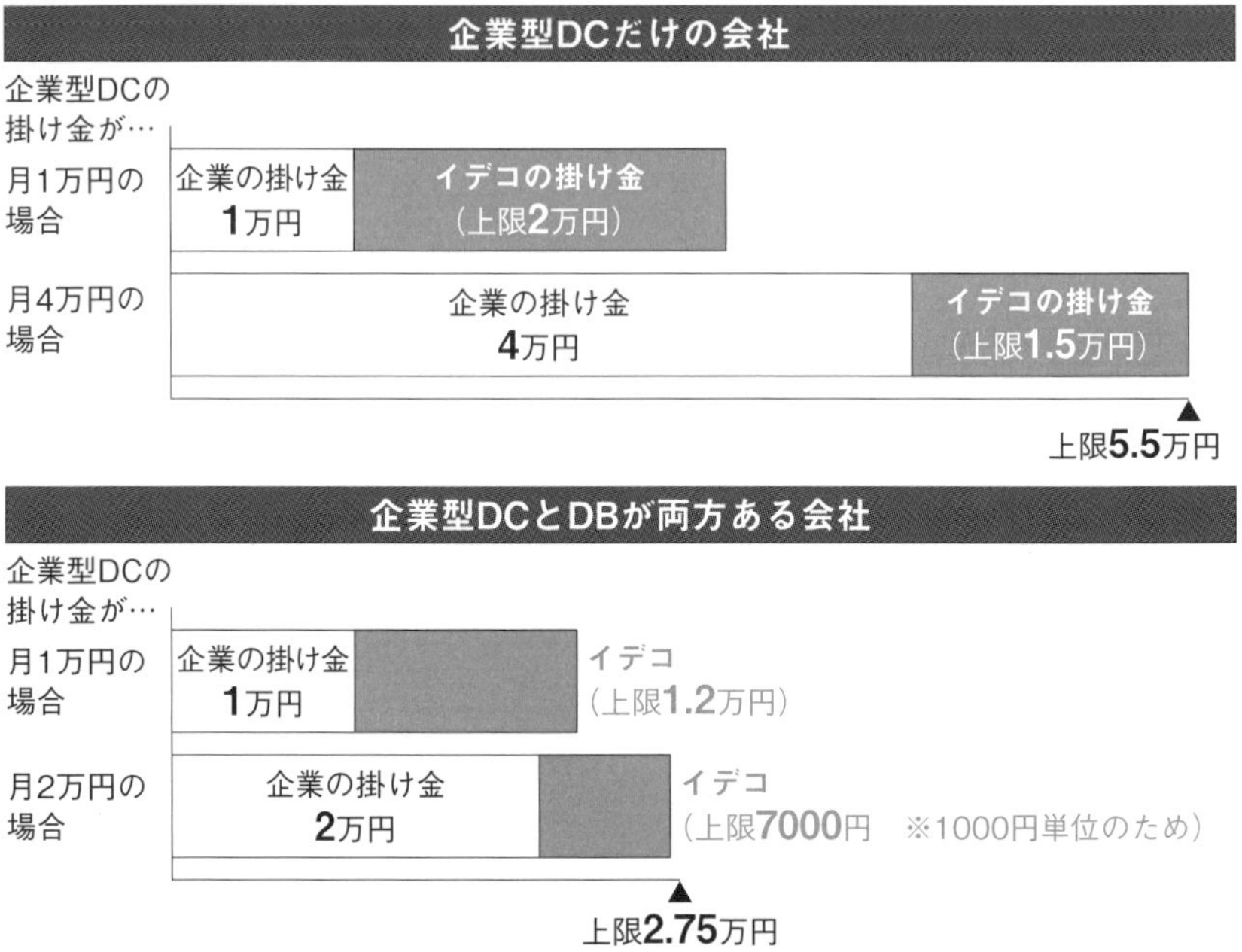

他に企業年金がない場合の企業型DCの枠は月５万５０００円とはいえ、実際は会社掛け金が１万円以下の加入者が半数で、この場合４万５０００円の枠が余っていることになります。例えば企業型DCで会社の掛け金が数千円ではあまり老後資金が積み上がっていきません。それなのにイデコは使えないというのは逆に不公平ということで、併用が容易になりました。

ただし、イデコの上限額をそのまま併用できるとは限りません。会社掛け金とイデコの合計額を、企業型DC掛け金の上限額以下にすることが条件です。図表２－10で具体的にみましょう。

月５万５０００円の場合で説明します。会社掛け金が１万円の場合、企業型DCは４万５０００円の枠が余っています。イデコ上限額は様々ですが、企業年金が企業型ＤＣだけなら月2万円で、この場合2万円全額が併用できます。

一方、役職や年齢が上などの理由で会社掛け金が月４万円の場合、企業型ＤＣの枠は月１万５０００円までしか余っていません。この場合は、イデコの上限額が2万円でも、１万５０００円分だけ積み増せるということです。

次に、企業型ＤＣとＤＢの両方があり、イデコの上限額は月1万２０００円で、ＤＣ全体の上限額が月に2万７５００円のケース。会社掛け金が2万円なら枠は７５００円しか余っていません。イデコは１０００円単位なので、この場合、７０００円が併用できることになります。

イデコ併用で長期では１５００万円増も

企業型ＤＣ導入会社でイデコの併用が容易になったのは、かなり大きな改善です。

最大のものはイデコ運用の上積みによる資産を増やす効果です。運用のセオリーは国際分散です。過去30年では世界株指数は年率換算で約７％上昇しました（配当込み、円ベース）。ただこれを慎重に年４％として、会社掛け金月１万円を30年積み立てる場合と、個人でイデコ2万円上積み後に3万円を積み立てる場合を比較してみましょう。

月３万円の場合、累計積立額１０８０万円に対し資産は２０８０万円に増えます。さらにイデコ掛け金の節税効果（掛け金×税率）が２１６万円加わります。会社掛け金1万円だけの場合との差は１６００万円強にもなります。

図表2-11 ● イデコ併用の効果は？

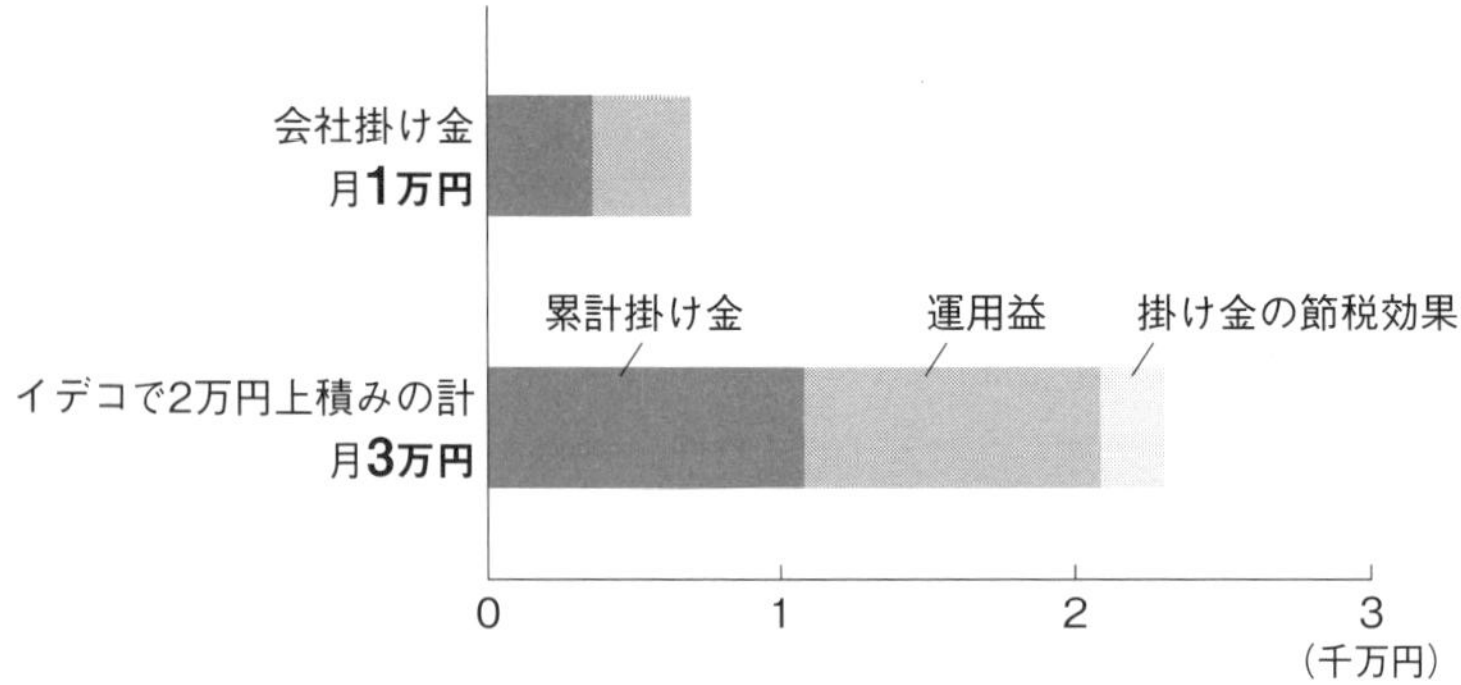

注：年率4%で30年積み立てる場合。所得・住民税合計税率は20%とした
出所：筆者計算

60代のイデコ、もっと活用を

加入対象拡大を受けて、どれくらいの人がイデコに新たに加入したでしょうか。２０２３年６月までの新規加入の状況をみると、制度改正が十分生かされているとは思えないのです。

例えば60歳以上の新規加入者。自営業者や専業主婦（夫）などが60歳以上で国民年金に任意加入する場合のイデコ加入者である第４号被保険者は、60歳以上の加入が可能になった２０２２年５月以降、確かに増えていますが、２０２３年６月までの合計はわずか６５００人にすぎません。

筆者があるセミナーで、「自営業の人たちも60歳以降に国民年金への任意加入とイデコ加入を組み合わせた方がいい」と話すと、セミナー終了後に質問にきた人に「国民年金の保険料は年に20万円前後と非常に高い。イデコのメリットなど消えてしまう」と言われました。どうもこのあたりにも誤解があるようです。

図表2-12 ● イデコ新規加入者の推移

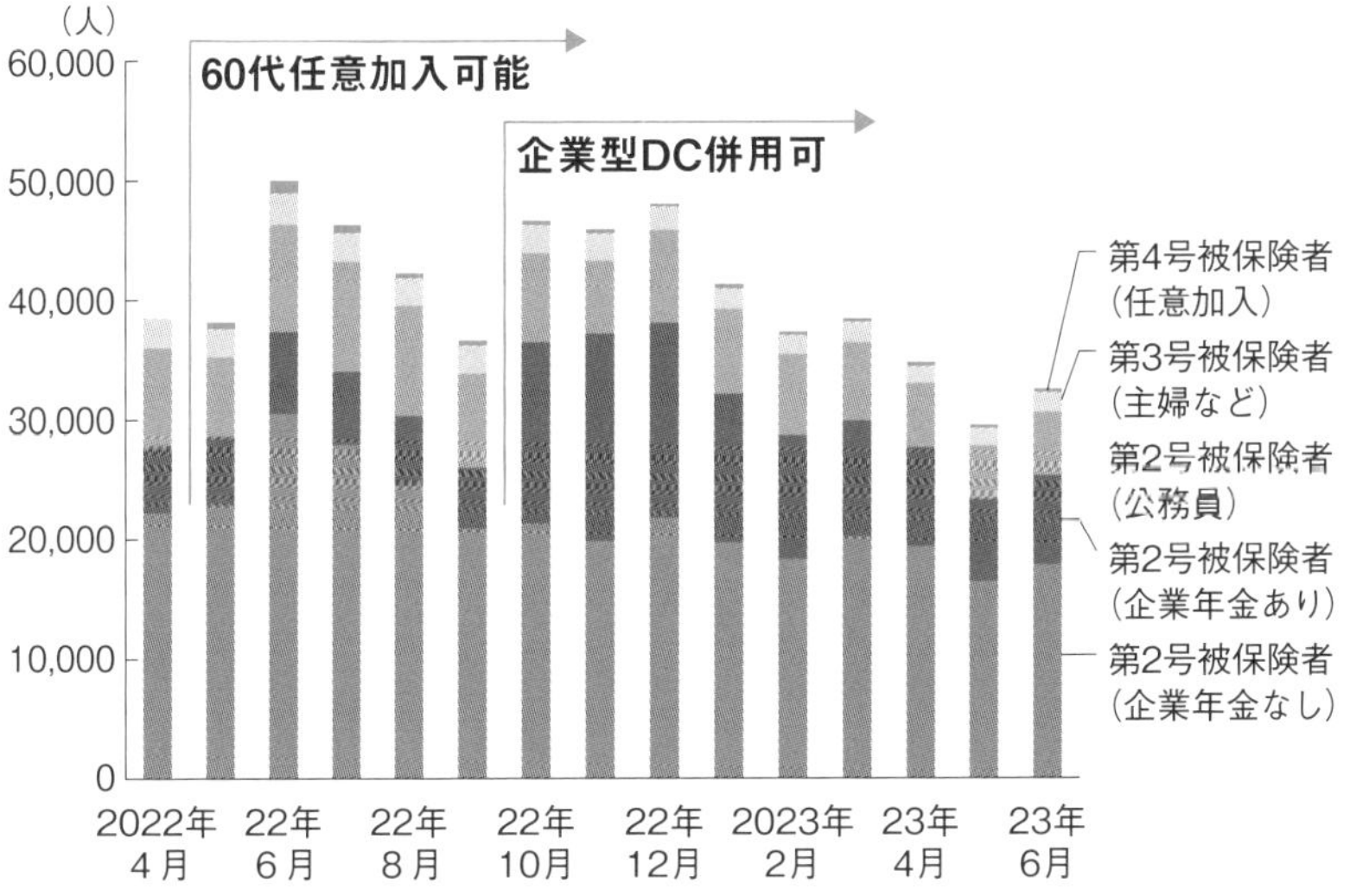

出所：国民年金基金連合会の資料から筆者作成

×間違い　60歳以降の国民年金の任意加入は損だ

そもそも国民年金への任意加入は本当に損なのでしょうか。2023年度の国民年金保険料は年に20万3760円。一方で国民年金を40年満額納めた人の国民年金の受給額は年79万5000円ですから、1年保険料を納めると1万9875円の給付があることになります。20万3760円を1万9875円で割ると10・25年。**つまり保険料を1年払うと、65歳以降10年強生きれば元をとれるのです。**

65歳まで生きた人は男性で85歳、女性で90歳まで平均的に生きますから、10年強で元をとった後はまるまるプラスとなるのが国民年金です。国民年金の財源の半分が税金であることが、こうした仕組みの背景です。60歳以降の任意加入でも、それは変わりません。

もうひとつの誤解は、「60歳で加入しても5年間しか運用できない。それでは利点がないのでは」というものです（これもセミナーで質問を受けたことがあります）。

最大でも65歳未満までなのは、あくまで掛け金の積立（加入）期間です。イデコは75歳になるまでは受給開始を遅らせられます。資金に余裕があるなら、運用は65歳以降も続けていいのです。

さらに言えば、年金形式で受給する場合、年金は受け取りながら、残った資産の運用を続けるのが一般的で、その期間は制度上、5～20年と決まっています。つまり75歳直前で年金受け取りを選択すると、制度上は最長95歳までは年金を受け取りながら、運用を続けることが可能というわけです。60歳で加入したからといって、運用で増やせないことはないのです。

間違い

60歳でイデコに加入したら、5年しか運用できない

道半ばの企業型DCのイデコ併用

ところで、企業型ＤＣの加入者のイデコ併用は進んでいるでしょうか。新規加入の動向をみると、企業年金ありの人のイデコ加入者は２０２２年の１～９月の平均で月に約５８５０人。９月までには企業型ＤＣ加入者はほとんど併用できていなかったので、この大部分はＤＢ加入者の併用だったと思われます。

２０２２年10月以降、本書執筆時点で統計が出ている２０２３年６月までの平均は月１万１５４０人。１カ月に平均で５７００人弱増えています。これが企業型ＤＣ加入者の併用分と考えていいでしょう。仮にこの状態が1年続くと6万８０００人ほどの企業型ＤＣ併用者が生まれることになります。しかし、企業型ＤＣ加入者は２０２３年３月時点で約８００万人。1年間の合計でその１％にも満たない併用者の数はやはり低いと言わざるをえません。

しかも２０２３年に入って新規の併用者は大きく減っています。ＮＩＳＡの大幅拡充のニュースが出た時期でもあり、イデコへの関心が薄くなっている可能性があるのが心配です。ＮＩＳＡの枠がかなり広がるのだからＤＣは必要ないと思う人がいるのかもしれません。

けれども年金の一種であるイデコとＮＩＳＡは異なる利点を持ちます。イデコとＮＩＳＡはできるだけ両方使うべきだと思います。

イデコの加入上限年齢が65歳未満に延びたことと、企業型ＤＣ加入者がイデコを併用できるようになったことは相乗効果を持ちます。厚生年金は長く加入するほど給付が増える仕組みです。60歳以降も厚生年金加入で働いていれば、将来の厚生年金の受給額も増えるうえに、イデコも上積みしやすいわけです。ダブルでお得だということを再認識すべきです。

3　金融機関選びが大事

口座管理料の差より信託報酬の差が大きい

イデコは自分で金融機関や運用商品を選びます。金融機関を選ぶ基準は「口座管理料」「金融商品の品ぞろえ」「サイトやコールセンターなどの使いやすさやサポート体制」などです。これら金融機関選びの3つの基準の具体的な内容は、確定拠出年金教育協会のサイト「iDeCoナビ」やウエルスアドバイザーのサイト「iDeCo（個人型確定拠出年金）ガイド」などでも比較できて便利です。

まず口座管理料から。毎月（年12回）拠出の場合、イデコの実施機関である国民年金基金連合会向けに年1260円（月105円）と信託銀行向けに年792円（月66円）の、合計で年に2052円が通常かかります。

金融機関分はまちまちです。金融機関分が無料なら合計額も年に2052円ですみますし、金融機関分が年5000円台と高いところなら計七千数百円になります。ときどき金融機関で「手数料0円」とうたっているところがありますが、これは金融機関分が0円なのであって、国民年金基金連合会分などで最低でも年2052円はかかりますので誤解しないようにしてください。

金融機関分が無料なのはSBI証券や楽天証券、マネックス証券などネット証券のほか、野村證券、大和証券、イオン銀行などです。競争激化で、日本生命保険が2023年10月から金融機関分をゼロにするなど低下傾向にあります。半面、比較的高いのは地方銀行などです。

口座管理料の差はわかりやすいのでつい注目してしまいますが、より重要なのは投信の品ぞろえです。金融機関により商品は数本から三十数本まで様々です。運用中非課税の利点を生かすには、投資信託で長期で増やすのがお勧めです。

投信は株価指数などとの連動を目指すインデックス型と、指数を上回る運用を目指すアクティブ型があります。

投信は保有期間中、信託報酬というコストがかかり続けます。インデックス型は年0・1％前後の

図表2-13 ● イデコの手数料は？

	納付先	金額
加入時（1回だけ）	国民年金基金連合会	2829円
運用中（1カ月当たり）	国民年金基金連合会	105円
	信託銀行	66円
	金融機関	0～数百円
受給時	信託銀行	440円（1回当たり）

超低コスト型が増えていますが、アクティブ型は調査のためなどの理由から高くなりがちで、年2%前後のものもあります。運用のうまさで高コストを取り戻すのは簡単ではなく、日本でも海外でも、長期ではアクティブ型の7～9割くらいは市場平均に負ける傾向がみられます（図表1－30）。

もちろん長期で好成績のアクティブ型もあるので、お目当てのアクティブ型があれば、イデコの対象に含まれている金融機関を探すのも選択肢のひとつです。でも事前に好成績の投信を見分けるのは簡単ではありません。自信がない場合、低コストのインデックス型で世界に分散投資するのがお勧めです。

ただし、低コストのインデックス型がそろっていない金融機関も結構あるのです。例えば地銀では、インデックス型なのに年1%前後の割高な投信しか選べないところも目立ちます。

また、ある地銀では、国内株の投信は信託報酬が2%近いアクティブ型2本だけでインデックス型はゼロです。顧客の資産を増やすよりも手数料を確保することが前面に出ている品ぞろえです。信託報酬の半分弱が顧客の保有期間中、販売した金融機関に入り続けるからです。高い信託報酬の商品を売り続ける方が金融機関に有利なのです。「身近な銀行だから」などという理由でこ

図表2-14 ● 口座管理料と信託報酬の差で資産はどう変わる？

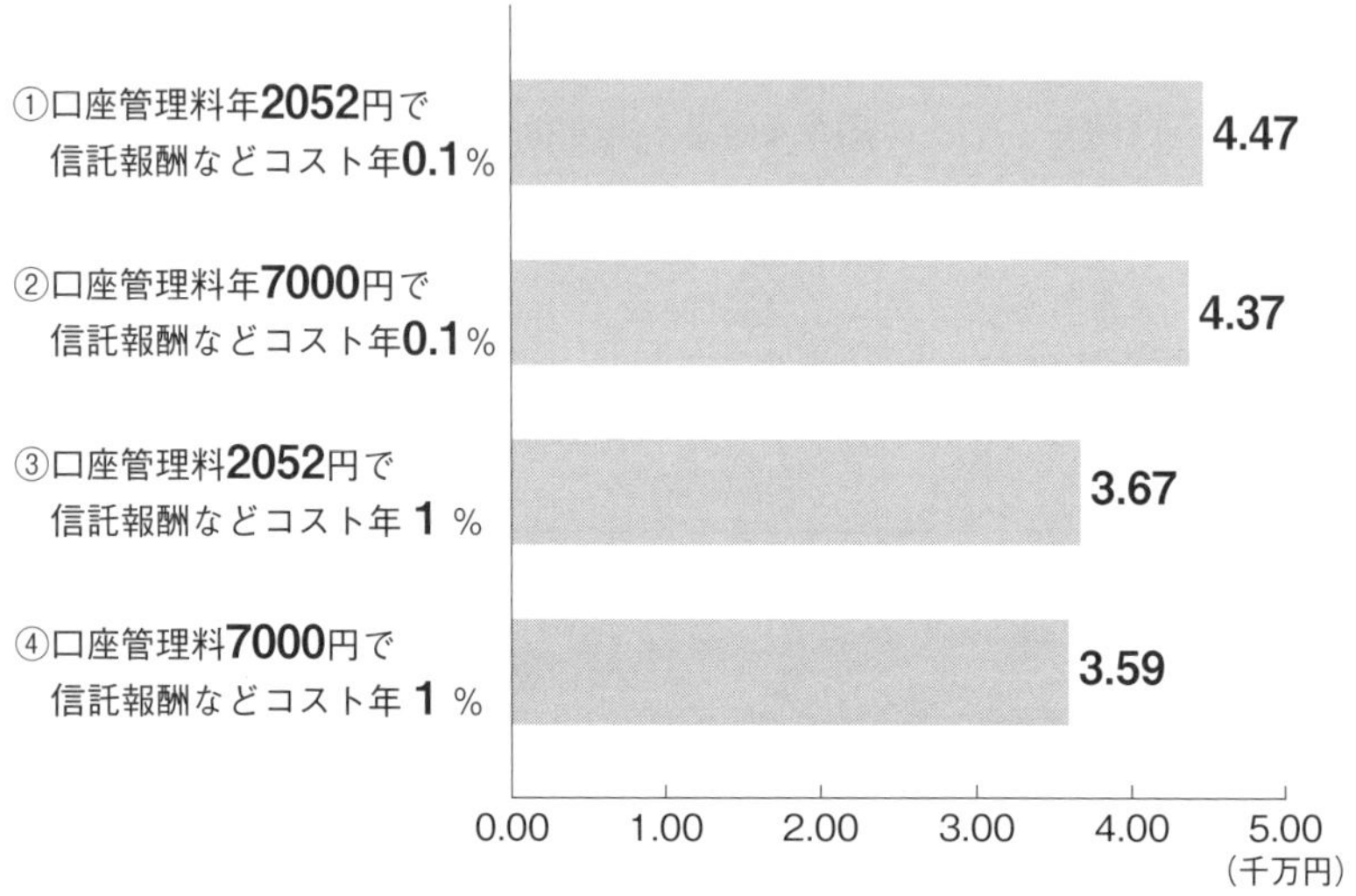

注：1990年1月～2023年8月の世界株指数（MSCI　ACWI、配当込み、円ベース）を対象に月2万円積み立て投資、簡易計算
出所：筆者計算

んな金融機関を選んでしまえば、資産づくりは大きく阻害されます。

仮に、1990年から過去32年弱、世界株で月2万円を積み立て続けた結果をみてみましょう。図表2－14の①のように信託報酬など投信のコストが年0・1％で口座管理料も2052円と低い場合、イデコの資産は4470万円です。②のように信託報酬は低いままでも口座管理料が年7000円になれば、資産は4370万円と100万円もの差になります。

様々な〝イデコ（について解説する）本〟では、口座管理料に運用年数をかけて影響を計算しています。例えば管理料が年5000円違うと、32年では16万円の違いになるといった具合です。しかし掛け金から口座管理料を引いた額が実際の投資額です。運用対象が長期で上昇する場合、口座管理料が高いために実際の投資額が小さくなってしまった影響は、資産価格の上昇とともに複利で拡大していき、長期では100万円もの差になるのです。

次に、信託報酬の違い。③のように口座管理料が2052円と低くても、信託報酬が年1％と高ければ資産は3670万円にとどまります。①に比べて800万円も減ってしまいました。

つまり信託報酬など投信のコストの差の方が通常は影響が大きいのです。「まず口座管理料が安い金融機関を選びましょう」と書いてあるイデコ本が多いのですが、それは間違いです。

間違い　口座管理料の安さを優先して金融機関を選ぶ

このように口座管理料より投信の品ぞろえの方が大事なのです。どちらかだけ優れていることは少ないと言えます。口座管理料が極端に高い金融機関はイデコに熱心でなく、品ぞろえも通常良くないので、そういう金融機関を選ぶと後悔するかもしれません。図表2－14の④のような結果になります。いまだにこうした割高なインデックス型投信を売り続けたり、手数料を多くとれるアクティブ型しか扱っていない金融機関は、生損保、地銀、信用金庫などに数多くみられます。

全般的にお勧めはネット証券

筆者のお勧めはネット証券です。ＳＢＩ証券では、他社が同じジャンルでより低い信託報酬の投信を出せば原則的に追随して引き下げることをうたっている「eMAXIS Slim」という三菱ＵＦＪアセットマネジメントのインデックス型投信のシリーズが使えます。ちなみに83ページでもお話ししましたが、同じ運用会社が「Slim」のつかない「eMAXIS」というシリーズも出していて、こちらは必ずしも引き下げるわけではないので区別しておきましょう。

ＳＢＩ証券では、これまで信託報酬引き下げの先陣を切り続けてきたニッセイアセットマネジメントの「購入・換金手数料なし」シリーズの低コスト信託も組み込まれています。日本株のアクティブ型では過去に好成績を上げてきたレオス・キャピタルワークスのアクティブ型投信「ひふみ投信」の年金向け商品「ひふみ年金」や、やはり好成績だったＳＢＩアセットマネジメントの中小型株投信「ＳＢＩ中小型割安成長株ファンド　ジェイリバイブ」も選択できます。世界株のアクティブ型では、セゾン投信の「セゾン資産形成の達人ファンド」も対象です。

マネックス証券も先進国や新興国の株で「eMAXIS Slim」が使えますし、アクティブ型で「ひふみ」「ジェイリバイブ」「スパークス・新・国際優良日本株ファンド」が選べます。

楽天証券も、主要資産に「たわらノーロード」シリーズなど低コストのインデックスファンドのほか、中小型株も含めて幅広く投資できるインデックス型投信「楽天・全世界株式インデックス・ファンド」「楽天・全米株式インデックス・ファンド」も取り扱っています（なお、こうした投信では純資産の大きい大型株の影響が大きいため、中小型株を含めない全世界株投信と成績の違いはほとんどありません）。コモンズ投信の人気アクティブ型日本株投信「コモンズ30ファンド」も対象です。

各社のアクティブ型については第1章第5節で解説したように「ひふみ」は確かに好調な時期もありましたが、**2023年8月時点でみると、過去3年でも過去5年でも配当込みＴＯＰＩＸにかなり**

大きく負けています。海外株式のアクティブ型の中で好成績という印象が強い「資産形成の達人ファンド」も、実は世界株指数「MSCI オール・カントリー」に多くの期間で負けています。

アクティブ型を資産の一部で持つ選択肢はありますが、資産の中心にするのは慎重にした方がいいかもしれません。イデコは数十年に及ぶ長期運用になるだけに、資産の中心は世界に幅広く投資するインデックス型がお勧めです。

コールセンターや窓口、サイトの使い勝手は

最後は使いやすさです。長く付き合うことが多いので、サイトのみやすさ、コールセンターが土日や平日の遅い時間も受け付けているか、窓口でも説明が聞けるかなども大事です。

イデコは基本的にネットで手続きを行うのですが、何かわからないときはコールセンターに問い合わせるのが一般的です。できれば土日なども対応してくれるところが便利です。ただ、受付時間が平日は午後9時までと長いためか、土日も対応するのは金融機関の3割弱にしかすぎません。

また、対面型金融機関では、りそな銀行は各支店の窓口で口座開設や運用商品の説明が聞けます(口座開設の説明が各支店で聞ける金融機関は他にもありますが、運用商品の説明には特別の登録が必要で、これが可能な金融機関はまれです)。また同行では、加入者はサイトで資産配分などの高度なシミュレーションができて非常に便利です。

確定拠出年金教育協会のサイト「iDeCoナビ」では、各金融機関のコールセンターの休日や受付時間の一覧のほか、サイトの使いやすさの評価も載っていて便利です。

金融機関変更には1～2カ月必要

十分に比較しないまま金融機関を選び、後から口座管理料や投信のコストの高さに気づく人がいます。金融機関変更には様々なデメリットもありますが、不満を抱えたまま運用を続けるのがストレスになるなら変更するのも一案です。その場合、新たに使いたい変更先の金融機関の方で「運営管理機関変更届」を提出します。イデコの資産はそのまま持ち運べず、投資信託などはいったん現金化して新たな金融機関で配分を設定し直す手続きが必要です。変更前の金融機関によっては、他社に資産を移す際に4000円強の手数料がかかることがあります。

変更手続きには1～2カ月かかり、その間は取引できないので値動きが気になる人も多いでしょう。長期運用のなかでの数カ月ですから過度には不安視しなくてもいいのですが、できればはじめから変更しなくてもいい金融機関を選びたいところです。

イデコは基本的に郵送・ネットで手続きができ、質問があればコールセンターなどが答えてくれます。地元金融機関で加入する必要性はありません。ですから、口座管理料が安くて低コスト投信が多いネット証券で口座を開くのも十分検討に値する選択肢です。

4 企業型DCとイデコ、総合活用

通算利回りが1%未満の人が多数

ここからは主に企業型DCについて考えていきます。企業型DCが使える会社員は、2023年3月時点で約800万人にも達しています。会社員の5人に1人程度です。

図表2-15●企業型DCの通算利回り

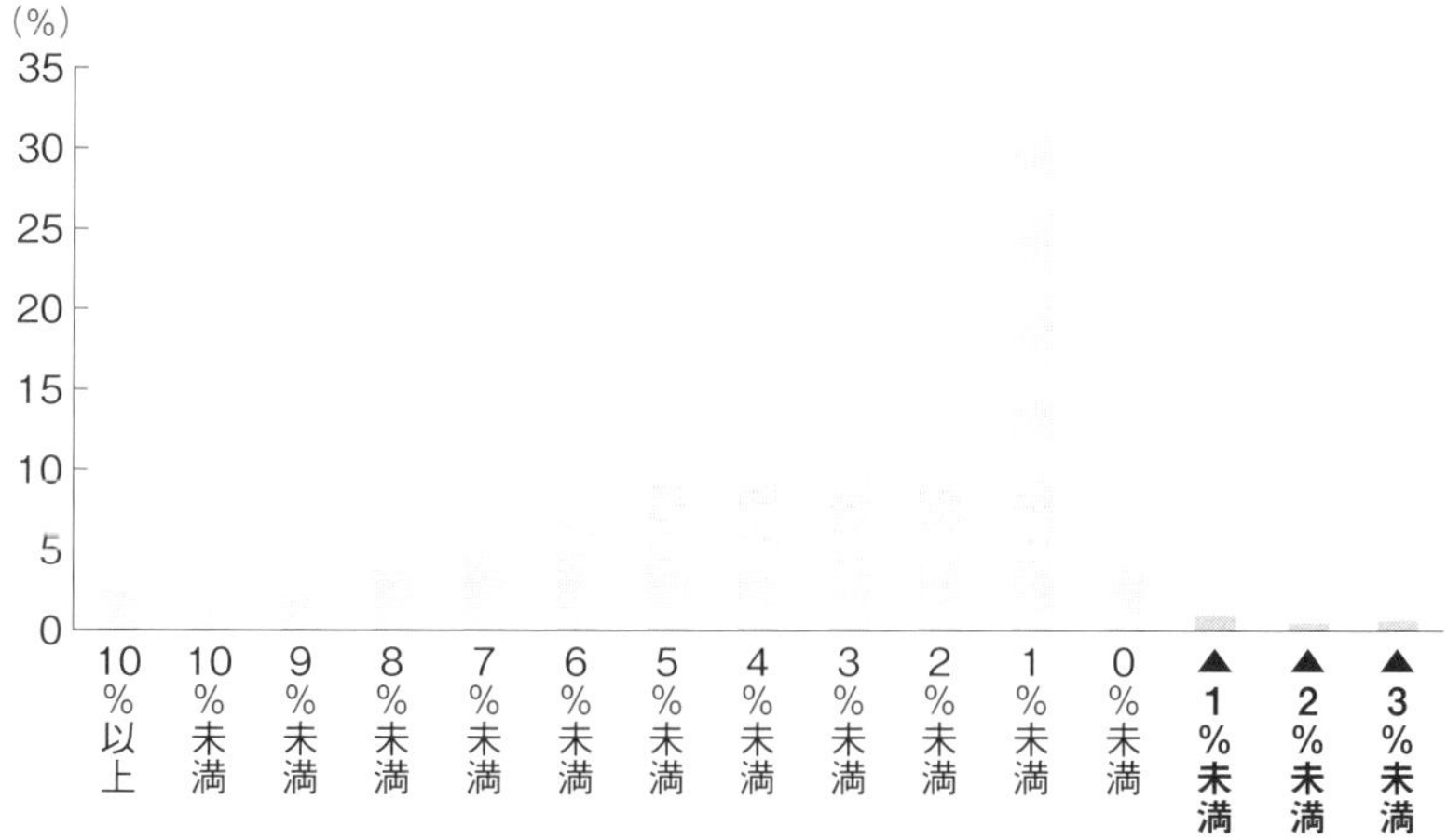

出所：格付投資情報センター、2023年3月時点

現在の企業型ＤＣの最大の課題は、十分に活用されていないということに尽きます。**加入者の3割強は、通算で1%未満のリターンしか上げられていません（2023年3月時点）**。なぜかというと、企業型ＤＣの残高の4割分が、ほぼゼロ金利である預貯金など元本確保型の商品で運用されているからです。一方で、例えば全世界株指数（ＭＳＣＩオール・カントリー、配当込み、円ベース）は企業型ＤＣの導入が始まった２００１年末から２０２２年末まで年率約14%、東証株価指数（配当込み）は同10%上昇しています。元本確保型での運用は株価上昇の恩恵を受けられませんでした。

企業型ＤＣの多くは、退職一時金やＤＢのお金を原資として、ＤＣに衣替えしています。確定給付のままだと、運用に失敗したら会社が穴埋めしなくてはならないという事情もあり、ＤＣへの移行が世界的に進んでいるからです。

その際に、ＤＣの加入者がどれくらいの利率で運用できればもとからあった一時金やＤＢの水準に到達できるか、一定の前提を定めます。これは「想定利回り」といい、会社によりまちまちですが平均は年2％です。2％で回さないと、もともとあった一時金やDBの水準に届かないということです。もちろん、株式を中心にした運用では、資産価格が大きく変動します。しかし、DCは老後に向けた長期の商品です。第1章第1節でみたように、世界全体の株式で長期で運用すれば資産は大きく増える可能性が高いことを再認識しておきましょう。

間違い

損失が怖いためDCでは預貯金を選ぶ

マッチング拠出とイデコは選択可能

企業型DC導入会社の3分の1は、マッチング拠出という仕組みを取り入れています。これは会社掛け金以下の金額という条件付きで、本人も自分のお金を上乗せ拠出できる仕組みです。自分で上乗せ拠出した金額は全額所得控除になり税金計算の対象からはずれますから、その分現役時代の税金が減ります。

運用中は非課税で増やせ、受給時も税制優遇があります。つまり自分で上乗せした金額についてはイデコと同じ効果があるので、マッチング導入会社の加入者は、ぜひマッチング拠出も使うべきです。実際はマッチング導入会社の加入者の3分の1程度しか使っておらず、もったいない話です。

2022年9月までは、マッチング拠出導入企業は、イデコの併用が認められていませんでした。

図表2-16●マッチングとイデコの上限額

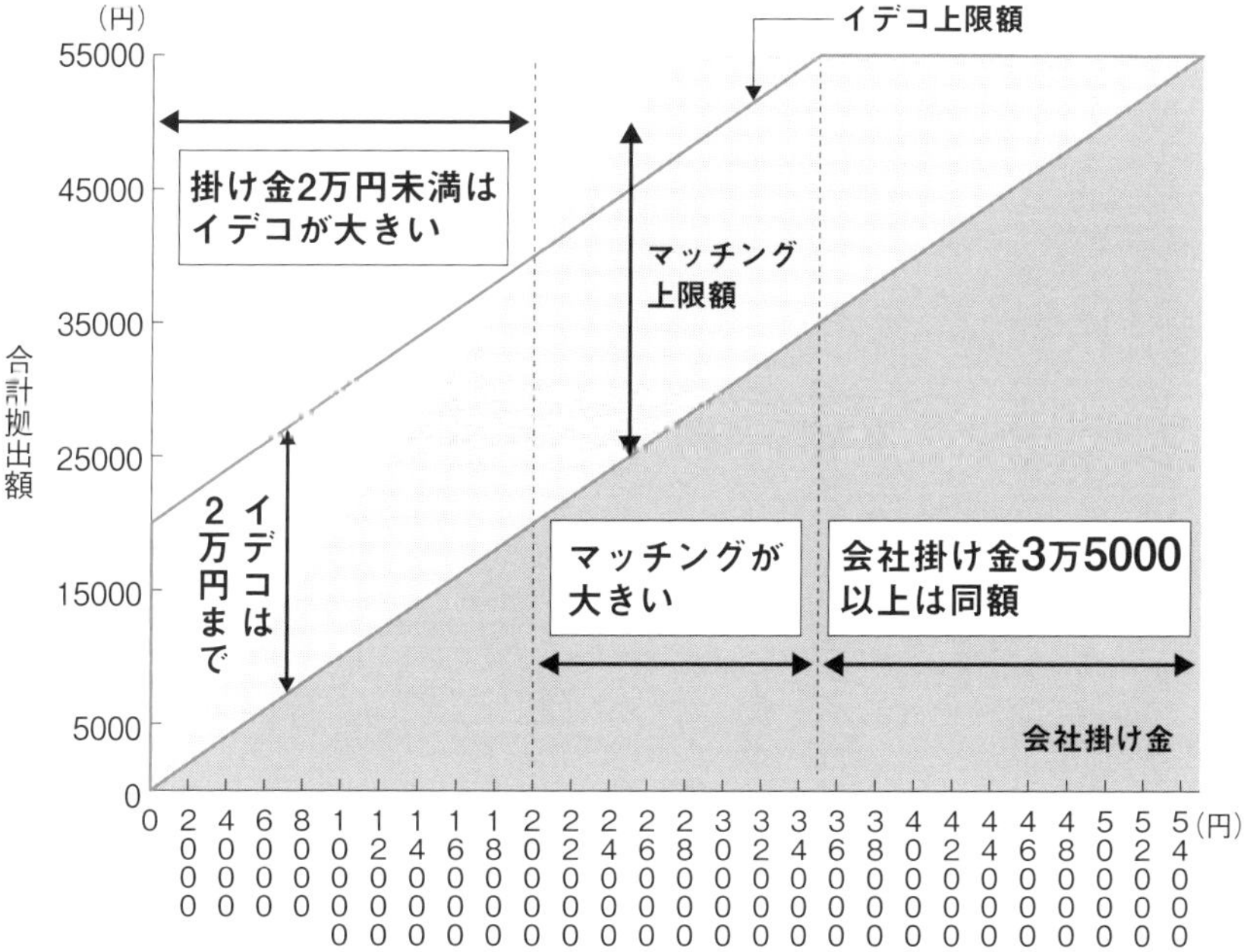

出所：筆者作成

しかし同年10月からは、本人がマッチングかイデコかどちらかを選べるようになっています。では選ぶ際、何を判断基準にすればいいでしょうか。ポイントは3つです。

おそらく最も大事なのは、拠出できる額の比較でしょう。多く拠出できるほど掛け金の節税効果は大きくなるし、運用でより大きく増やしやすいからです。DC全体の枠が5万5000円である企業型DCだけの場合、イデコ上限額は月2万円なので、会社掛け金が2万円未満ならイデコの方が多く拠出できます。会社掛け金が2万円超になると、基本的に同額まで拠出できるマッチングの拠出可能額がイデコより大きくなります。

さらに会社掛け金が3万5000

円以上になると、マッチングでもイデコでも拠出可能額は全体の5万5000円との差である2万円以下となるので同額となります。このように、自分の場合のイデコ上限額と、マッチングの場合に上積みできる額を比べて判断することが大事です。

間違い

会社のDC掛け金が数千円しかないのにイデコよりマッチングを選ぶ

2つ目は品ぞろえです。企業型DCで選ばれている投信は平均的には低信託報酬のものが多いのですが、会社によっては指数に連動するインデックス型であるにもかかわらず信託報酬が年1%もするものがあったり、プロが運用して市場平均を上回ることを目指すアクティブ型投信であっても、必ずしも成績が優れず信託報酬だけ高いものが数多く選ばれていることもあります。

一方、イデコの商品のなかには、金融機関によっては非常に低コストのインデックス型投信が選べる場合があります。会社が用意した運用商品に不満があれば、マッチングを選ばず自分で金融機関と商品を選べるイデコを活用するのも手です。

3つ目のポイントは口座管理料です。イデコは金融機関にもよりますが年に数千円の口座管理料がかかります。一方で会社のマッチングは通常、手数料は会社負担なので有利です。イデコを選ぶ場合、ポイントの1つ目と2つ目を優先的に考えつつ、手数料が数千円かかってもいいかどうかを総合的に判断しましょう。

りそな銀行のサイトでは、加入者以外でもマッチング拠出の様々なシミュレーションができます。「りそな」「マッチング拠出」「シミュレーション」で検索してみてください。

2024年12月からは企業型DC・イデコの多くが金額増加

２０２４年12月からは、企業型ＤＣ、イデコの両方に関係する大きな制度の見直しがあります。その柱は「ＤＣの公平化」です。

イデコと企業型ＤＣを合わせたＤＣ全体の月の上限額は本来５万５０００円ですが、将来の給付額が確定しているＤＢのある会社は現在、ＤＢの掛け金が一律２万７５００円とみなされ、ＤＣの上限も残りの２万７５００円となっています。

しかし実際は、ＤＢの掛け金は９割の会社で２万７５００円を下回り、平均は１万４０００円弱なのです。こうしたＤＢの掛け金が少ない会社のＤＣの枠も、ＤＢの掛け金が多い一部の会社と同じ２万７５００円しかなく、不公平な状態になっています。

見直し後は、ＤＢの掛け金は給付額を基に会社ごとに算出します。５万５０００円から会社ごとのＤＢの掛け金（同じ会社なら一律として計算）を引いた額がＤＣの上限額となります。ＤＢの掛け金が月１万円の例では、ＤＣの上限額は月４万５０００円に拡大します。ＤＢと企業型ＤＣを導入している会社の９割程度で、このようにＤＣの上限額が増えることになります。

一方、ＤＢの掛け金が例えば月４万円と大きい会社では、ＤＣの枠は１万５０００円に縮小します。経過措置として、その会社がＤＢやＤＣの制度設計の見直しをするまでは現行の月２万７５００円のＤＣ枠を維持できるようになっています。

図表2-17●掛け金の額（月）は様々（2024年12月以降）

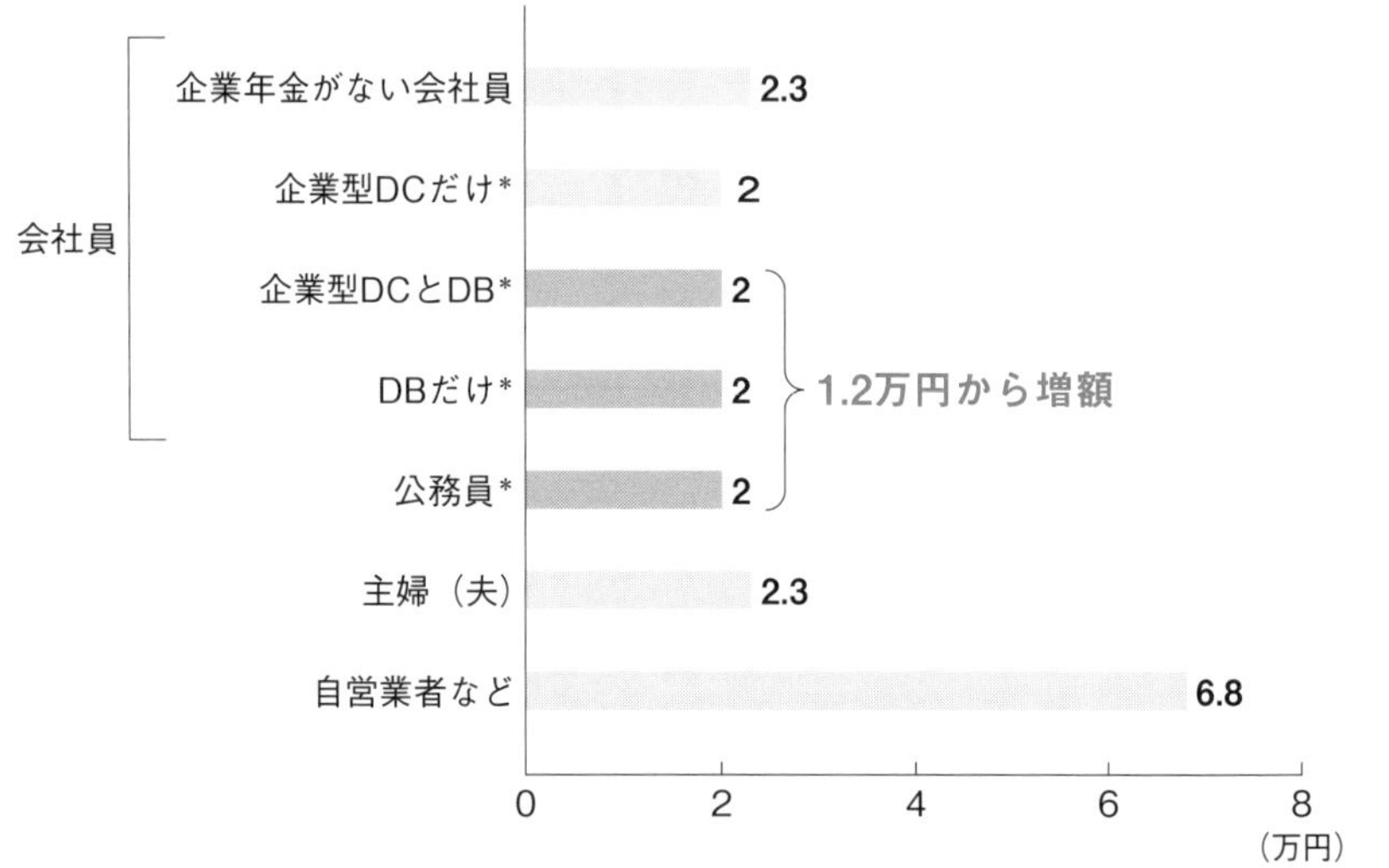

注：＊月5.5万円からDBの会社掛け金（会社ごとに一律として計算）と企業型DCの会社掛け金（個人ごとに計算）を差し引いた額または2万円の小さい方が上限

イデコはDB導入会社の多くが月2万円に

では、イデコはどうなるのでしょうか。

2024年11月までは企業型DCとDBの両方がある会社、あるいは企業型DBだけの会社では、イデコ掛け金の上限額は1万2000円です。

見直し後はDC全体の枠が大半の会社で増えることを反映し、企業型DCとDBの両方がある会社、あるいは企業型DBだけの会社のイデコの上限は原則2万円に拡大します。

つまり企業年金のある会社ではどこでも、イデコについて原則最低2万円を積み立てできることになります（企業年金のない会社は従来通り2万3000円です）。この効果はかなり大きなものがあります。

図表2－18は、枠の拡大と、加入期間が2022年5月から5年延びた効果を合わせたイデコ改正の総合効果を示していま

図表2-18●拠出額が2万円に増え加入が5年延びる効果

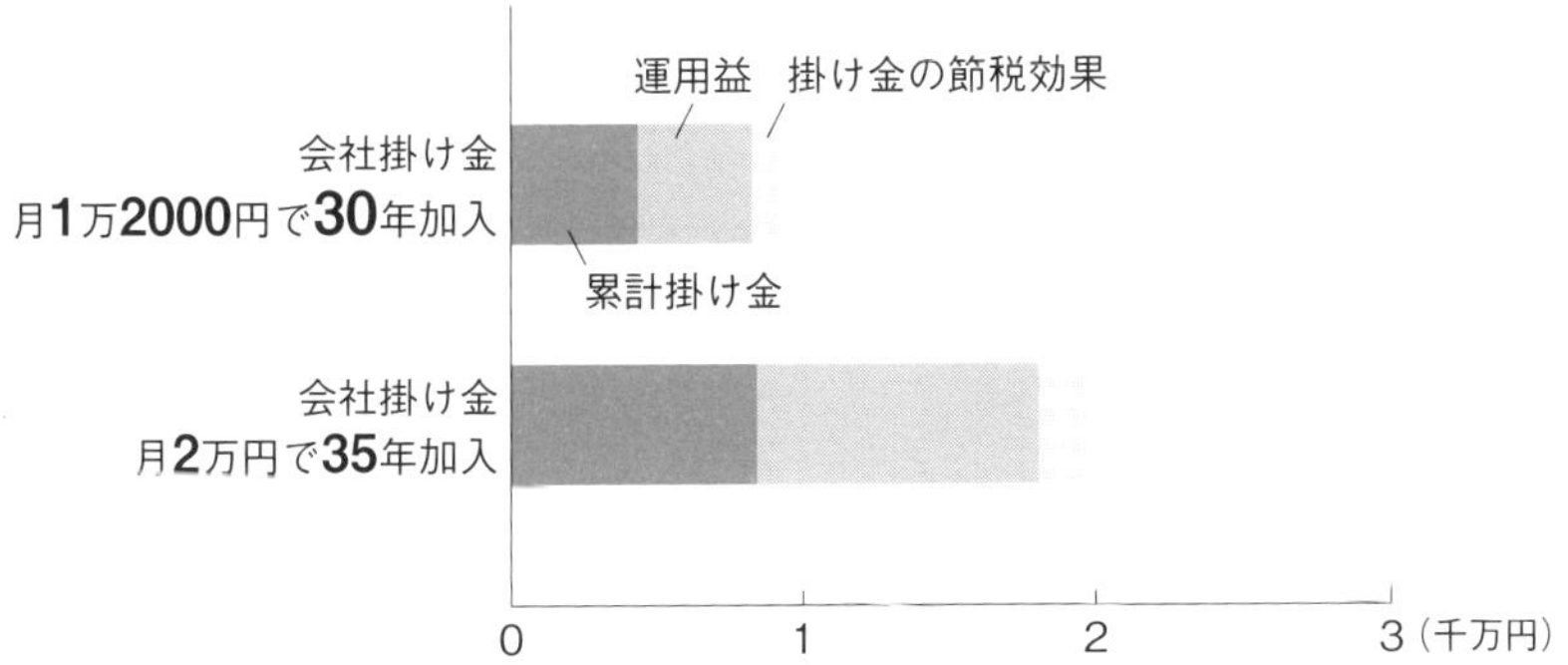

注：年率4%で30年積み立てる場合。所得・住民税合計税率は20%とした
出所：筆者計算

す。月1万2000円で30年拠出した場合と、月2万円で35年拠出できた場合、年4%運用を前提とすると、「元本＋運用益＋掛け金の節税効果」の合計は、919万円から1995万円へと2倍以上にも大きくなります。長生き時代への大きな応援材料です。

ごく一部ではイデコ減額も

ただしイデコは、あくまで企業年金全体の枠のなかでしか併用できません。具体的には「5万5000円－（企業型DC掛け金（個人ごとに計算）＋DB）掛け金（会社ごとに一律）」の金額までとなります。ということは、企業型DCとDBの合計が3万5000円を超えると、超過分だけイデコの上限額も2万円より減ることになります。

先ほど、企業型DCの上限額については、他の年金を引いた額が2万7500円より少なくなっても、新たに規約を変更などしない限り従来の2万7500円を維持できるという救済措置をお話ししました。しかしイデコについてはそのような経過措置はなく、DCとDBの合計額が多くなればイデコの上限額は減っていきます。また、イデコの最低拠出額は月5000円。会社掛け金の合計が5万円を上回るともうイデコはできなくなります。

2022年10月以降にイデコ併用が容易になった会社でいったんイデコを始め、その後に2024年12月からの見直しでイデコの加入可能額が大きく減ったり拠出できなくなったりする場合は加入の意味が薄れます。結果的に、イデコ資産を他の企業年金に移すなど複雑な手続きが必要になるかもしれません。

DCの上限額見直し後のイデコ加入可能額は、会社に聞けば通常教えてもらえます。**2024年12月以降にイデコの枠が大きく減ったりゼロになったりしそうなら、2022年10月以降も併用せずにおく選択もあります。**

コラム

米401kでは15年加入者の平均資産は6200万円

DCは実は資産形成の「1丁目1番地」とも言える仕組みです。諸外国はDCをフル活用することで国民の資産形成を後押ししています。

44万6000ドル弱（6200万円強）――。このすごい金額をなんだと思いますか？　これは米国の企業型DCである401kに15年継続加入した人の平均資産です。

別に米国人が日本人に比べて投資の知識があるわけではありません。「普通の人」が普通に資産を作れるような仕組みができているだけです。米ロウズ・コーポレーションで長く人事部長を務めたアラン・モミヤー氏は、「人はリスクを避けがち。401kでは自然に投資に誘導し、いつの間にか資産が増える仕組みにしている」と話します。

401k導入企業の多くが全員を自動加入させ、給与に対する拠出比率を一定期間ごとに自動的に高める仕組みを採用しています。望まない場合の脱退も可能です。投資先を選ばないと自動選択される「標準商品（デフォルトと呼ばれます）」には、年齢に応じて株式比率を変える投資信託（TDF＝ターゲット・デート・ファンド）などを指定していて、投資を促しています。

米国は標準商品のラインナップに資産が増えにくい元本確保型を原則認めていません。この結果、401kの資産は全体の1割にすぎません。一方で日本は、標準商品に導入する企業の75％が預貯金などを指定していて、企業型DCの資産の4割が元本確保型となっています。

401kの従業員と会社を合わせた年間の拠出上限額は2023年で6万6000ドル（約920万円）です。インフレ連動で前年比8％増です。日本の企業型DCの上限額は年66万円ですから、まさに

図表2-19 ● 米401k加入者の平均資産

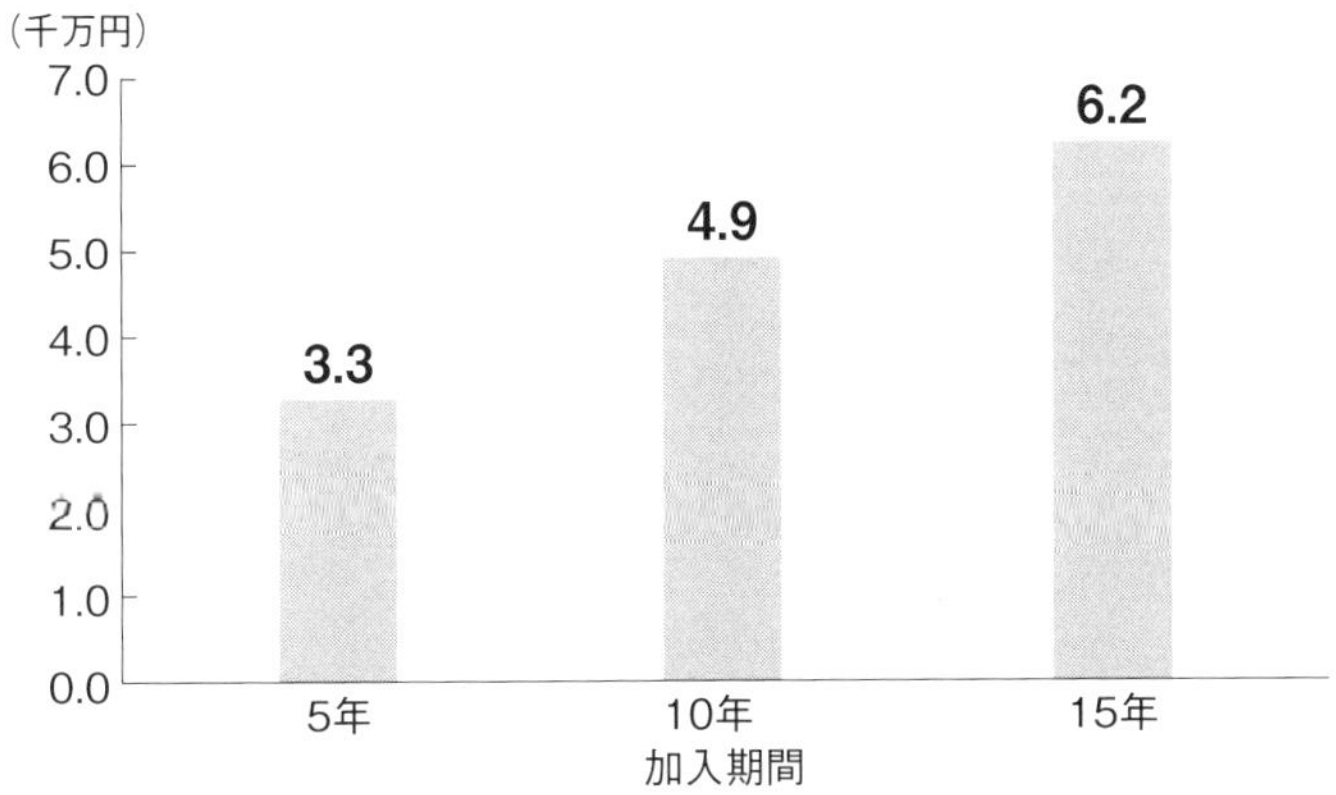

注：2023年第1四半期、1ドル＝140円換算、米フィデリティ調べ

ケタ違いと言えます。

米国の家計金融資産は２０００年以降3・3倍。日本（同１・5倍）を大きく上回ります。牽引力となっているのが株や投信の伸びです。投信を持つのは全世帯の半数で、その8割が４０１ｋなどＤＣ経由での保有となっています。フィデリティ・インスティテュートの浦田春河首席研究員は、「ＤＣでの成功体験はＤＣ以外での株や投信の保有も促した」と指摘します。

ＤＣこそが資産形成の「１丁目１番地」であることをおわかりいただけると思います。

ただ、米国にも弱点はあります。ＤＣ加入者は民間労働者の半分程度で、未加入者との格差が開きがちなことです。

一方、英国は米国以上に踏み込みました。２０１２年以降、すべての企業の従業員は原則ＤＣなど企業年金に加入、給与に対し一定比率以上を拠出させたのです。企業年金加入率は２０１１年までの5割から２０２１年には約8割に高まりました。制度には公的年金を補うべく私的年金を拡充する狙いがあります。

米国同様、標準商品としてＴＤＦが通常選ばれます。ロンドン在住の女性（32歳）は「制度改正後に勤め先に企業年金ができ、加入5年強で資産は約７０００ポンド（約１３０万円）。老後の保障ができ始めた」と話します。

嫌なら脱退は可能な英国以上に強制力があるのがオーストラリアです。ＤＣ主体の私的年金「スーパーアニュエーション」は現在、18歳以上の全員が強制加入です。給与の１割強の拠出を企業に義務づけています。

製造業などで働いた49歳のグレッグ・ツイットさんは、「資産は26万８０００豪ドル（約

2500万円）。海外旅行も楽しめる快適な引退生活が送れそう」と話します。現在、スーパーアニュエーションの資産は約3・5兆豪ドルと名目国内総生産の1・4倍、家計資産の4分の1を占めます。

日本では、30～99人以下の会社で企業年金のある比率は2018年には14％とその10年前より半減しました。投資信託協会や日本証券業協会などは2023年6月の厚生労働省社会保障審議会で「英国やオーストラリアのように、DCなど企業年金への全従業員の加入を検討すべきだ」と訴えました。標準商品からの元本確保型除外や、DCの税制優遇の金額拡大も急がれています。

諸外国とは公的年金の仕組みが違うので、もちろんそのまま導入はできません。とはいえ、日本も見習うべき点が多くあるのではないでしょうか。

5　企業年金は持ち運びで増やす

DBは脱退一時金を浪費しがち

中高年・若年層ともに転職が増えています。その際に重要なのが様々な私的年金の持ち運びです。老後の受給開始まで継続的により大きく増やすための選択肢や注意点を知っておきましょう。

まず転職前がＤＢのケース。会社の規約により条件は異なりますが、一定年数以上勤務をした人などは退職時に脱退一時金がもらえます。しかし**現金のまま持つと、老後に備えるはずの資産を使って**

図表2-20●転職・退職時の私的年金の移行は？

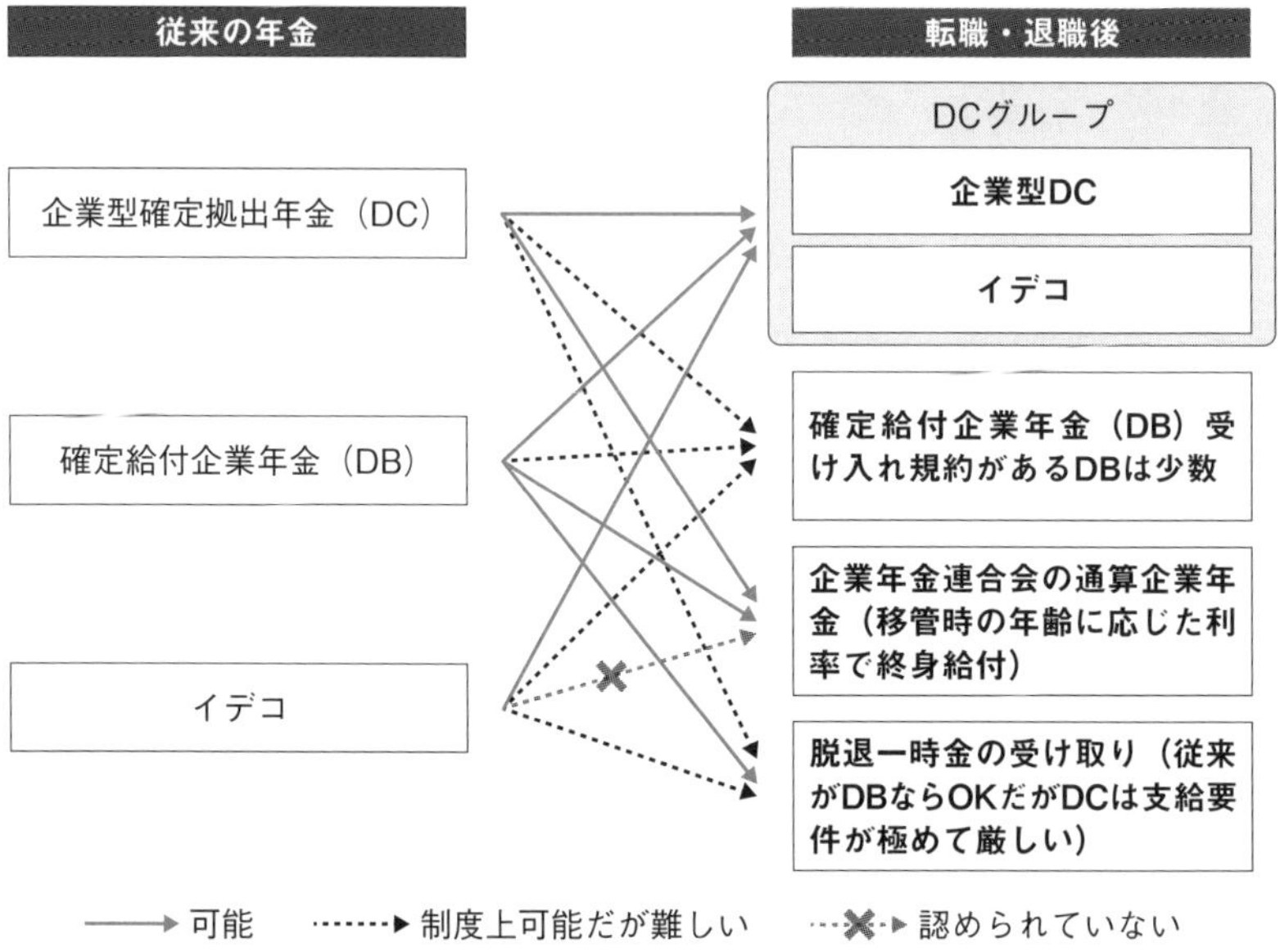

しまいがちですから、他の私的年金に移換して増やし続けるべきです。ちなみに私的年金から私的年金への移換では、その段階で運用益が出ていても非課税であり、課税は実際に受給する時期まで繰り延べられます。

　では転職前がＤＢの場合、どんな移換が可能か、転職先の制度ごとにみていきましょう。まずは転職先にＤＢがある場合。ＤＢは会社が運用してくれる安心感がありますが、会社が認めたときだけしか他の私的年金からの資産を受け入れず、移換できるのはごく少数です。転職先のＤＢに資産移換が可能か要確認です。

　転職前の企業年金が何であれ、常に受け入れ可能なのはＤＣです。会社が掛け金を払う企業型であれ自分で払うイデコであれ、ともに可能です。

　転職先に企業型ＤＣがあればいいです

が、転職先が移換を受け入れないDBだったり企業型DCがなかったりした場合はどうなるでしょうか。自ら金融機関でイデコ口座を開けばDB資産を移すことができ、その後も自分で掛け金を積み増して運用を続けることで資産を増やせます。

このほか、DBの資産は企業年金連合会の通算企業年金という終身年金に移換することもできます。予定利率は移換時の年齢で年0・25%（65歳以上）から1・25%（45歳未満）まで幅があります。この移換時の適用利率は将来も変わりませんが、運用の状態などによっては年金額が増額される可能性もあります。

間違い 転職のたびにDBの一時金を受け取り使ってしまう

DBからDCや通算企業年金に移換できるのは、加入資格を喪失してから1年以内です。それを過ぎると現金給付になってしまうので、早めに手続きしておきましょう。

終身年金ですから、長寿時代の大きな魅力ではあります。特に自分はDCで運用するのが得意ではないと思う人には、通算企業年金は有力な選択肢です。ただ基本的に確定利率ですので、今後日本が長期にわたってインフレになれば、実質的な価値が目減りします。筆者としてはやはりDCへの移換が望ましいと思います。

DCは半年放置すると不利な自動移換に

転職前に企業型DCに加入していた場合はどうでしょうか。転職先企業がDBの場合、転職前の企業型DCの資産をDBに受け入れてくれることを規約で定めている会社は少数です。企業型DCは持ち運びが自由というのが制度上の利点のはずでありそう信じている人も多いのですが、実際はDBでは受け入れが少ないのです。制度と現実には大きなギャップがあります。

企業型DCやイデコへの資産の移換は可能です。通算企業年金は、従来はDBからの移換だけ認められていましたが、2022年5月からは企業型DCからも可能になっています。しかし**6カ月以内に手続きしないと、原則的に年金資産は国民年金基金連合会に「自動移換」されてしまうので要注意です。**

自動移換になると年金資産は現金で管理され運用の指図ができず、株式相場などが上昇しても恩恵を受けられません。また、自動移換になる時点で4000円強が必要になるほか、毎月50円ほどの手数料も引かれ続けます。自動移換者は2023年7月で122万人に達しています。退職時に十分な説明を受けられなかった人が多いようです。

イデコに加入できる年齢は、2022年5月以降は公的年金被保険加入者なら65歳未満に延びています。いったん自動移換になっても、その年齢以下でイデコ口座を開設し資金を移せば再び加入者に戻れます。

現在、イデコに加入している人は、転職でどうなるでしょうか。転職先に企業型DCがある場合、2022年10月から企業型DCとイデコの併用が可能になっていますから、イデコ口座を残してそのまま掛け金拠出を続け、企業型DCとイデコを併用状態にすることも可能です。また企業型DCへの資産移換も選択肢です。

企業型ＤＣとイデコを選べる場合、どちらがお得でしょうか。イデコは金融機関で異なりますが、年に最低２０００円強の口座管理料がかかります。一方、企業型ＤＣは通常は会社負担です。また、併用せず企業型ＤＣだけにまとめると口座管理が簡単ですむという利点もあります。これらが企業型ＤＣに資産を一本化する利点です。

ただ、企業によってはコストが割高な投資信託しかないなど運用商品の品ぞろえが悪いこともあります。その場合は自分で好きな金融機関と商品を選べるイデコの口座を残し、企業型と併用するのも一案です。

また、イデコからの資産移換は、金融機関によっては手数料が４０００円強かかる場合もあります。今後も数年程度で転職をする可能性があるなら、イデコ資産は無理に移換しないことも選択肢になるでしょう。

イデコに加入している人の場合、転職先がＤＢなら通常は移換できませんので、この場合はイデコを継続することになります。ただイデコの掛け金額の上限は、ＤＢのある会社では月1万２０００円で、イデコだけの場合より低くなっています。必ず金融機関に連絡して、掛け金を変更しておきましょう。ちなみにイデコから企業年金連合会の通算企業年金への移換は認められていません。

転職前の会社で運用を続けられるケースも

年齢が高くなってからの転退職では、企業年金の資産を持ち出さず転職前の会社で増やし続ける選択肢もあります。ＤＢなら規約により異なりますが、例えば転退職時に「20年以上の勤務」などの条件で老齢給付金受給の権利が得られることがあります。その場合、前の会社で運用を続けてもらった後に増額された給付を受けられるケースも多くあります。

ＤＢの予定利率が２％超の会社も目立ちます。今後のインフレ率なども勘案し、増額率が十分だと思えば前の会社で増やし続けるのも有力な選択肢です。ＤＢの増額率の規定などをよく確認しておきましょう。

ＤＢで老齢給付の受給権を得た場合でも、通常は一時金として受け取れます。自分で運用し、会社の増額率を上回る自信があればそれもひとつの選択肢です。ただＤＢは過去、経営破綻に近いような状況になれば大きな減額もみられました。前の勤務先の将来に不安があるなら、資産を持ち出すのも一案でしょう。

企業型ＤＣも60歳以上で加入対象からはずれていれば、そのまま会社に資産を残して運用を続けられます。ただし、こちらは自分の運用次第でその後も資産を増やせるかどうかが変わってきます。一方でＤＣは制度上、拠出の時点で個人の資産として明確に分別されますから、会社の経営が悪化したとしても減額リスクはありません。

6 受け取り方の工夫でＤＣの税・社会保険料を減らす

受給時は運用益も含めて原則課税

50歳代のイデコ加入者は２０２２年３月で約80万４０００人と４年で２・７倍弱に急増、足元ではさらに増えていそうです。イデコの運営管理金融機関のコールセンターなどでは、受給方法の質問が目立ち始めています。

「イデコも企業型DCも最初から最後まで非課税」と思い込んでいる人が多くいます。確かに企業型DCもイデコも運用中は非課税です。しかし、受け取るときは受給額全体（つまり元本と運用益全体）に原則課税されます。受給時の税制優遇をどう活用するかで、税・社会保険料負担は大きく変わります。

受給方法は一時金方式か年金方式（図表2－21）、または併用を選べます。一時金なら課税の分類は「退職所得」。会社の退職金もイデコも退職所得控除という非課税枠の対象になり、会社の勤続年数またはイデコの加入年数により20年まで年40万円、それ以降は年70万円ずつ増えます（今後、後半に大きく増える仕組みは見直される可能性もあります）。

実際に計算に使う年数はイデコや退職金の受け取り方などで変わりますが、例えば35年なら1850万円まで非課税です。退職所得控除を超えた額もさらに2分の1にして計算します。

一方、年金方式の課税分類は「雑所得」。公的年金等控除という税優遇があり、60歳代前半は年60万円、後半は年110万円まで所得はゼロとなります。

ただし、退職所得控除は会社の退職金、公的年金等控除は公的年金などと原則共通の非課税枠です。会社の退職金や公的年金額が多い人はそちらで非課税枠をかなり使ってしまい、イデコの資産額の多くが課税対象となることもあります。その場合、イデコと退職金・公的年金の受給時期をずらせば、非課税枠を有効に使えて手取り額を増やせることがあります。

具体的に試算してみましょう。退職金が2200万円の会社員（60歳受給なら勤続35年、65歳受給は同40年）を前提とします。イデコは40歳加入で資産は60歳未満までの20年加入なら550万円、65

図表2-21 ● イデコの受け取り方と税・社会保険料

	一時金	年金
所得区分	**退職所得** ＝(一時金額－退職所得控除)×1/2	**雑所得** ＝年金額－公的年金等控除
社会保険料	かからない	国民健康保険料、介護保険料などの計算対象

退職所得や雑所得にかかる税の計算方法

課税所得金額×税率－税計算上の控除額

課税所得	税率(%)	税の計算上の控除額(円)
195万円以下	5	0
330万円以下	10	9万7500
695万円以下	20	42万7500

注：退職所得の計算式にある退職所得控除は勤続（加入）年数が20年までは1年当たり40万円、21年目以降は同70万円、最低80万円。雑所得の計算式にある公的年金等控除は、65歳未満は最低60万円、65歳以上は最低110万円など

歳未満までの25年加入は750万円とします。

まずは60歳でイデコ（一時金方式）と退職金を受け取るケース（図表2－23の①）をみてみます。退職所得控除は加入・勤続20年までが年40万円、21年目以降は年70万円ずつ増えます。イデコと退職金の受給額の合計から退職所得控除を引いた額の半分が課税対象（退職所得）になります。

退職金とイデコを同時に一時金で受け取る場合、退職所得控除の年数は会社の勤続期間とイデコの加入期間の長い方を使います。ともに60歳受給なら退職所得控除は会社の勤続期間の35年分で1850万円です。退職金とイデコの合計2750万円から1850万円を引き、半分にした退職所得は450万円になります。図表2－21の

図表2-22 ● 会社に35年勤務、イデコに20年加入の場合、退職所得控除は受給時期で様変わり

A

同じ年にもらうときの退職所得控除＝退職所得控除は長い方を使う
→この場合35年＝退職所得控除1850万円
＊「会社の退職金+イデコの合計金額」が1850万円を超えれば課税

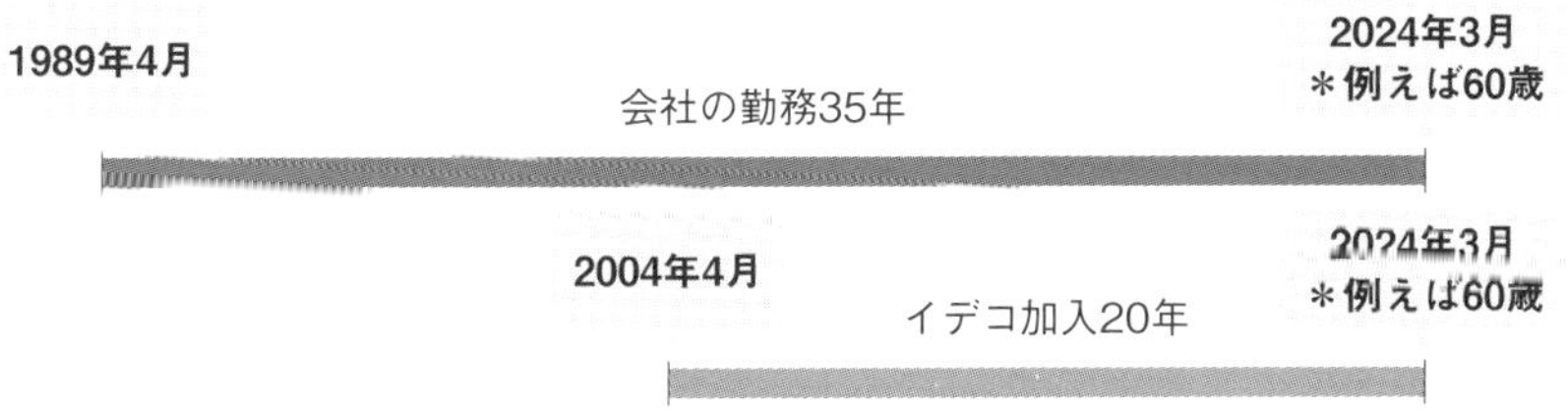

B

イデコの一時金受給よりも20年以内に会社の退職金をもらい、その時点での退職所得控除は全額使っていた
＝退職所得控除は重複期間は除く
→この場合重複していないのは5年分＝イデコの退職所得控除200万円
＊イデコの金額が200万円を超えれば課税

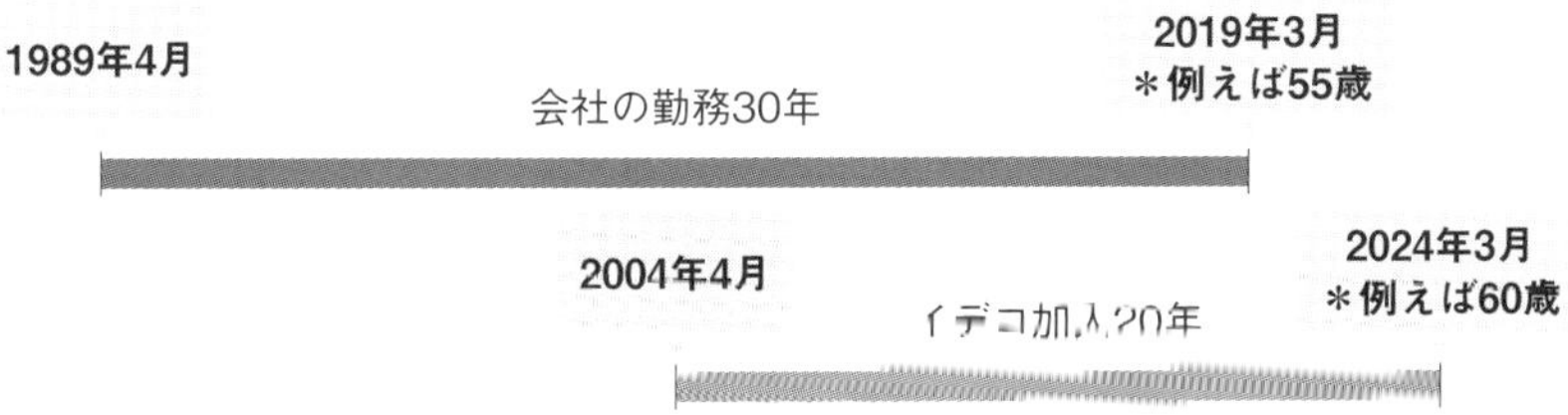

C

イデコの一時金受給の5年以降に会社の退職金をもらった場合
＝イデコの退職所得控除も他の退職金の退職所得控除も両方全額使える
→この場合20年分なのでイデコの退職所得控除800万円を使ったうえで、
会社の退職金の退職所得控除1850万円も全額使える
＊イデコの金額が800万円を超えれば課税

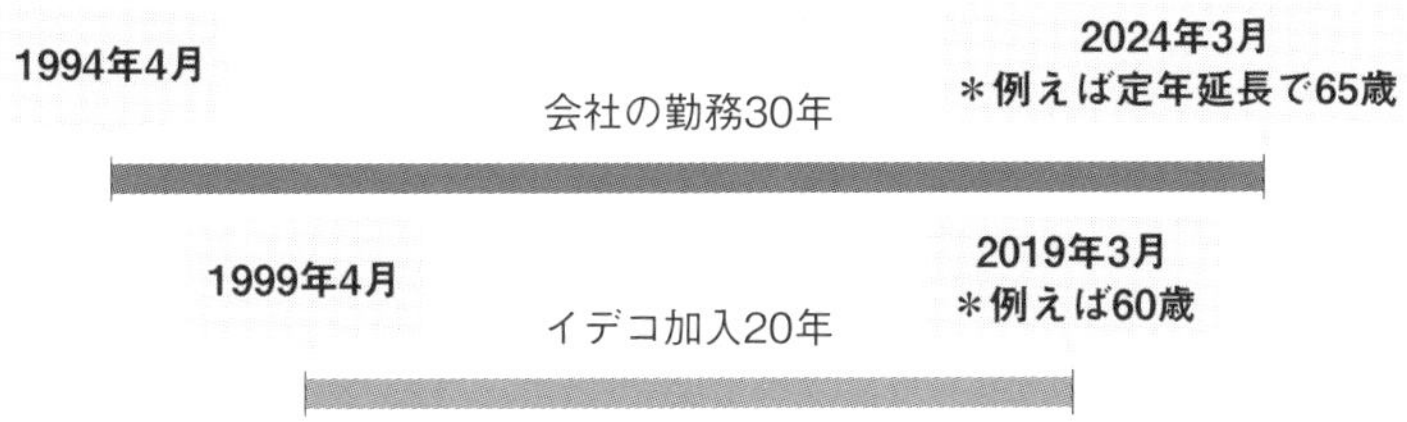

図表2-23● 変わる手取りと税額（退職金とイデコの税金の合計）

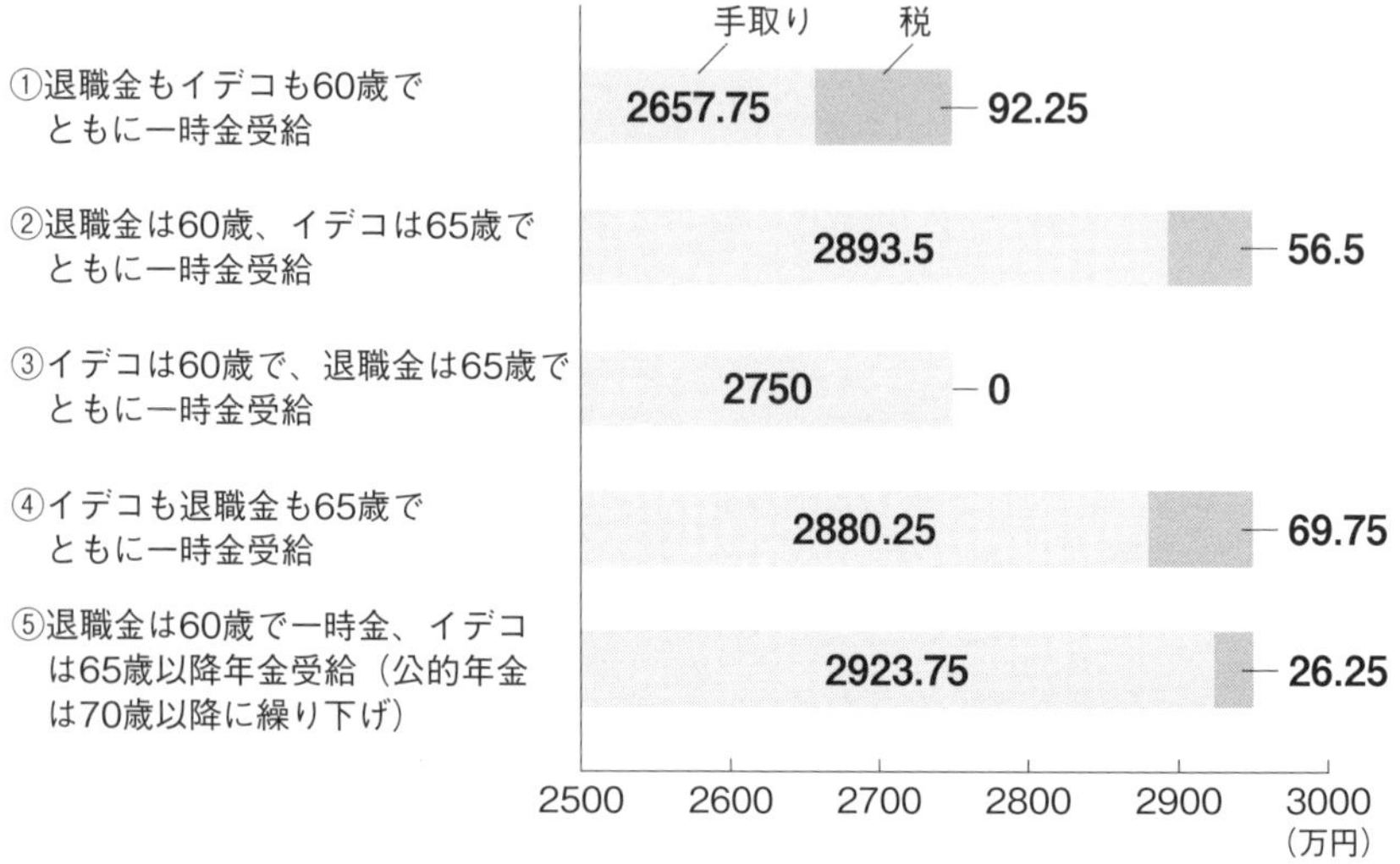

注：退職金2200万円（60歳受給は35年勤続、65歳受給は40年勤続）、イデコは60歳受給なら550万円（20年加入）、65歳受給なら750万円（25年加入）を前提

税の計算方法でこの場合の所得税を計算すると47万２５００円。住民税は一律10％なので45万円、合計の税金は92万２５００円となります。

カギは「時間差」受給

次に、退職金受給を60歳のまま、イデコは法改正を生かして加入を5年延長し65歳で受給する場合を考えます（図表２－23の②）。イデコの受給額は７５０万円に増えたとします。収入の合計は２９５０万円です。

退職金とイデコの受給時期が異なる場合は、収入も税金も個別に計算します。まず退職金については、35年分の退職所得控除を引いて半分にした退職所得は１７５万円なので、これを反映した所得・住民税の合計は26万２５００円となります。

退職金を受け取った年を含めて20年以内

にイデコを受け取るなら、イデコの退職所得控除は会社の勤続期間との重複分が差し引かれます。退職所得控除は60歳以降の5年分の３５０万円（加入21年以上は1年当たり70万円）。イデコの退職所得は２００万円になるので、所得・住民税の合計は30万２５００円となる計算です。

退職金とイデコの税金の合計は56万５０００円。60歳でイデコを受給するのに比べ、収入の合計は２００万円増えたのに税額は下がりました。なぜでしょうか。

所得税は所得が増えるほど税率が上がる累進制です。60歳の年に所得が集中しなかったため適用税率が低くなったのです。イデコの加入期間が延びて退職所得控除が増えたことも寄与しました。イデコ加入延長は、資産増だけでなく、税負担減にも効果があることがわかりそうです。

65歳定年はより有利に

図表２－23の③のように、順番を変えて、60歳でイデコを一括受給し65歳で退職金を受け取った場合はどうでしょうか。増加中の65歳定年の会社では退職金受給が65歳のことも多くあります。イデコを60歳受給にするとこのケースにあてはまります。

イデコの受給年を含めて5年を過ぎた後に退職金を受給すれば、イデコと退職金の退職所得控除を別々に全額使えます。退職所得控除は、イデコが20年分の８００万円、退職金が40年分の２２００万円となります。ともに受給額は非課税枠の範囲で税金はゼロです。ただし、イデコの資産が少ない分、手取りは退職金を先に受け取る図表２－23の②の方が大きくなります。

図表２－23の④のように、イデコ加入を65歳になるまで続け、退職金と同時に一時金で受け取る場合はどうでしょうか。資産は７５０万円に増えています。イデコを60歳で受け取る場合と違って、退

職所得控除を別々に使えなくなるので税負担は増えます。しかし、イデコ資産の増加効果が上回り、手取りは多くなります。運用結果次第ですが、増やせる自信があれば60歳以降もイデコを続けるのも手です。

間違い 退職所得控除や公的年金等控除はイデコ単独で使える非課税枠だ

年金方式、イデコによる税増加「ゼロ」も

最後に、イデコを年金方式で受け取るケース図表2－23の⑤もみてみましょう。**非課税枠である公的年金等控除は60代前半は最低年60万円、60代後半以降は同110万円です。他に所得がない場合は年48万円の基礎控除も加えた額が実質的な非課税枠になるので、60代後半以降なら最低でも年158万円になります。**イデコの受取額が、公的年金等控除に基礎控除を加えた非課税枠を上回れば、税金のほか国民健康保険料など社会保険料にも影響します。

公的年金は原則として受給開始が65歳。しかし70歳まで遅らせればそれまでの5年間は非課税枠（年158万円の5年分で790万円）をイデコに使えます。退職金の税負担がありますが、年金で受け取るイデコ分に課税は発生せず、社会保険料も増えません。結果的に手取り額の合計は①～⑤の中で最大になりました。しかも公的年金は受給を遅らせると1カ月当たりの額が増えます。70歳以降は65歳開始に比べ42％増の公的年金が終身で続きます。⑤のやり方は多くの会社員にとって検討に値す

ると思います。

イデコ資産と企業型ＤＣ、統合も検討

個人が掛け金を払うイデコと違って、会社が掛け金を払うのがＤＣです。この税金計算も基本はイデコと同じです。

企業型ＤＣは２０２２年５月以降、会社の規約次第では最大70歳未満まで加入できるように変わりましたが、実際には多くの会社は60歳未満で加入が終わります。その後は自分で掛け金を払ってイデコを使いたい人も多いでしょう。その際、企業型ＤＣに資産をそのまま残してもいいし、イデコに資産を移換して一本化してもかまいません。ちなみに企業型ＤＣからイデコには非課税で全額を移換できます。

資産をイデコに移換してイデコ加入を続けると、企業型ＤＣの加入期間はイデコの加入期間に加算されます。退職所得控除は加入・勤続期間が21年以上になると年70万円に増えます。企業型ＤＣからイデコへの移換で加入期間を21年以上にできる場合は、別々に受給するより有利になりやすいと言えます。ただし、移換の際はいったん現金化してイデコの口座で金融商品を買い直す必要があります。

イデコや公的年金、他の所得の額は様々で、それにより有利な受給法は異なります。税理士など専門家に相談するのも一案です。そして節税よりも重要なのは、自分の老後設計。60歳以降の働き方など生活プランも踏まえて受給方法を考えていきましょう。

第3章 NISAとイデコ、総合活用で安心老後

1 イデコとNISA 使い分けはどうする

異なる利点、併用がお勧め

これまでNISAとイデコの両方についてみてきました。ここでもう一度、2つの仕組みをまとめてみます。

NISAの改革があまりにも大きく多くの人にとって非常に使いやすいものになっただけに、最近はどうもイデコの影が薄い印象があります。「NISAの生涯投資枠が1800万円あれば十分。NISAだけでいい」との声も多く耳にします。

しかし、2つの制度の利点は多くの点で異なっています。つまり、できる限り併用した方が、2つの制度の利点をフルに受けられるのです。

イデコをNISAと併用する意味をみていきましょう。最大の利点は、当然ですがNISAと合計した節税額の拡大。NISAで1800万円を使ったうえに、例えばイデコに月2万円で30年加入すれば720万円の実質的な非課税枠（受給方法に工夫が必要ですが）を上積みできることになります。

図表3-1 ● イデコとNISAの違い

		イデコ	NISA
積立期間		原則20～65歳	18歳以上
受取期間		60歳以降	いつでも
税制優遇	拠出時	掛け金全額が所得控除	所得控除はなし
	運用時	非課税	非課税
	受給時	原則課税（税優遇あり）	非課税
運用対象		預貯金、投資信託など	投資信託、個別株など
口座管理料		かかる	かからない

特にイデコがＮＩＳＡと異なるのは、所得控除。掛け金が全額税金の対象からはずれ現役時代に減税となることでしたね。節税額は「掛け金額×その人の税率（所得税＋住民税）」。税率20％の人が月２万円を積み立てる場合、４０００円が現役時代に節税になります。**この節税分を自分できちんとＮＩＳＡなどで再投資すれば、月に２万４０００円の積み立てができることになります。**

30歳で投資を始め、年４％運用の場合、本来の月２万円なら65歳時点で１８０６万円の資産になるはずが、イデコの節税メリットを生かしてその分も積み立てれば、２１６７万円と約３６０万円もの資産増になります（図表３―２）。

仮に税率が３割と高い時期がずっと続けば、月に２万６０００円積み立てることができ、65歳時点で２３４７万円と約５４０万円もの差です。こうした利点は、掛け金の節税メリットがないＮＩＳＡにはないものです。

つまり税率の高い人ほど、そして掛け金を多く払える人ほど、イデコを使う利点が大きいということです。逆に言えば、所得のない専業主婦（夫）で両方を積み立てる余裕がない場合は、ＮＩＳＡを優先してもいいかもしれません。

図表3-2 ● 税率20％の人がイデコを使えば積立額を2割増やせる

（税率20％、年4％運用のケース）

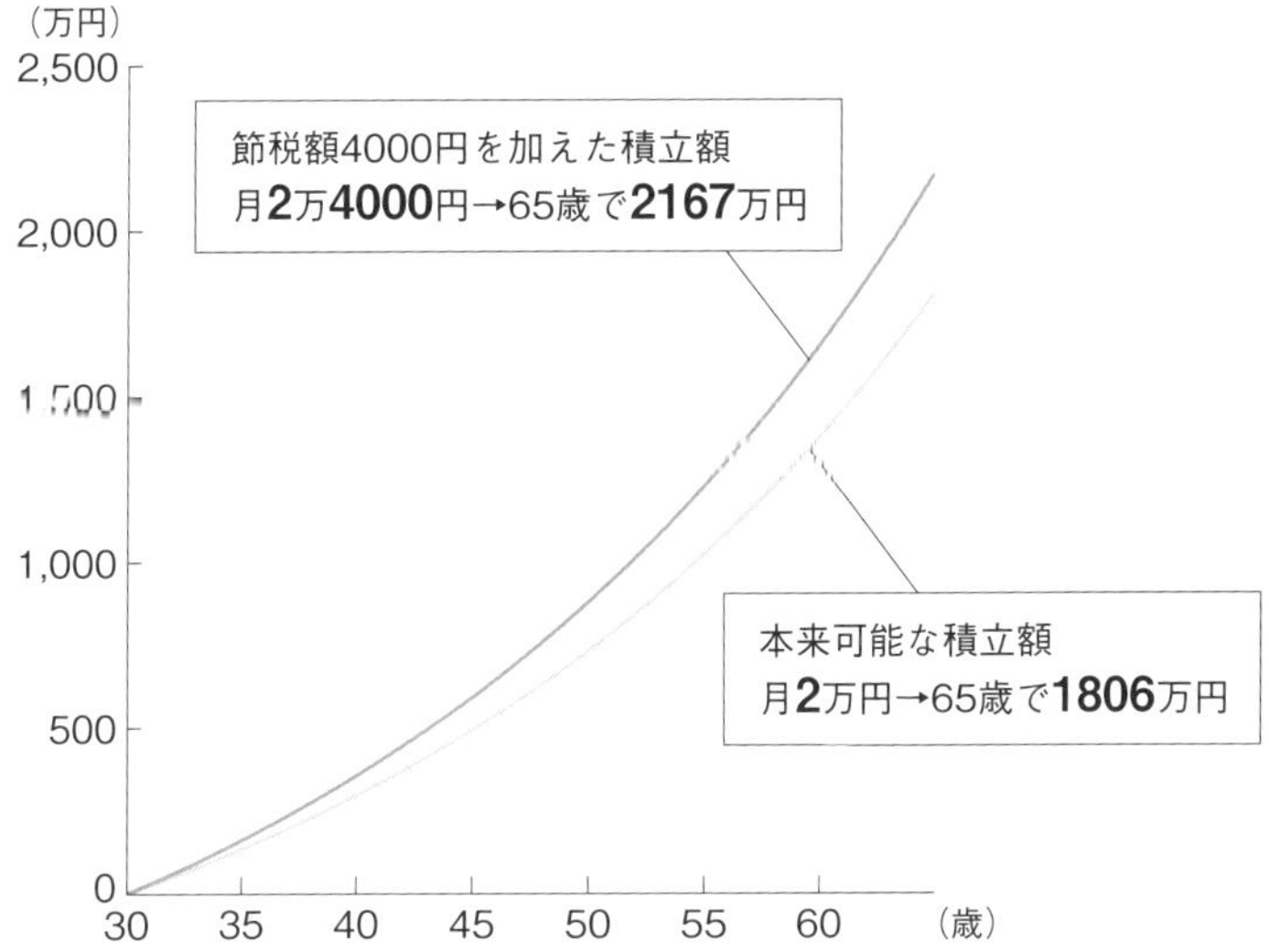

出所：筆者計算

間違い

非課税枠が大きく使い方も自由な新ＮＩＳＡだけでいい

イデコ併用の2番目の利点は、60歳まで引き出せないこと。これは通常、イデコの弱点と言われます。しかし目的が老後資金の場合、途中で引き出せないことは逆に良いことです。特に30～50代などは住宅資金や教育資金などで何かと物入りになります。ＮＩＳＡはいつでも引き出せるうえに、新ＮＩＳＡは引き出せば翌年にまた非課税枠が復活するので、気軽に引き出す人が多くなりそうです。

しかし、老後資金は誰にでも必要で、中高年になってから準備を始めるのでは間に合わなくなりがちです。引き出せないイデコで早いうちから老後資金を作っておくことは大事です。逆に言えば、教育・住宅資金に使うお金をイデコに投入してはいけないのは当然です。

特に老後に厚生年金が見込めない自営業者やフリーランス、企業年金がない会社の社員などは、老後の安定収入が不足しがちです。だからこそイデコは、こうした人たちの掛け金の上限額を多くしています。きちんと生かすべきです。

イデコ併用に重要性がある点の3つ目は、イデコの枠は使わなければ消えてしまうこと。新NISAでは若い時期に使わなくても中高年になってからまとめて活用することもできます。しかし、イデコはそうではありません。せっかくの優遇税制をフルに使うためには、若い時期からの活用が大事です。

重要性の4つ目は、特に早い時期から加入することにより、将来の受給時の非課税枠を拡大できること。イデコを一時金でもらう場合、加入期間20年までは年40万円、21年目からは年70万円の非課税枠が積み上がるのでしたね。今後の税制改正で、例えば全期間で年50万円など前後半の額が同じになる可能性がありますが、長期間加入するほど非課税枠が積み重なる仕組みは変わらないと思われます。できれば若い時期から、少額でもイデコに加入し続けることで、非課税枠を上乗せできます。

ただし逆に言えば、イデコの受給時の非課税枠はこれまでみたように退職金や公的年金と共通。退職金や公的年金の額が大きい人は、受給時にはなるべく手取りを多くするために様々な検討が必要になりますし、それでもイデコの資産がある程度、課税対象になることがあります。その場合、最後まで非課税のNISAの比率を多めにしておくのも選択肢です。

以上のことを考えると、「NISAだけでいいや」と考えてしまうのはとてももったいないことだと思います。

図表3-3 ● 基本的には併用が重要だが…

イデコを優先すべき人	NISAを優先すべき人
● とにかく老後資金を貯めたい	● 教育・住宅資金など途中で引き出す予定の資金が多い
● 税率が高く掛け金の節税効果が大きい	● 専業主婦（夫）など所得がなくイデコの掛け金の節税効果がない
● 投資が怖く預貯金など元本確保型運用で節税効果だけ受けたい	● 元本確保型での運用にこだわらない
● いつでも引き出せるお金は浪費してしまいがち	● いつでも引き出せるお金でも浪費せず慎重に運用できる
● 退職金や公的年金が少なくイデコの受給時に非課税枠を多く使える	● 退職金や公的年金が多くイデコの受給時は非課税枠が小さくなりそう
● 受給時の税金面での有利な受け取り方を考えられる	● 受給時の税金面での有利な受け取り方などに頭を悩ませたくない

資産配分はNISA、イデコ、課税口座の全体で考える

ＮＩＳＡとイデコを活用する場合に大事なのは、アセット・アロケーション（資産配分）。なかでも重要性が高いのは、長期的には大きな成長が見込まれる一方で、値動きの激しい株式という資産をどのくらいの比率で保有するかです。

60ページで債券も含めた資産全体の変動率の考え方をお話ししました。株式（株式１００％の投信を含む）は大きな下落時には年に4割程度の下落も考えておいた方がいいのでしたね。本当は債券も含めた全体を考えるべきですが、話が複雑になりますし、変動率を大きく左右するのは株式なので、ここではざっくりと株式をどの程度持つかを考えます。

そこで大事になってくるのが、資産の置き場（アセット・ロケーション）という考え方です。

簡単に言えば、ＮＩＳＡやイデコなどの運用中は非課税で増やせる口座には、できるだけ長期で増

図表3-4 ● アセット・ロケーション（資産の置き場）で課税後の利益が変わる

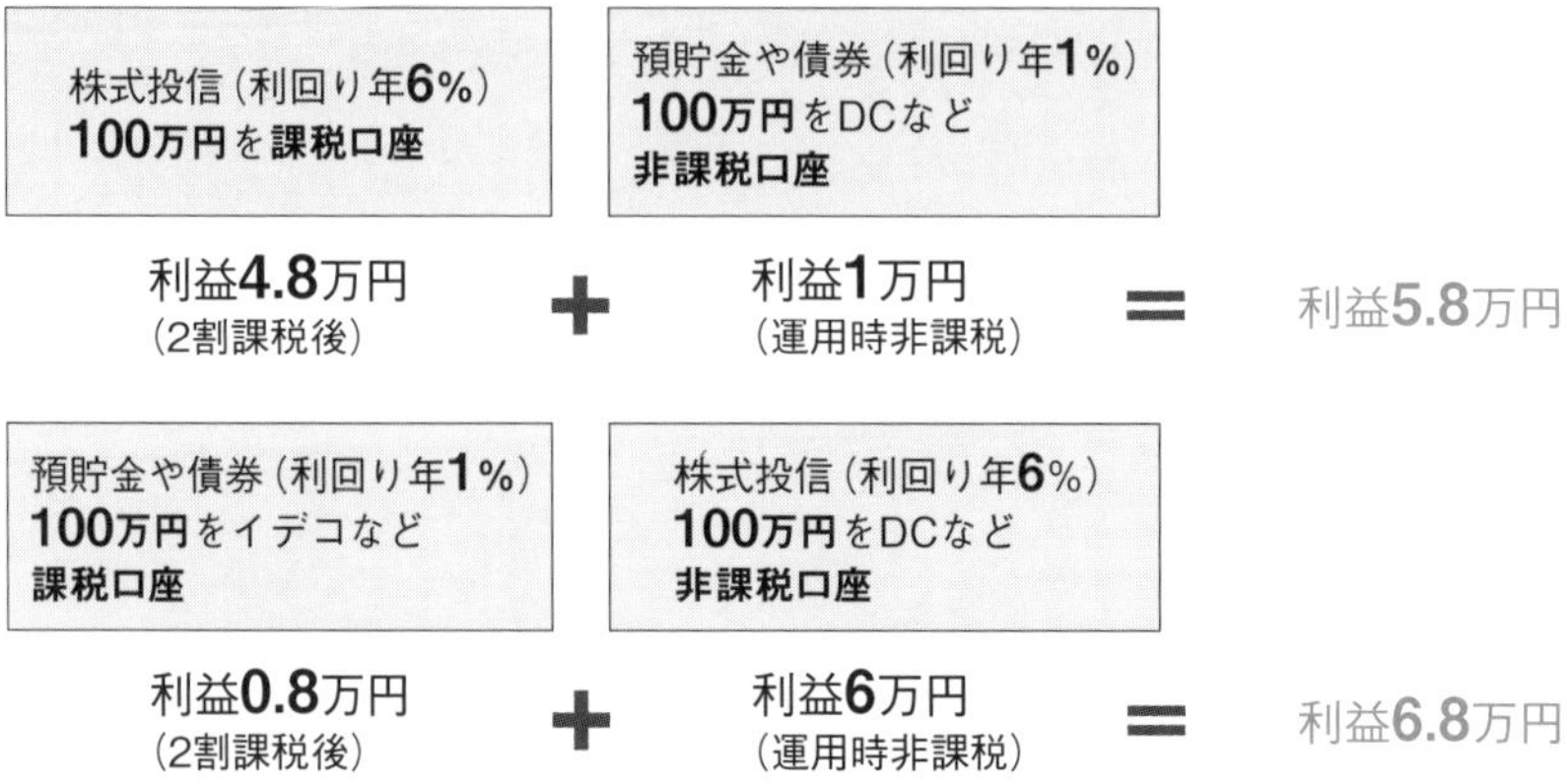

えやすい資産である株式を充当するということです。

図表3－4で考えます。株式投信が年6％のリターンが見込め、預貯金や債券を年1％とします。高いリターンを見込める株式を非課税枠で保有し、低いリターンしか見込めない預貯金などは課税口座で持てばよいのです。この場所をひっくり返してしまうと、税金を引いた手取りの額は小さくなってしまいます。

イデコや企業型確定拠出年金（DC）は60歳まで引き出せない資産ですから、若い時期から運用するなら当然長期保有になります。基本は数十年という長期を考えるならば100％世界株でもリスクは少ないということです。NISAも老後資金として数十年の運用を見込むなら、やはり世界株100％でいいでしょう。

ただ、いくら長期といっても、短期間の変動（リクス）があまりに大きいと、大きな下落局面で運用をやめてしまうかもしれません。自分の許容できるリスクの範囲内で、株とそれ以外の資産の保有を考えましょう。

図表3－5の左側は、主に資産形成層などが資産全体の7割を株式（株式100％の投信を含む）で持つことを考

図表3-5●配分は資産全体で考える

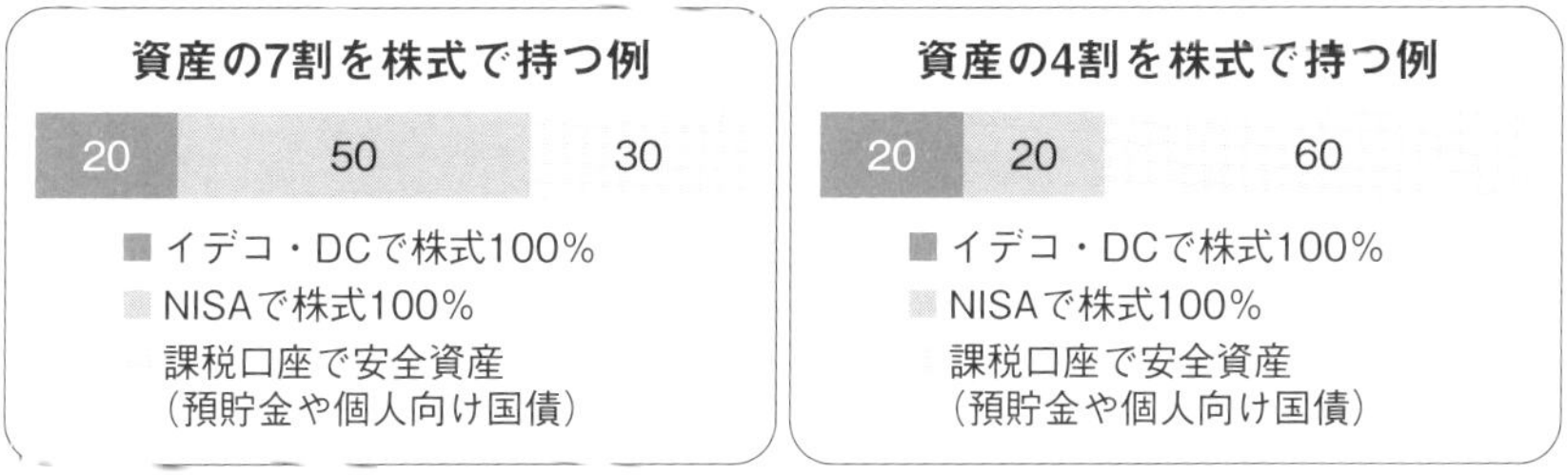

えているケースです。株以外の資産は預貯金や個人向け国債で保有します。長期運用であるイデコや企業型DCに全体の２割を拠出する場合、１００％株式でよいと思います。残り５割をNISAで株式で保有すると株式は合計７割。残り３割の預貯金や個人向け国債は課税口座で保有します。非課税で運用できるDCやNISAは、大きく増えやすい株式を優先的に充てるという考え方です。

ところが実際には、DCでは平均的に資産の４割程度が預貯金など元本確保型です。NISAでも債券中心のバランス型投信で運用している人は多くいます。

ついついDCやNISAのなかだけで株とその他資産の配分を完結させてしまいがちだからです。しかも、会社で実施しているDCなどの研修教育でも、DCの資産のなかだけで株や債券の比率を考えるような教育も非常に多くみられ、不合理です。

これはどうも、DCの導入元である米国で、DCの資産の多くをターゲット・デート・ファンド（TDF）などバランス型投信などが占めていることをそのまま研修教育の参考にしているからだと見受けられます。

しかし１８６ページのコラムで紹介したように、米国の４０１ｋの年の上限額は９００万円強。これほど高額であれば、全額株式はリスクが大きすぎるので、債券も組み入れて変動を抑えるのが当然です。一方で日本は、DBのない会社でも年66万円にすぎず、文字通りケタが違います。こういう少額であれば全額株式でも資産全体の変動はたいしたことになりません。全額株式でいいと思います。

NISAでも、長期運用であれば全額株式で大丈夫でしょう。課税口座の預貯金3割も含めた資産全体でみれば、資産全体を株だけにするよりも値動きは抑えられます。

中高年以降で資産全体の値動きをもっと抑えたい場合はどうでしょう。図表3－5の右側の図のように、例えば株式の比率を4割程度にしたい場合、同じような考え方で株式をイデコや企業型DC→NISAの順にはめ込んでいけばいいと思います。

「株式は非課税で運用できる口座に優先的に充てる」というアセット・ロケーション（資産の置き場）の考え方を基に、アセット・アロケーション（資産配分）は課税口座も含めた資産全体で考えることが大事です。

間違い　NISAやイデコの口座のなかだけで資産配分を考える

2 安心できる老後にNISA・イデコを生かす

安心できる老後へ2つの考え方

これまで主に、NISAとイデコ（DC）を使った資産形成のことを考えてきました。今度はそうして作った資金を基に、どうやって長い老後を安心して使っていくかを考えます。図表3－6で主に2つの考え方をみていきます。

ひとつは、自己資金を、公的年金では足りない額だけ、少しずつ長い期間取り崩していく方法です。この手法の難点は、いつまで生きるかわからないため、長生きするにしたがって自己資金がいつまでもつか不安になることです。どのようにすれば自己資金を長く取り崩せるかがポイントになります。

もうひとつは、長生きリスクは主に公的年金に委ねる方法です。公的年金は原則65歳受給ですが、受給開始を1カ月遅らせることに0・7％増額されます。70歳まで5年遅らせると42％増です。この方法の難点は、年金を遅らせる間、無収入になること。つまり自己資金は年金受給までの間の「つなぎ」「継投」に主に使うことになります。一方で、公的年金は終身給付なので、繰り下げで増やした額が生涯続き、長く生きるうえで安心感があります。この2つは必ずしもどちらかだけを使うのではなく、組み合わせるやり方もあります。

運用しながら取り崩す

まずは自己資金を長期で少しずつ取り崩していく方法。過去の実際の市場の動きにあてはめて考え

図表3-6●自己資金と公的年金の使い方のイメージ

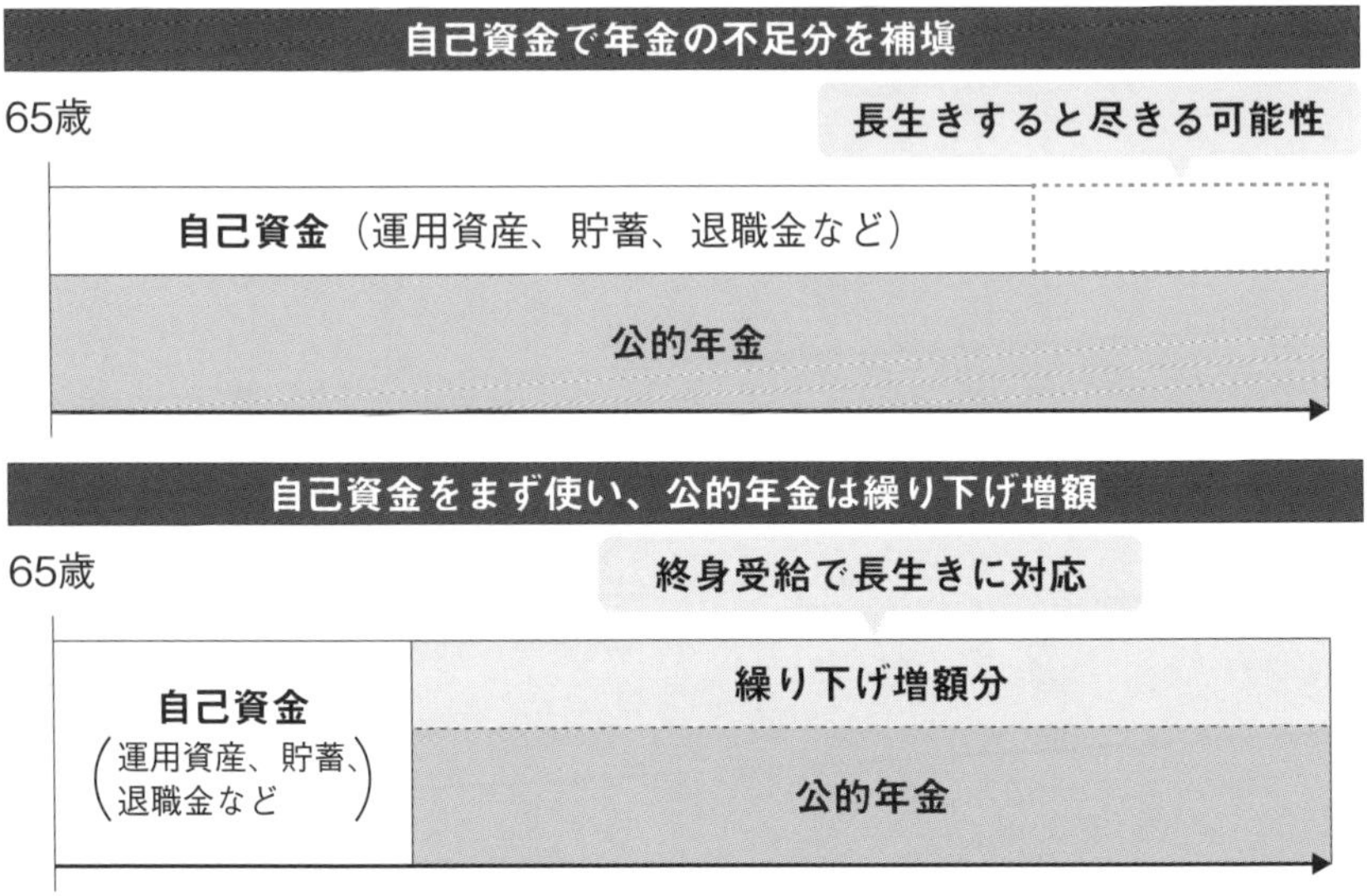

てみます。図表3－7では1990年末が64歳末だったと仮定して、96歳末にあたる2022年末までの資産の動きをみます。

64歳末で3000万円の資産があっても、運用しないまま毎年120万円ずつ取り崩すと、資産は89歳末でゼロになっていました（③の線です）。長生きの女性の場合などは不安になるかもしれません。

検討したいのが、リスクを抑えつつ運用を続けながら取り崩すことです。65歳から、バランス型投信などで日本株、日本債券、外国株、外国債券の4資産分散投資を続けながら取り崩しを続けたとします。線①（目盛は右軸）が実際の4資産運用での価格の動きです。

4資産分散で運用しながら年120万円ずつ定額で取り崩したとすると、96歳末にあたる2022年末の資産（④の線です）は4936万円と増えていました。

もちろん、いつもこうなるわけではなく、資

図表3-7 ● 運用しながら3000万円を取り崩すと…

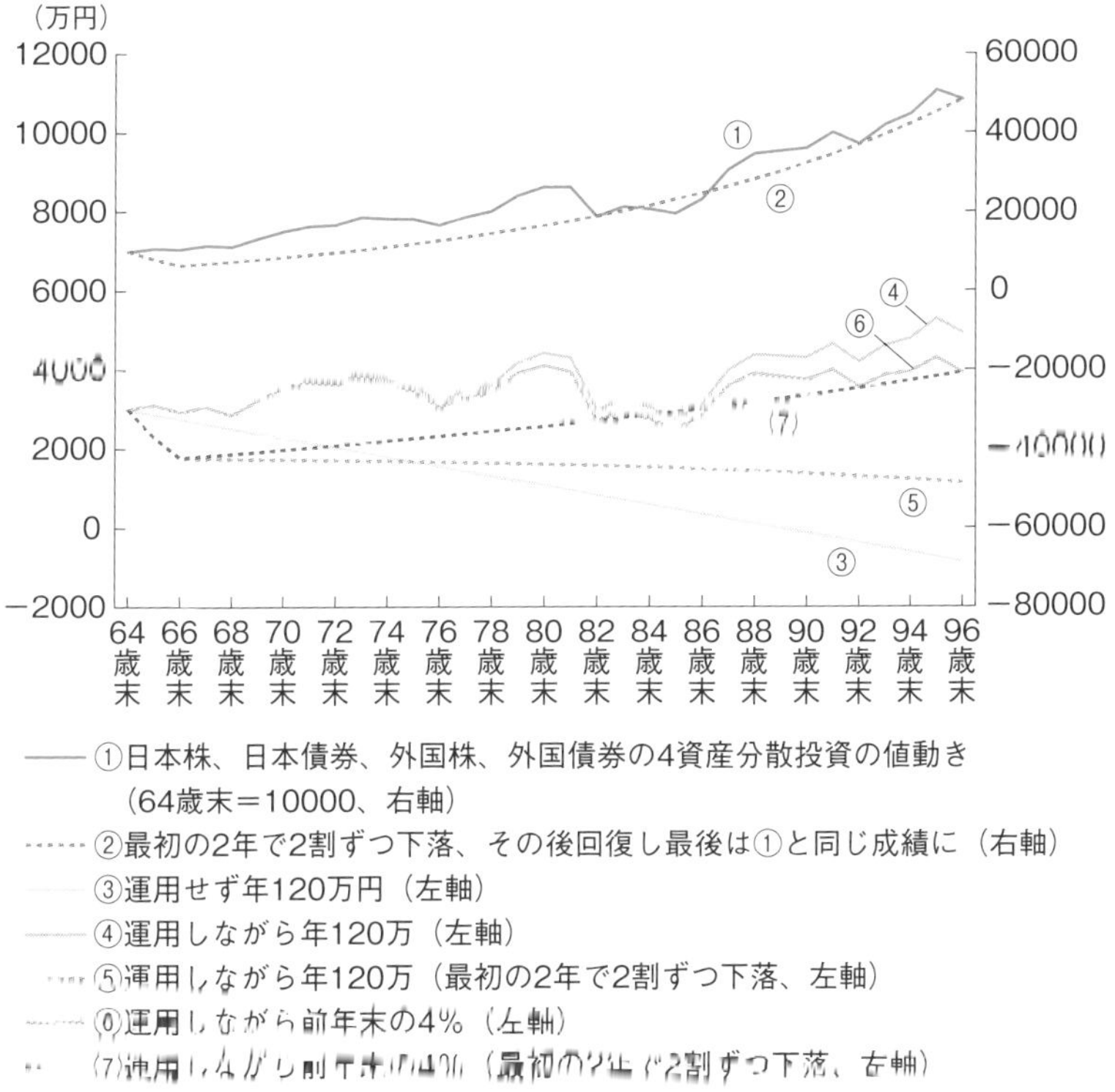

産の額と取り崩し額の関係、運用成績により結果は大きく変わります。しかし世界全体に投資した場合、長期では価格は上昇しやすいことを考えると、運用しながら取り崩すことで資産寿命を延ばせる効果は大きいと言えます。

ちなみにこれまで何度か計算したように、期間30年で終了時期を１カ月ずつずらしながら多くの期間を平均すると、４資産分散投資の過去の平均利回りは年５％強。１９９０年末以降の平均利回りは年４・５５％で、過去の平均よりはやや低めでした。

定額取り崩しに大きなリスク

問題は、当然ながら運用結果は時期によりまちまちであること。特に怖いのが、取り崩し時期の前半に資産価格が大きく低迷することです。そうなった場合にリスクが大きいのが、定額で取り崩す手法です。

資産形成期の積み立て投資では、定額で積み立てることに利点がありました。安いときにたくさんの量を買える一方、高い時期には買う量を抑えられた結果、同じ量を買い続ける場合に比べ平均取得価格を抑えることができました。

しかし、取り崩しではこれが逆になります。定額で取り崩すと、本来ならたくさん売りたい価格の高い時期に少しの量しか取り崩せず、本来ならあまり売りたくない価格の安いときに多くの量を売らなければならないからです。

このため取り崩しの初期に価格が低迷してたくさんの量を売ってしまうと、その後価格が戻ったとき、すでに保有資産の量が減ってしまっているために恩恵をあまり受けられないということが起こります。

図表3－7の線②は、初期に価格が低迷した場合の4資産分散の架空の値動きです。最終的な上昇率は①と同じです。ただ当初の2年間に価格が2割ずつ下落し、その後は回復して2022年末には実際の4資産分散での上昇率に一致する「当初成績不振」のケースです。このケースで年に120万円を取り崩すとどうなるでしょうか。

当初は成績不振でも最終的な価格は線①と同じなので、年120万円の取り崩し結果も同じかというと、そうではありません。当初成績不振のケースで120万円ずつ取り崩すと、せっかく運用しながら取り崩したのに、96歳時点の資産は1100万円強と、実際の値動きの場合に比べ大幅に少なくなっていました（⑤の線です）。

前半の大きな取り崩しで資産が大きく減ってしまっているので、後半に価格が上昇しても恩恵を受けづらかったのです。

このように、最終的な騰落率が同じでも前半に価格が低迷すれば取り崩し後の資産が減ってしまうことを「シーケンス（順序）リスク」または「収益率配列のリスク」と呼びます。途中の値動きの順序によって結果が変わってしまうからです。

間違い

資産の取り崩しも定額で行うと有利だ

これを避ける方法が「定率」取り崩しです。例えば「当初成績不振」のケースでも前年末の資産の4％を取り崩すルールだと（⑦の線です）、資産の最終額は3930万円になっていました。実際の運用成績である①の線に基づいて前年末の資産の4％取り崩しをした結果（⑥の線）も同じ3930万円です。

このように定率の取り崩しの場合、資産の最終的な価格が同じであれば、途中でどんな値動きをしようと取り崩し後の最終的な金額は必ず同じになります。シーケンスリスクを回避できるわけです。

このため取り崩しの場合は定額ではなく定率の方が、値動き次第で最終的に資産が減ってしまうリス

図表3-8 ● 定額取り崩しと定率取り崩しの違い

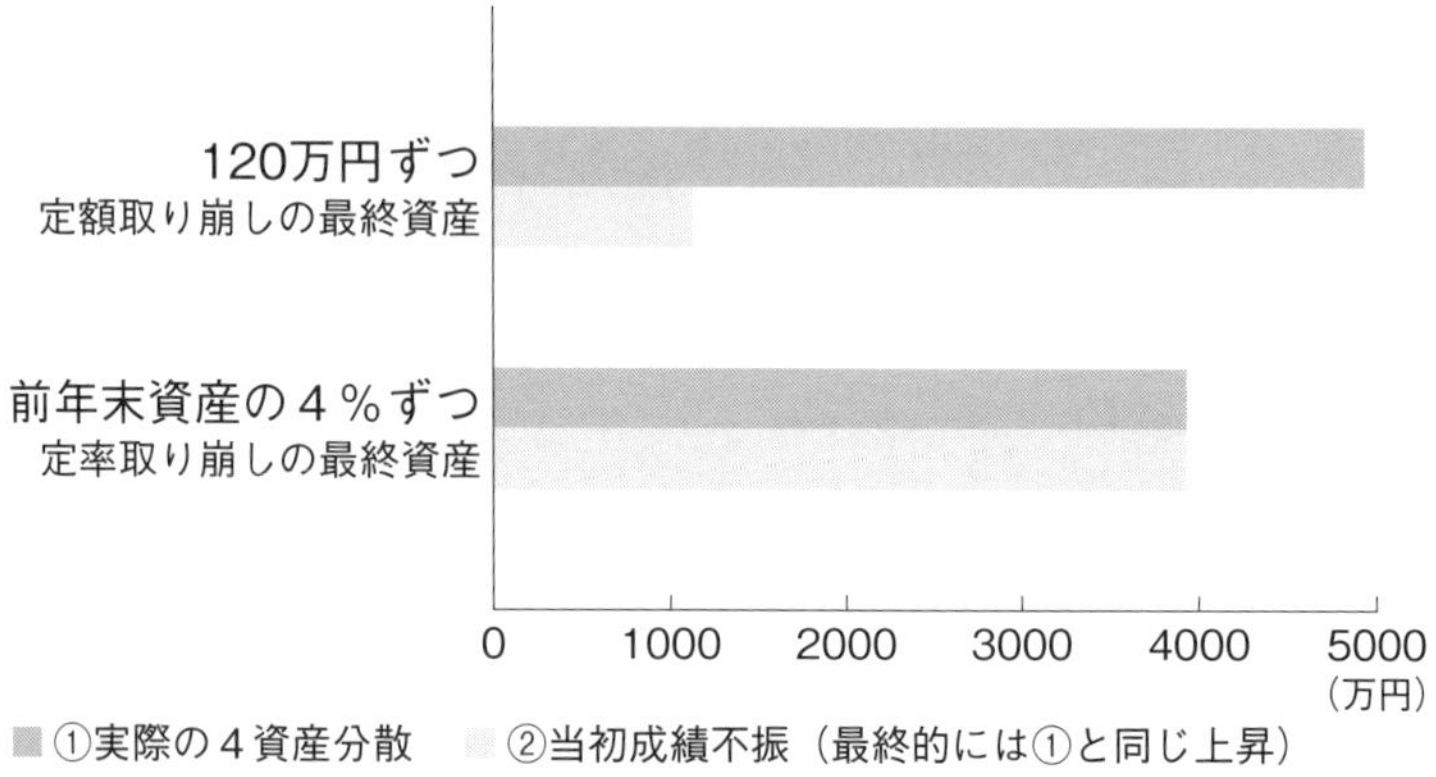

出所：筆者計算

クを回避できます。

例えば長期の運用成績で年４％が見込める資産配分であれば、前年末の資産の３％を取り崩すというルールを毎年初めに実行し、その年は取り崩し内での生活を心がけることで、年間の資産の目減りをおおまかには１％に抑えることができます。

ただし、定率取り崩しには欠点もあります。下落時に資産が減っていれば取り崩し額が不安定になり、生活設計が立てにくくなることです。図表３－７の線⑦のケースでの試算では、合計の取り崩し額は３４１５万円と定額取り崩し３８００万円より少なくなっていました。

定率取り崩しの場合、①相場低迷時には倹約で生活費を抑える、②相場上昇時に定率で多く売れた場合はその分を貯めておき、相場下落時に取り崩し額が減った際に活用する、③別途預貯金を用意しておき、リスク資産での取り崩し額の減少が大きい場合は補塡する――などの対策が必要です。

さらに、本質的には取り崩し前の65歳時点の資産をより大きくしておくことが大事です。例えば価格下落時の資産の3%という比率は同じでも、資産が大きければ十分に生活費をまかなうことができるからです。そのためにも本書でお話ししてきた、NISAとイデコをなるべく早い時期からできるだけ多くの掛け金で活用することが重要です。

定率取り崩しを理屈通りに実施することが難しい場合でも、相場不振時には少しでも取り崩し額を減らすということが、その後の価格回復期の恩恵を大きくし資産を長持ちさせる秘訣であることは、覚えておきたいところです。

なお、試算では長期的な影響を考えるため90歳代後半までを表示しましたが、取り崩し額の変動など様々な不便さもある定率取り崩しを、ずっと続ける必要はありません。大きな下落時に定額で取り崩して資産が減る影響が大きくなるのは、特に取り崩し期の前半に起きるケースです。前半に資産が減ってしまうと、その後の回復局面の恩恵を活かせないからです。逆に言えば、取り崩し期の前半を定率取り崩しによって下落時に売る量を減らすことで乗り切れれば、後半は定額取り崩しでもかまわないでしょう。

いつまで定率でいつから定額かはその人次第ですが、一般に認知症リスクが高まる80歳以降、あるいはその少し前の75歳以降は、簡便な定額取り崩しに変えてよいのではないでしょうか。

間違い 定率での取り崩しはずっと続けなければならない

図表3-9●公的年金増額と必要な自己資金の例①

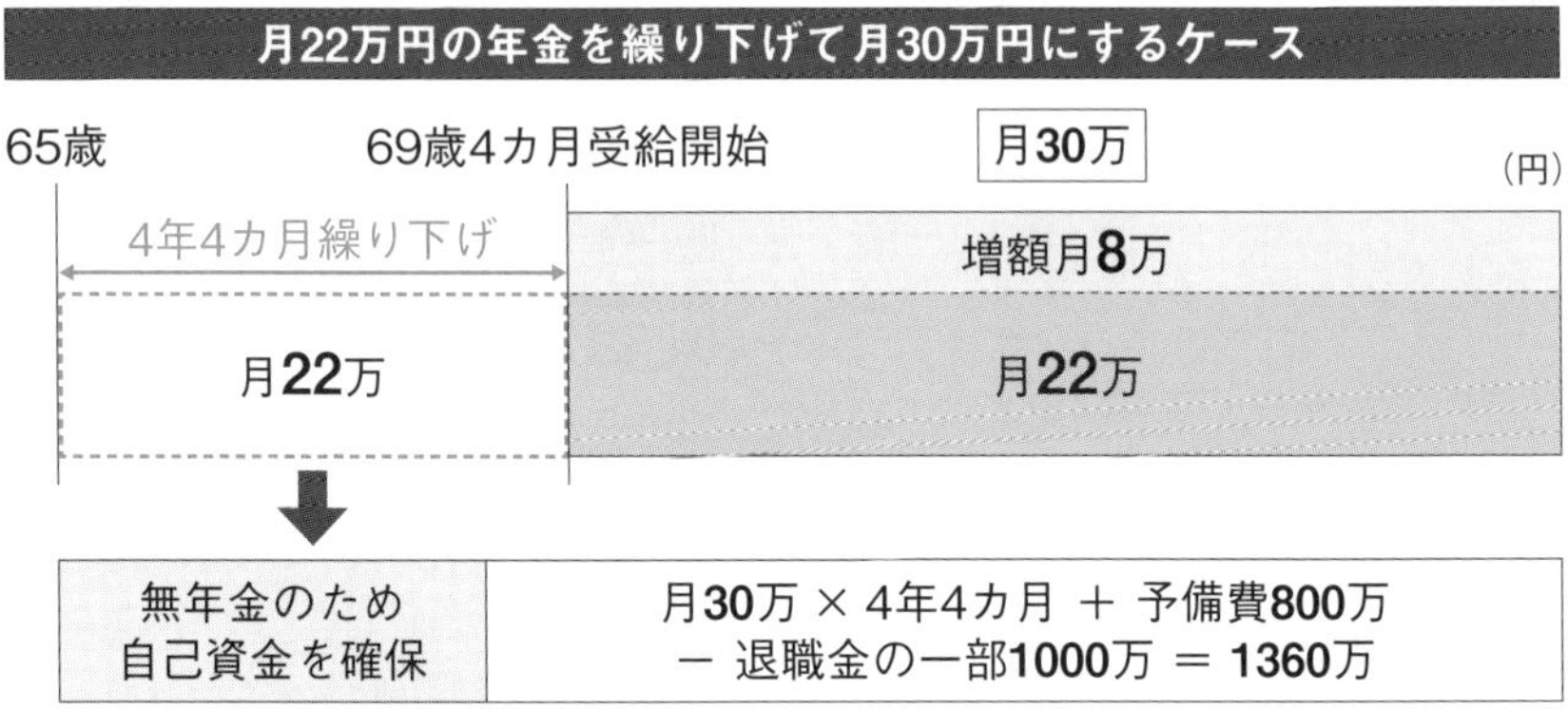

自己資金を年金繰り下げの「継投」に使う

次に2つ目の手法。長生きリスクを主に公的年金に委ねる手法をみていきます。**公的年金の強みは終身受給。繰り下げで増額した金額を亡くなるまで受け取れるため、長生きすることへの不安が小さくなります。**年金がない繰り下げ待機中の生活は自己資金でまかなう必要がありますが、基本的にはこの間の生活費に一定の余裕資金を加えた金額を用意すればよいので、必要な金額のめどがつきやすいことも利点です。

具体例で考えます。まずは健康上の理由などにより65歳で働くことをやめ、繰り下げで年金を増やすケースです。65歳受給開始の場合の夫婦の年金額が厚生労働省のモデル年金（会社員と専業主婦世帯）の22万円とし、これを月30万円に増やすことを目指します。

ただ、年金は少子高齢化のため「マクロ経済スライド」という仕組みでじわり減額される可能性が強い状況です。2019年の年金財政検証で厳しい経済前提（実質経済成長率0％）の場合、2019年時点で45歳の人の65歳以降100歳までの総受給額は、月22万円の金額がずっと続く場合に比べ、2019年の物価に換算して1割減る予測でした。

家計調査の夫婦高齢者世帯の平均的な支出額は27万円ですが、将来の実質1割減額などに備えて余裕を持たせ、年金増額の目標額を30万円とします。

30万円は22万円の36・4%増にあたります。1カ月遅らせると0・7%増なので52カ月（4年4カ月）の繰り下げで可能になります。遅らせる無年金期間の生活費も月30万円とすると、1560万円が必要です。

ただ亡くなるまでの間に医療・介護費などが予想外に膨らむ場合などに備え、余裕資金を少なくとも800万円程度はみておきたいところです。すると65歳時点での必要自己資金は2360万円となります。

退職金のうち、例えば住宅ローンの返済後に残るお金として1000万円を見込めるなら、NISAやイデコ、企業年金、預貯金などの自己資金で差し引き1360万円を作っておけばよいことになります。

就労継続の3つの利点

さらに豊かな老後のために月35万円を目指すならどうでしょうか。月22万円の59・1%増なので85カ月（7年1カ月）遅らせることが必要になります。待機期間の生活費もやはり35万円とし、800万円を加えると、必要自己資金は3775万円とかなり増えてしまいます。仮に退職金1000万円があっても、それ以外で2775万円必要です。

金額を抑えるには、厚生年金加入で長く働くことによる年金増額を組み合わせることが有効です。

図表3-10 ● 公的年金増額と必要な自己資金の例②

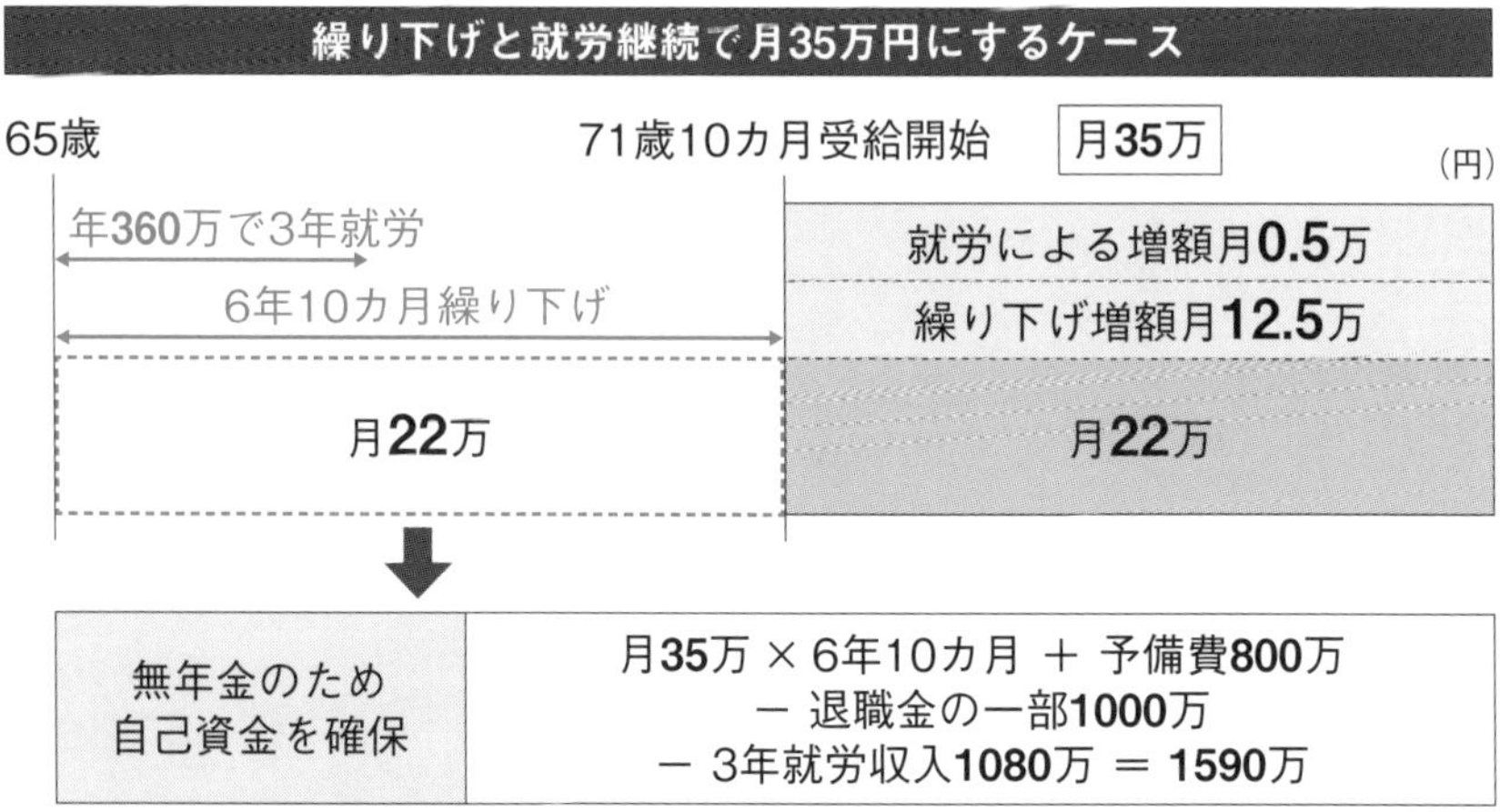

厚生年金は概算で、加入中の総収入が１８０万円増えるごとに年約1万円増えます。例えば年６万円（月５０００円）増やすには、65歳以降、夫婦のどちらかが年３６０万円で3年間働けばよいことになります。月５０００円の年金増額が見込めますから、年金の目標である月35万円のためには繰り下げで34万５０００円に増やせばよくなります。元の22万円からは56・9％増ですから、繰り下げ待機期間は82カ月（6年10カ月）にやや縮みます。

その期間も月35万円支出するとして、82カ月分の生活費に予備費８００万円を足すと３６７０万円になります。3年分の収入１０８０万円を引くと、65歳時点の必要資金は２５９０万円です。退職金のうち老後に回せる資金が１０００万円あるなら、１５９０万円です。

ちなみに月30万円の年金を目指す先ほどのケースで、やはりどちらかが年収３６０万円で3年間働く場合、同様の計算をすると65歳時点の必要自己資金は退職金１０００万円以外では１９０万円に縮小します。

繰り下げと長く働くことを組み合わせると、就労期間中の収入増、繰り下げ待機期間の短縮、厚生年金増額という3つの面で老後の安心感が増すと言えます。

もちろんこれらはあくまで一例であり、生活費や夫婦の年金額、予備費を勘案して計画を作ることが重要です。特に予備費は、老後の安心感を高めるためにできれば多く見積もりたいですね。使わなくてすんだ予備費は、堅実に運用を続けることで老後の安心感はさらに高まります。

受給前の「継投期」も定率方式で

このように、長生きリスクを主に公的年金に委ねる考え方をするなら、自己資金は繰り下げ受給開始前の「継投期」の生活を支える額だけあればよいことになります。それまで長く積み立てで資産を増やしてきて、ある時期に大きな相場の上昇があって必要額を大きく超えているような状態になっていれば、値動きの大きな株式の資産の比率を減らして債券を増やすなど、早めに安定運用に切り替えることも可能です。

なお繰り下げ受給前の継投期、せっかく積み上げてきた自己資金をなるべく有効に使うためにも、先ほどお話しした「定率での取り崩し」を使うことも考えてみてください。

公的年金に対する不正確な言説に惑わされない

ここまで述べてきた方法に対しては、「少子高齢化で公的年金は将来破綻したり額が激減したりする可能性が大きい。長生きリスクを公的年金に委ねていいのか」と心配する人も多いかもしれません。

年金財政はかなり理解が難しく、テレビや週刊誌などで、きちんと年金を理解していない大学教授や社会保険労務士、評論家などが、「将来の基礎年金は受給初年度でも月3万円に減る」「支給開始年齢は今後一律に引き上げられる」など、根拠のない年金不安をいまだに声高に話し続けています。しかし、これらははっきり間違いと言えます。

少子高齢化は数十年も前からわかっていましたから、公的年金財政では、①基礎年金への税金投入比率を半分から3分の2への引き上げ、②2017年度まで続けてきた年金保険料の引き上げ、③少子高齢化にあわせて給付をじわり減らすマクロ経済スライドという仕組みの導入、④年金積立金管理運用独立行政法人（GPIF）による運用（2022年度までに運用益は計108兆円にも達します）――などかなりの手当てをすでに講じています。

もちろん財政が厳しいのは事実ですから、今後もマクロ経済スライドの適用強化や基礎年金の加入期間の延長など様々な対策をとり続けるべきで、国民としてもそうした対策を後押しすべきです。しかし、年金財政が破綻したり将来の金額が激減したりする状況にはなっていません。

2019年の年金財政検証の結果を分析すると、将来の年金支給額は厳しめの経済前提の場合でも、65歳から100歳までの総受給額は現在の物価に換算して、現在の支給開始年度の額に比べ1割強くらいの減少にとどまる見通しです。逆に言えば、だからこそじわり減少する分はNISAやイデコでしっかり備えるべきです。

また、支給開始年齢の一律引き上げは、一定年齢から下の若い世代にだけ不利益が及ぶことになります。現在の受給世代にも受給減という負担をしてもらうマクロ経済スライドの方が公平であるからこそ、支給開始年齢の一律引き上げは現在、政府内で検討されていません。

間違い

少子高齢化で公的年金は破綻したり激減したりする

年金については、こうした根拠のない言説を信じるのではなく「正しく心配する」ことが大事になってくるのですが、本書ではページ数の関係からその点を詳しく述べることができません。年金の財政検証の読み方を詳しく知りたい方はぜひ拙著『人生100年時代の年金・イデコ・NISA戦略』（日本経済新聞出版）を読んでみてください。

おわりに

真面目な人ほど「きちんと勉強してからでないと投資はできない」と思い込み、そのままずるずると時間が経ってしまいがちです。確かに「次に何が上がるか当てなければならない」と思うと、財務諸表の読み方や景気、金利の見方、株価指標の使い方など膨大な知識が必要ではないかと考えてしまいます。

しかし、本書でも書いたアクティブ型投信の運用者は当然こうした知識は勉強していますが、コスト差を補えるほどの成績は出せず、多くが市場平均に負けています。

本書の重要なメッセージのひとつは、「当てる投資は必ずしも必要ではない」ということです。ただし、何の予備知識もいらないというわけではありません。無防備のまま資産運用の世界に飛び込めば、皆さんから少しでも高い手数料を得ようとしている様々な人たちが利することになってしまいます。

仕事などで忙しく、しかし堅実に資産を作りたいという皆さんが事前に知っておくべきことは「長期・分散・積み立て・低コスト」というシンプルな4原則です（ただしこのうちの積み立ては、本書でも書いたように特に中高年世代には必ずしも必要ではありません）。これらのルールさえ守れば、投資の重要な知識はすでに身につけたことになります。そしてこの4原則をそのまま使えるのが

「当てる投資」は必ずしも必要ではない

投資家のタイプ	次に何が上がるか当てようとして売買を繰り返す人	**仕事を持っているなどで忙しく、長期でゆっくり資産を作ればいいと思う普通の人**
必要な知識	**膨大** ●会社の決算書はどう読む? ●チャートはどう読む? ●金利はどうなる? ●為替はどうなる? ●景気はどうなる? ●世界情勢はどうなる? ●株価指標はどうみる?	**シンプル** ●長期 ●分散 ●積み立て ●低コスト →イデコ、つみたてNISAはこの4条件を満たす投資手法

NISA、イデコという仕組みなのです。

NISAの大幅拡充は、皆さんにとって本当の意味での資産形成に取り組む大きな契機となるものです。この機会に、できるだけ早く、正しい形での資産運用を始めていただきたいと思います。

最後に、いつもながら執筆が遅れがちな筆者に対し、適切なアドバイスをし続けてくれた編集者の網野一憲氏に感謝いたします。

田村 正之（たむら・まさゆき）

日本経済新聞編集委員。証券アナリスト（CMA）、ファイナンシャルプランナー（CFP®、FP技能士1級）、社会保険労務士。日本年金学会幹事。近著に『人生100年時代の年金・イデコ・NISA戦略』『税金ゼロの資産運用革命』『はじめての確定拠出年金』（いずれも日本経済新聞出版）など。共著に『日本会社原論Ｖ』（岩波書店）。

講師歴に立正大学（非常勤、パーソナルファイナンス概論）、早稲田大学エクステンションセンター、日本ファイナンシャル・プランナーズ協会でのFP向け研修講師、確定拠出年金教育・普及協会でのDCプランナー向け講師、企業年金向け研修講師など多数。

田村優之の筆名での小説で開高健賞受賞。経済小説『青い約束』（ポプラ文庫、原題『夏の光』で松本清張賞最終候補）は累計13万部。

間違いだらけの新 NISA・イデコ活用術

2023年11月22日　1版1刷
2024年 1 月22日　　4刷

著　者　田村 正之

発行者　國分 正哉
発　行　株式会社日経BP
日本経済新聞出版
発　売　株式会社日経BPマーケティング
〒105-8308　東京都港区虎ノ門4-3-12
装幀・イラスト　夏来 怜
ＤＴＰ　マーリンクレイン
印刷・製本　シナノ印刷
ISBN978-4-296-11927-1

本書籍に関するお問い合わせ，ご連絡は下記にて承ります。
https://nkbp.jp/booksQA

Printed in Japan